Barbara von Schnurbein / Renate Spraul

SO SCHAFF' ICH ES!

Barbara von Schnurbein
Renate Spraul

SO SCHAFF' ICH ES!

Tipps und Tricks für ein entspanntes Leben in Beruf und Familie

Mit Zeichnungen von Werner „Tiki" Küstenmacher

R. BROCKHAUS VERLAG WUPPERTAL
tempus.VERLAG GIENGEN

Umschlaggestaltung: Buttgereit & Heidenreich, Haltern am See
Satz und Gestaltung: Ralf Krauß, Herrenberg
Druck u. Bindung: Bercker, Graph. Betrieb, Kevelaer
ISBN 3-417-24159-6 (Brockhaus)
ISBN 3-928807-35-8 (tempus.)

INHALT

TEIL II

1. BERUFSLEBEN

2. FAMILIE

3. HAUSHALT

TEIL III: ANHANG

VORWORT

„ZEITMANAGEMENT? BLOSS NICHT, ICH HAB' AUCH SO SCHON GENUG ZU TUN!"

Das antwortete mir kürzlich eine Bekannte, als ich ihr von meinen Seminaren erzählte. Haben wir nicht alle genug zu tun? Wozu also der ganze Aufwand, warum noch ein weiteres Buch? Es stimmt, die Literatur zu diesem Thema ist umfangreich, vor allem im Hinblick auf Business und Management. Was uns jedoch zu fehlen scheint, ist ein Buch speziell für Frauen, abgestimmt auf die noch immer selbstverständliche Bewältigung der Doppelbelastung durch Haushalt/Familie und Berufstätigkeit.

Es geht nicht nur darum, die Zeit besser zu nutzen, sondern auch um die Organisation von Arbeitsabläufen und die ergonomischen Voraussetzungen für Zeit sparendes Arbeiten. Obwohl viele Frauen hervorragende Organisatorinnen sind, scheint die Zeit in vielen Haushalten stehen geblieben zu sein, zumindest was die Anschaffung professioneller und gesundheitsdienlicher Arbeitsgeräte betrifft. Was in der Wirtschaft, in der Wissenschaft und in jedem Büro selbstverständlich ist, sollte auch für den Haushalt gelten: nämlich alles zu nutzen, was die Arbeit effizienter und effektiver macht.

Zeit bekommen wir alle gleich viel, Tag für Tag, Jahr für Jahr. Der Unterschied liegt darin, wie wir sie nutzen. Es geht also um viel mehr als bloß darum, die Zeit richtig einzuteilen, wenn wir am Ende unseres Lebens zufrieden zurückschauen wollen. Dann wird entscheidend sein, ob wir unsere Ziele erreicht haben und woher wir die Energie nahmen, die wir unterwegs brauchten. Nicht die Menge der Arbeit macht uns müde, sondern anhaltende Arbeit ohne ausreichende Energiezufuhr bringt uns aus der Balance.

Wir haben das Buch geschrieben, um Ihnen dabei zu helfen, trotz aller Aufgaben mehr Erfolg und Freude zu haben, Zeit zu gewinnen, auf Ihre Gesundheit zu achten und insgesamt mehr Lebensqualität zu erreichen. Das ist motivierend und setzt neue Energie frei. So bekommen Sie nicht nur Ihre täglichen Aufgaben in den Griff, sondern finden darüber hinaus noch Zeit für sich selbst und das, „was immer zu kurz kommt".

Wir danken allen, die uns ermutigt haben, dieses Buch zu schreiben und es durch rücksichtsvolles Verständnis erst ermöglichten. Das sind vor allem unsere Familien, Herr Prof. Dr. Knoblauch, Inhaber der Firma tempus, und Hans-Werner Durau, Lektoratsleiter im R. Brockhaus Verlag. Wir danken auch den Seminarteilnehmerinnen, die durch ihre Fragen und ihre Offenheit gezeigt haben, wo die wirklichen Engpässe liegen. Auch bei geübten Zeitkünstlerinnen war immer die Frage: Woher nehme ich Energie und Motivation, wie schaffe ich das alles?

Doch nun genug der Vorreden! Wir wünschen Ihnen viel Spaß beim Lesen und bei der Umsetzung der einzelnen Schritte auf Ihrem persönlichen Weg zur Gelassenheit!

Barbara v. Schnurbein
Renate Spraul — Juni 2003

EINLEITUNG

Beruf und Familie – kann das überhaupt klappen? Das fragen sich nicht nur Frauen, die nach der Familienzeit wieder berufstätig werden möchten, sondern auch immer mehr junge, engagierte Frauen, die sich Kinder wünschen, aber trotzdem gerne berufstätig sind. Oder haben Sie Ihre Wahl schon getroffen und stehen mitten drin zwischen Kindern, Beruf, Partner und Haushalt?

Obwohl es für die Kinder prägend ist, wenn die Eltern gerade in den ersten Lebensjahren viel Zeit für sie haben, ist es nachweislich kein Nachteil, wenn die Eltern einem Beruf nachgehen. Allerdings werden Frauen, die freiwillig oder auch notwendigerweise berufstätig sind, im Haushalt und bei den Familienaufgaben nur selten entlastet: Die Berufstätigkeit kommt meist „einfach" hinzu.

Irgendwann stellt sich dann fast jede Frau die Frage: Wie schaff' ich das nur alles? Die Antwort sind grundlegende Kenntnisse über optimale Zeitplanung und rationelle Arbeitsabläufe im alltäglichen Leben. So bleibt auch trotz aller Aufgaben noch genügend Zeit für das Familienleben und persönliche Interessen.

Die meisten Frauen sind bereit, sehr viel zu arbeiten und setzen sich oft weit über ihre körperlichen Kräfte hinaus ein. Das macht der Körper eine Zeit lang mit, ohne zu mucken, aber irgendwann meldet er sich und signalisiert: „Jetzt ist es genug!" Genauso reagiert die Seele, wenn sie über lange Zeit zu kurz kommt. Und auch unser Geist möchte „gepflegt" werden. Wir sind als Menschen geschaffen mit Leib, Seele und Geist – wenn wir uns über unsere Bedürfnisse hinwegsetzen, bleibt das nicht ohne Folgen.

Dieses Buch wurde geschrieben, damit nicht jede Frau die Lösungen in diesem persönlichen Spannungsfeld mühsam alleine suchen muss. Wenn auch die Lebensumstände recht unterschiedlich sind, so gibt es doch generelle Regeln und vieles lässt sich auf die jeweils eigene Situation übertragen. Wir können voneinander lernen! So haben wir als Autorinnen auch gerne bewährte Tipps von Seminarteilnehmerinnen aufgegriffen, die in unser Konzept passen: nicht noch mehr und immer schneller zu arbeiten, sondern eine klare Orientierung auf Ziele und Lebensbalance zu haben. Dazu gehört, dass wir unsere Aufgaben meistern, aber auch, dass wir zur Ruhe kommen und ohne schlechtes Gewissen „faulenzen" lernen; dass wir unseren natürlichen Rhythmus, die innere Uhr, beachten und Anspannung mit Entspannung abwechseln lassen.

✎ **GANZ KONKRET**

DIESES BUCH IST EIN PRAXISRATGEBER.

Sie können es von vorne bis hinten durchlesen und sich inspirieren lassen. Oder Sie suchen sich gezielt, je nach Interesse, einzelne Kapitel heraus. Es gibt einige Stellen, an denen es sogar gut tut, eine Lesepause einzulegen, um das Gelesene gleich in die Praxis umzusetzen.

Querverweise zeigen Ihnen jeweils verwandte Themen in anderen Kapiteln. Im Stichwortverzeichnis am Ende des Buches finden Sie schnell und übersichtlich, was Sie wissen wollen. Das Literatur- und Quellenverzeichnis sowie die angegebenen Adressen machen es Ihnen leicht, sich mit einzelnen Themen intensiver zu beschäftigen.

Beim Lesen werden Sie ganz sicher manche Anregung bekommen, wie Sie Ihren Alltag besser organisieren oder gestalten können. Den größten Nutzen haben Sie jedoch, wenn Sie sich die Zeit nehmen, die Tabellen und Inhalte wirklich zu verinnerlichen, indem Sie diese Ihrem ganz persönlichen Bedarf anpassen; wenn Sie beim Lesen innehalten und „ganz konkret" Ihr Leben analysieren, die Schwachstellen erkennen und sie überwinden.

Das mag sehr anstrengend klingen, aber Sie werden merken: Wenn der erste Schritt einmal getan ist, bekommen Sie neue Energie, mehr Freude, mehr Zuversicht – und damit Selbstbewusstsein und Lebensqualität. Sie werden mit mehr Gelassenheit Ihr großes Pensum erfolgreich bewältigen. Unser Leben ist wie ein Mobile: Wenn es im Gleichgewicht ist, schwebt es beschwingt und leicht, wenn einzelne Teile zu schwer oder zu leicht sind, „kippt" es, die Fäden verheddern sich und die Leichtigkeit geht verloren.

Deshalb: viel Freude und Erfolg beim Ausbalancieren Ihres Lebensmobiles!

TEIL I | DAS KRIEG ICH IN DEN GRIFF!

GRUNDLAGEN DES ZEITMANAGEMENTS

Krisen meistert man am besten,
indem man ihnen zuvorkommt.
Walt Whitman Rostow

AUF EINEN BLICK:

- Klare Werte als Lebensgrundlage
- DISG-Persönlichkeitsprofil
- Ziele festlegen und erreichen
- Lebensbalance – das Mobile
- Prioritäten setzen – Dringendes und Wichtiges unterscheiden
- Persönliche Bestzeiten – Störungen reduzieren – Nein sagen
- Pufferzeit einplanen
- Aufschieberitis – Perfektionismus
- Ordnung ist das halbe Leben
- Optimal oder perfekt
- Zettelwirtschaft – Zeitplanbuch
- Einfach erfolgreich

ZEITMANAGEMENT – WAS IST DAS EIGENTLICH?

WIE SOLL ICH DAS NUR SCHAFFEN?

Wohl jeder Mensch kommt ab und zu in Situationen, in denen er fast verzagen möchte angesichts einer Aufgabe, von der er oder sie sich überfordert fühlt, oder der Vielzahl der Aufgaben, die zu bewältigen sind. Gewiss, es gibt Anforderungen, denen wir uns zu Recht nicht gewachsen fühlen, weil sie unsere Fähigkeiten oder unsere Möglichkeiten übersteigen. Oft ist die Frage, die sich hinter einer scheinbaren Überforderung verbirgt, im Grunde aber: Wie soll ich es anpacken? Hier können praxisorientierte Arbeitstechniken, Organisation und Zielorientierung wichtige Hilfen bieten, die bald zu mehr Souveränität und damit auch zu größerem Erfolg führen. Zeitplanung soll uns helfen, unserem Leben mehr Gehalt und Sinn zu geben. Sie soll uns nicht zu Sklaven unseres eigenen Planes machen.

Grundlegende Regeln des Zeitmanagements lassen sich lernen und ermöglichen uns, individuelle Strategien aufzubauen. So bekommen wir nicht nur das Alltagsgeschäft besser in den Griff, sondern es bleibt sogar noch Zeit für uns selbst, für Freunde und für Hobbys. Zeitmanagement bedeutet, die eigene Zeit, die Arbeit, die Freizeit im Griff zu haben und zu beherrschen, anstatt davon beherrscht zu werden. **Kurz: Wer Zeitmanagementregeln kennt und einsetzt, steigert seine Lebensqualität.** Die gewonnene Freude und Zufriedenheit setzt sich um in Motivation, die weiteren Erfolg garantiert. Denn normalerweise machen wir alles, was wir engagiert und gerne tun, auch besonders gut. Meist fällt uns ja nicht die Anstrengung oder die Leistung schwer – man denke nur an die sportlichen Strapazen, die viele in ihrer Freizeit freiwillig auf sich nehmen –, sondern wir wollen ein Ziel haben und einen Sinn sehen in dem, was wir tun.

Deshalb hat Zeitplanung ganz viel zu tun mit Lebensplanung, Orientierung und Sinn.

Wenn ich Aktivitäten plane, muss ich meine Ziele kennen. Ich muss wissen, woran ich mich orientiere, was der Maßstab meines Tuns sein soll. Es geht nicht darum, noch mehr in noch kürzerer Zeit zu arbeiten: Zeitmanagement soll helfen, die wichtigen Dinge zuerst zu tun, die richtigen Prioritäten zu setzen und Unwichtiges oder gar Unsinniges zu erkennen und die Zeit besser zu nutzen. Freiräume entstehen oft schon allein dadurch, dass wir unsere Aktivitäten daraufhin überprüfen, ob sie unseren Zielen dienen. Im Grunde „managen" wir also nicht die Zeit, sondern unser Leben und uns selbst.

In deinen Händen ist meine Zeit.
Psalm 31,16

WO STEHE ICH? – MEINE WERTE

Wer seine Ziele festlegt, muss auch über seine Wertvorstellungen nachdenken. Was ist mir wichtig und wertvoll? Wofür will ich mich einsetzen? Worauf baue ich mein Leben? Worauf möchte ich am Ende meines Lebens zurückblicken?

Kennen Sie Ihre Werte? Wenn Sie jetzt darüber nachdenken möchten, kreuzen Sie an, was Ihnen wichtig ist – und ergänzen Sie die Liste bei Bedarf.

- ☐ eine ~~glückliche~~ Familie
- ☐ ~~religiöse Überzeugungen~~ Gott dienen
- ☐ Offenheit
- ☐ persönliche Freiheit
- ☐ Erfolg und Leistung
- ☐ Gewinner sein
- ☐ beruflicher Erfolg
- ☐ Kinder auf das Leben vorbereiten
- ☐ ordentliches Zuhause
- ☐ soziales Engagement
- ☐ großer Freundeskreis
- ☐ finanzielle Freiheit
- ☐ Selbstzufriedenheit
- ☐ politisches Interesse
- ☐ Seelenfrieden
- ☐ Glaubwürdigkeit
- ☐ harmonische Partnerschaft
- ☐ etwas Sinnvolles tun
- ☐ kreativ sein
- ☐ Bedürftigen helfen
- ☐ Gesundheit ausstrahlen
- ☐ ein Vorbild sein
- ☐ ein guter Zuhörer sein
- ☐ intellektuelles Wachstum
- ☐ Zeit für Partner und Kinder
- ☐ Aufrichtigkeit
- ☐ Toleranz
- ☐ künstlerisch tätig sein
- ☐ ein guter Teamplayer sein
- ☐ eine gute Mutter sein
- ☐ eine hilfreiche Partnerin sein
- ☐ eine Entdeckung machen
- ☐ anderen zu ihrer Entfaltung verhelfen
- ☐ ....

Ganz bestimmt fallen Ihnen noch weitere Werte ein, die Ihnen wichtig sind.

Wenn Sie diese Fragen beantwortet haben, können Sie leichter entscheiden, ob ein Ziel langfristig erstrebenswert ist oder ob es vielleicht nur kurzzeitig attraktiv ist. Das Wichtigste ist: Sie werden zufrieden sein, wenn Sie Ihr Leben führen, d.h. wenn Sie das tun und lassen, was Ihren Begabungen, Ihren Wünschen und Ihrer Persönlichkeit entspricht. Oft orientieren wir uns an anderen, an ihren Möglichkeiten und Vorgaben. Das bewirkt zwangsläufig Unzufriedenheit und Frustration. Optimal wird unser Leben dann, wenn wir ehrlich mit uns selbst sind, unsere Stärken fördern und uns dort verändern, wo wir uns nicht gefallen. Deshalb ist es gut, wenn wir uns zu Beginn über die Grundlagen klar werden. Je mehr Sie aufschreiben, desto besser. Wenn Ihnen die Zeilen hier im Buch nicht reichen, nehmen Sie sich einen dicken Block oder ein Schulheft und notieren Sie alles, was Ihnen einfällt.

✎ GANZ KONKRET

Nehmen Sie sich doch gerade jetzt etwas Zeit und fragen Sie sich:

Was ist die Grundlage meines Lebens? ____________________

Woran orientiere ich mich? ____________________

Worauf will ich auf keinen Fall verzichten? ____________________

WER BIN ICH? – DISG-PERSÖNLICHKEITSPROFIL

Wie wir auf andere Menschen wirken, wie wir reagieren, arbeiten und leben, hängt stark von unserer Persönlichkeit ab. Sind Sie eher eine ruhige, stetige Mitarbeiterin, die gerne ihre Ruhe hat? Oder sind Sie lieber mit vielen Menschen zusammen und arbeiten am besten, wenn das Leben um Sie herum pulsiert? (Angeblich ist die Anwerbung von Computerspezialisten aus Indien nach Deutschland deshalb so schwierig, weil ihnen unsere Arbeitsbedingungen nicht zusagen. Sie sind gewöhnt, in lebhafter Umgebung zu arbeiten und empfinden ruhige Arbeitsplätze als motivations- und leistungshemmend.)

Das DISG-Persönlichkeitsprofil zeigt Ihnen, zu welchem Persönlichkeitstyp Sie überwiegend gehören. Alle DISG-Tests sind so angelegt, dass Sie den Test auch alleine machen können.
Aber es macht viel mehr Spaß, wenn Sie den Test im Rahmen eines Seminars machen. Man versteht dann gleich viel besser, warum jemand ganz anders reagiert, als man es selbst täte. Plötzlich sieht man eine Kollegin oder den Chef in einem ganz neuen Licht! Ein Test kann auch im Familienkreis viel Spaß machen und hilft, die Persönlichkeitsstruktur der anderen zu verstehen und so Konflikte zu vermeiden.

Im DISG-Profil werden vier Persönlichkeitstypen unterschieden.

D = Dominant

I = Initiativ

S = Stetig

G = Gewissenhaft

Wahrscheinlich entdecken Sie sich schnell in einer oder auch in zwei Gruppen – denn die meisten Menschen sind Mischtypen.

DISG IM ÜBERBLICK

Dominante Persönlichkeiten sind entschlossen, selbstsicher, mutig und direkt. Sie lieben es nicht, wenn sie sich an Vorgaben anderer halten müssen. Am liebsten würden sie die Zeit anhalten, um jede Stunde optimal zu nutzen. Sie setzen Prioritäten und erwarten, dass andere das akzeptieren. Sie sind zielorientiert, wollen Ergebnisse sehen, alles schnell erledigen und hassen alles, was Zeit vergeudet oder sie langweilt. Durch ihre Impulsivität fällen sie manchmal übereilte Entscheidungen oder „überfahren" Mitarbeiter, die noch mehr Informationen erwarten. Dominante Menschen sind leicht ungeduldig, unterbrechen andere im Gespräch, wollen aber selbst ungestört zu Ende reden.

Haben Sie sich hier erkannt und möchten etwas ändern? Dann kann es helfen,

- Ihre Ziele schriftlich festzulegen und dabei Prioritäten zu setzen;
- mit anderen geduldiger zu sein, ihre Bedürfnisse an Zeit oder Information zu respektieren;
- zuzuhören, andere ausreden zulassen;
- Erst zu planen, dann zu handeln;
- bewusst Zeit für Ruhe und Erholung einzuplanen.

Initiative Persönlichkeiten interessieren sich für (fast) alles. Sie leben in der Gegenwart, sind menschenorientiert und deshalb gesellig, gesprächig und kontaktfreudig. Sie sind kreativ und inspirierend, meiden die Routine und entwickeln Ziele ohne große Planung. Spontanität und Fantasie führen häufig dazu, dass angefangene Arbeiten liegen bleiben, Termine verpasst werden oder unnötiger Zeitdruck entsteht. Manchmal werden auch Aufgaben übernommen, die dann doch nicht getan werden. Im Team bringen sie Initiative ein, sind spontan, unterbrechen andere im Gespräch, wenn sie gerade eine gute Idee haben, akzeptieren aber auch Unterbrechungen durch andere.

Haben Sie sich hier erkannt und möchten etwas ändern? Dann kann es helfen,

- schriftlich zu planen und sich streng an die Vorgaben zu halten;
- auf Pünktlichkeit zu achten;
- alles wegzuräumen, was Sie beim Arbeiten ablenkt;
- Unterbrechungen nicht auszudehnen und danach gleich konsequent weiterzuarbeiten;
- Plaudereien während der Arbeit zu reduzieren und Telefonate zeitlich zu begrenzen.

Stetige Persönlichkeiten bevorzugen es, wenn sie in Ruhe ihre Arbeit tun können. Gründlich und zuverlässig werden auch die größten Papierberge abgearbeitet. Ziele und Prioritäten werden schriftlich festgehalten. Eine Sache nach der anderen wird erledigt, zu viele gleichzeitige Aufgaben werden als negativer Stress empfunden. Stetige Menschen sind sehr aufmerksam, arbeiten anfangs meist langsam und hassen Termindruck. Aus Angst davor beschäftigen sie sich manchmal lieber mit zeitlich nicht gebundenen, aber weniger dringenden Aufgaben. Sie sagen ungern „nein", um die Beziehungen nicht zu belasten, sind loyal und ausgleichend. Bei Besprechungen sind sie meist pünktlich, aber zurückhaltend, unterbrechen das Gespräch jedoch, wenn sie sich rückversichern wollen.

Haben Sie sich hier erkannt und möchten etwas ändern? Dann kann es helfen,

- sich selbst Zeitvorgaben für einzelne Arbeiten zu setzen;
- sich vorzustellen, Sie gingen morgen in den Urlaub. Dann würden Sie auch noch alles fertig kriegen!
- sich zu trauen, Ihre Meinung zu äußern. Sprechen Sie laut!
- nicht „ja" zu sagen, wenn Sie eigentlich „nein" sagen wollen;
- „Pufferzeit" einzuplanen.

Gewissenhafte Persönlichkeiten machen alles, was sie tun, gründlich und akkurat. Deshalb können sie ihr Arbeitstempo auch nicht beliebig beschleunigen. Sie nehmen sich viel vor, planen genau – und haben dann oft nicht die Zeit, alles zu verwirklichen. Sie wirken vorsichtig und reserviert, sind aber sehr diplomatisch. Verhasst sind Zeitverschwendung und Störungen, die sie aus ihrer Arbeit reißen. Bei Besprechungen erscheinen sie stets pünktlich und gut vorbereitet, Präsentationen sind meist sehr detailliert und können dadurch langatmig werden. Die hohen Maßstäbe, die Gewissenhafte an ihre eigene Arbeit legen, können jedoch zu Misstrauen gegenüber der Leistung von Kollegen und Kolleginnen oder Mitarbeiterinnen und auch Familienmitgliedern führen.

Haben Sie sich hier erkannt und möchten etwas ändern? Dann kann es helfen,

- daran zu denken, dass zu viel Planungszeit die Zeit für die Umsetzung reduziert;
- sich bewusst zu machen, dass letztlich die Ergebnisse zählen und nicht die Perfektion einzelner Arbeitsschritte;
- die Ziele realistisch anzusetzen;
- Kolleginnen, Mitarbeitern und Ihrer Familie mehr Vertrauen entgegenzubringen;
- zu akzeptieren, dass sich nicht jedes Risiko im Voraus ausschalten lässt.

Mehr über DISG finden Sie im Anhang im Literaturverzeichnis.

„Würdest du mir bitte sagen, wie ich von hier aus am besten weitergehe?", fragt Alice im Wunderland die Katze. Die maunzt als Antwort: „Das hängt sehr davon ab, wo du hinwillst."
Lewis Carroll

„DAFÜR HAB' ICH KEINE ZEIT!"

Wahrscheinlich ist nichts auf der Welt so gerecht verteilt wie die Zeit: Jeder Mensch hat davon 24 Stunden jeden Tag, an allen 365 Tagen des Jahres, alle Jahre seines Lebens. Und doch scheinen alle immer zu wenig davon zu haben. Die Entschuldigung „Ich hatte keine Zeit" wird akzeptiert, obwohl sie im Grunde oft bloß bedeutet: „Es war mir nicht so wichtig." Ich behaupte: Für alles, was uns wirklich wichtig ist, finden wir auch die Zeit. Kommen Sie auch zu diesem Schluss, wenn Sie die letzten Tage oder Wochen überdenken? Unerledigt blieb das Unangenehme oder eben das, was Ihnen persönlich nicht so wichtig war. Für anderes fanden Sie Zeit, obwohl sie doch so knapp bemessen scheint. Daran können wir erkennen, dass es nicht eine Frage der Zeit, sondern der Entscheidung ist, wie wir unsere Zeit verwenden und was unsere wichtigen Ziele sind.

Übrigens: Auch in diesem Jahr ist Weihnachten wieder am 24. Dezember. Kein Grund also, deswegen in Zeitdruck zu kommen. Fangen Sie einfach rechtzeitig mit den Vorbereitungen an, die Ihnen wichtig sind. Auch hier ist Planung wirklich entspannend! Auf Aktivitäten, die Ihnen lästig sind, können Sie getrost verzichten und sind dafür niemandem eine Erklärung schuldig. Genießen Sie die Adventszeit mit den Menschen, die Ihnen etwas bedeuten. Niemand kann Sie zwingen, alle Katastrophen des Jahres noch einmal im „Jahresrückblick" des Fernsehprogramms anzuschauen. Machen Sie sich bewusst, dass alle Meldungen, die wir bekommen, bereits gefiltert sind, nur die Meinung der Reporter wiedergeben und sehr tendenziös sein können. Leider sind negative Meldungen immer attraktiver als gute Nachrichten. (Deshalb kommt wahrscheinlich auch die Botschaft der Bibel in den Medien meistens so schlecht weg.) Das Fernsehen ist wohl der größte Zeitdieb, aber solange es den Ausschaltknopf gibt, ist es unsere Entscheidung, ob wir ihn benutzen.

Und noch etwas: Es wird auch Weihnachten, wenn Sie statt Ihrer üblichen neun Sorten Plätzchen „nur" fünf gebacken haben. Aber dass diesmal die Weihnachtszeit so gemütlich war, das wird allen in guter Erinnerung bleiben.

✎ GANZ KONKRET

Ich habe immer zu wenig Zeit für ______________________________

____

Ich habe immer genug Zeit für ________________________________

____

Hierfür möchte ich mir mehr Zeit nehmen ________________________

____

KLARE ZIELE MOTIVIEREN

Als wir das Ziel aus den Augen verloren,
verdoppelten wir unsere Anstrengungen.
Mark Twain

Es ist selbstverständlich, dass man bei Reisen zunächst das Ziel festlegt und dann überlegt, wie man am besten, am kostengünstigsten und am schnellsten dorthin kommt. Genauso üblich ist es, dass wir zu einem Geschäftstermin in einer fremden Stadt eine Anfahrtsskizze haben oder den Stadtplan bzw. den Autocomputer benutzen. Das Ziel bestimmt unseren Weg.

Umso merkwürdiger ist es, dass wir den Urlaub möglichst genau planen, damit keine Pannen passieren, in die Lebensplanung aber meistens nicht annähernd so viel Zeit und Gedanken investieren. Und das, obwohl doch gerade hier die Ziele klar sein müssen, wenn wir im Rückblick mit unserem Leben zufrieden sein wollen. Wenn wir unsere Ziele klar formuliert haben, können wir leichter entscheiden, was ihnen dient. Und wenn wir auch vor „Umwegen" nicht ganz sicher sind, so werden wir sie doch viel leichter erkennen und korrigieren können, wenn wir klare Ziele verfolgen. Anstrengung alleine, Fleiß und Einsatz, oft über unsere Kraft hinaus, führen noch nicht unbedingt zum Ziel!

Dazu zwei Berichte:

Die kalifornische Küste lag in dichtem Nebel an jenem Morgen des 4. Juli 1952. Auf der Insel Catalina, 34 km westlich der Küste, watete eine 34-jährige Frau ins Wasser, um diese Strecke als erste weibliche Schwimmerin zu bewältigen. Florence Chadwick war keine Unbekannte. Sie hatte bereits als erste Frau den Ärmelkanal in beiden Richtungen durchschwommen.

Das Wasser war eiskalt, und der Nebel war so dicht, dass sie kaum die Begleitboote erkennen konnte.

Millionen schauten über die nationalen Fernsehsender zu. Mehrmals mussten Haie mit Gewehren vertrieben werden, um die einsame Schwimmerin zu schützen. Die Ermüdung war für sie nie ein großes Problem bei ihren Schwimmrekorden gewesen – es war die eisige Kälte, die ihr zu schaffen machte.

Nach mehr als fünfzehn Stunden bat sie, steif vor Kälte, aus dem Wasser geholt zu werden. Sie konnte nicht mehr. Ihre Mutter und ihr Trainer, die sie im Boot begleiteten, sagten ihr, dass die Küste schon ganz nah sei. Sie drängten sie, nicht aufzugeben. Als sie nach der Küste suchte, sah sie nichts als dichten Nebel und bat nochmals, aus dem Wasser geholt zu werden.

Einige Stunden später, als sich ihr Körper erwärmt hatte, kam der Schock über ihr Versagen. Nur eine halbe Meile vor der Küste hatte sie sich aus dem Wasser holen lassen! Ein Reporter fragte sie: „Miss Chadwick, was hat Sie davon abgehalten, diese letzte halbe Meile zu schwimmen?"

„Es war der Nebel", antwortete sie. „Wenn ich das Land hätte sehen können, hätte ich es geschafft. Wenn man draußen am Schwimmen ist und kein Ziel sehen kann ..."

Ebenfalls mit dem Meer hat die Geschichte von Ellen MacArthur aus Großbritannien zu tun. Sie kam 1976 in Derbyshire, weitab von der See, zur Welt. Als sie die Ferien bei einer Tante am Meer verbrachte, entdeckte sie ihre Liebe zum Segeln. Sie hatte ein klares Ziel: Segeln. Drei Jahre lang verzichtete sie in der Tagesschule auf das Abendessen und sparte das Geld für ihr erstes kleines Boot. Damals war sie acht Jahre alt! Mit 18 nahm sie an einer Segelregatta rund um England teil, „einhand", also ganz allein an Bord. Dann fasste sie ein neues Ziel ins Auge: die Transatlantikregatta. Und wieder handelte sie entsprechend:

Drei Jahre lang lebte sie in einem Baucontainer auf der Werft, um das Geld für die Zimmermiete zu sparen. Sie segelte und siegte!

Im Jahr 2000 startete sie – wieder allein – zur Vendée-Globe-Regatta, einem Rennen um die Welt in 100 Tagen. Im November 2002 überstand sie bei einer Regatta von Amerika nach England einen Orkan, in dem 14 ihrer Konkurrenten kenterten und viele aufgaben. Als erste von 55 Teilnehmern kam sie nach 13 Tagen ins Ziel. Sie hatte sich für einen kleinen Umweg entschieden und dadurch den Orkan nördlich umfahren. Nicht immer ist der direkteste Weg auch der erfolgreichste!

Ihr neues Ziel: der Sieg bei der Jules-Verne-Trophy, einer Regatta rund um die Erde unter Segeln in weniger als 80 Tagen. 26.500 Seemeilen sind zurückzulegen, also knapp 50.000 Kilometer durch Biskaya-Orkane, am Kap der Guten Hoffnung vorbei, durch die Eisfelder des Südpolarmeeres, um das gefürchtete Kap Hoorn herum, durch die quälenden Flauten der Tropen und zurück nach Frankreich. Ellen MacArthur sagt von sich: „Ich kann eigentlich alles außer kochen."

Mit klarer Zielorientierung, richtiger Selbsteinschätzung, eindeutigen Prioritäten und Schläue hat sie gute Chancen!

Es genügt nicht zu rasen,
man muss auch wissen, wohin man läuft.
Lothar J. Seiwert

KRITERIEN FÜR ZIELE: DIE 3 M

Sie möchten Ihre Ziele festlegen und wissen nicht, ob es wirklich die richtigen sind? Es gibt drei wesentliche Kriterien, die Ihnen dabei helfen können:

1. Ein Ziel ist machbar, d.h., es liegt im Rahmen des Möglichen und ist nicht völlig utopisch.
2. Ein Ziel ist messbar, d.h., Sie können zu einem bestimmten Zeitpunkt feststellen, ob Sie es erreicht haben.
3. Ein Ziel ist motivierend, d.h. es gibt Ihnen Energie und macht Ihnen Freude, es zu verfolgen.

Das bedeutet also: Wir dürfen uns schon hohe Ziele stecken, aber sie sollen nicht außerhalb jeglicher Möglichkeiten liegen. Eine Aufgabe, die wir uns stellen, muss darstellbar sein. Ein Wunsch, den wir verwirklichen wollen, sollte nicht völlig abwegig sein. Außerdem sollte ein Ziel für einen bestimmten Zeitraum geplant werden, damit wir kontrollieren können, ob wir es erreicht haben oder nicht. Deshalb ist es gut, bei der Formulierung von Zielen auch immer gleich einen Zeitpunkt mit aufzuschreiben, bis wann dieses Ziel erreicht sein soll. Das hilft uns, auf dem Weg dorthin kleine Zwischenbilanzen zu ziehen. Ein echtes Ziel hat immer etwas Begeisterndes und beflügelt uns.

In der Bibel wird uns geraten, „die Kosten zu überschlagen", wenn wir etwas planen[1], was durchaus eine übliche Praxis ist. Dabei können wir nach folgenden Fragen vorgehen, wie sie im Seminarheft der Firma tempus[2] formuliert sind:

✎ GANZ KONKRET

Was?

Was ist ganz genau mein Ziel? Welchen neuen Zustand will ich erreichen? Welche neuen Ordnungen will ich schaffen? Welche neuen Abläufe will ich etablieren?

Wer?

Wer muss etwas in Gang setzen, damit dieses Ziel erreicht wird? Wer trägt die Hauptverantwortung? Wer wird mich dabei unterstützen? Wer ist dagegen und wird mich dabei behindern?

Wozu?

„Wer Leistung fordert, muss Sinn bieten", sagt der amerikanische Trainer Peter Drucker. Ich muss selbst den Sinn, den praktischen Nutzen meines Ziels genau kennen, um es überzeugend vertreten und konsequent verfolgen zu können.

[1] Lukas-Evangelium, Kapitel 14, Vers 28

[2] Das tempus-Seminar, Erfolgreiches Selbst-, Zeit- und Zielmanagment durch effektive Arbeitstechniken, S. 20

Wie viel?

Wie viel meiner Zeit darf dieses Ziel beanspruchen? Jeder Mensch muss ja mehrere Ziele verfolgen. Wie viel Geld kann und will ich investieren? Ich habe ja auch noch andere Verpflichtungen. Wie viel Energie darf es mich kosten? Manche Ziele brauchen viel Energie, andere setzen Energie frei. Wie viele Beziehungen sind davon betroffen? Manchmal sind Beziehungen wichtiger, als ein bestimmtes Ziel zu erreichen.

___

___

Wann?

Wann will ich das Ziel erreicht haben? Wann setze ich – deutlich und sichtbar terminiert – Maßnahmen dazu um?

___ bis ___

___ bis ___

Nachdem Sie nun die Kriterien kennen, kann's losgehen!

Schreiben Sie doch einmal alle Ihre Ziele auf ein Blatt Papier und überdenken Sie sie dann anhand dieses Kriterienkatalogs. Einige werden wegfallen, andere umso klarer als Ziele bestehen bleiben.

MUSS ES DENN SCHRIFTLICH SEIN?

Ja, es muss!

Wer seine Ziele nur vage im Kopf hat, wird sie nur unentschlossen, je nach Lust und Laune verfolgen oder schnell ganz aus dem Blick verlieren. Erinnern Sie sich noch an Ihre letzten „guten Vorsätze" an Silvester oder damals, als Sie sich ganz fest vornahmen: „Ab heute wird das anders!"? Was ist daraus geworden? Zunächst hatten Sie noch ein schlechtes Gewissen, wenn Sie an Ihre Ziele dachten, dann stellte sich ein Gefühl von Frustration ein, weil Sie es wieder einmal nicht angepackt hatten – und schließlich trösteten Sie sich damit, dass der gute Wille ja da war, aber Sie sich wohl „zu viel" vorgenommen hatten.

Ein schriftlich formuliertes Ziel zwingt Sie zur gedanklichen Klarheit. Sie haben es stets vor Augen und können überprüfen, ob Sie noch auf dem Weg dorthin sind und ob Sie es in der geplanten Zeit erreichen werden.

Das hat nichts mit Sturheit zu tun. Selbstverständlich können Sie Ziele verändern, wenn sich z.B. Ihre Lebensumstände ändern. Wenn Sie eine große Weltreise geplant hatten und feststellen, dass Sie zu diesem

Zeitpunkt kurz vor der Geburt Ihres ersten Kindes stehen werden, können Sie natürlich Ihre Pläne ändern. Vielleicht sind Sie auch ein bisschen traurig, dass es nun nicht klappt, aber je näher der Geburtstermin kommt, desto mehr wird Sie dieses neue Ziel motivieren und beflügeln.

Wenn wir wirklich leben wollen,
fangen wir am besten jetzt sofort damit an.
W. H. Auden

WARUM NICHT GLEICH? – ZIELE ERREICHEN MIT SMART

S = spezifisch

Statt „Ich möchte abnehmen" präzise: „Ich möchte im nächsten Monat 3 kg abnehmen." Statt „Ich möchte eine Sprache lernen" konkret: „Ich möchte bis zum Urlaub so viel Französisch lernen, dass ich eine einfache Konversation führen und einkaufen gehen kann."

M = messbar

Verbinden Sie jedes Ziel mit einem konkreten Maß an Zeit/Geld/Aufwand. Statt: „Ich möchte weniger rauchen" konkret: „Ich möchte nicht mehr als drei Zigaretten am Tag rauchen." Statt: „Ich möchte mehr Gymnastik machen" genau: „Ich will jeden Morgen eine viertel Stunde Gymnastik machen."

A = aktional und affirmativ

Formulieren Sie Ihre Ziele handlungsorientiert und positiv. Es reicht nicht aus, Wünsche zu formulieren. Statt: „Mehr Zeit für mich" genauer: „Jeden Tag reserviere ich für mich eine halbe Stunde im Kalender als festen Termin."

R = realistisch

Ziel und Zeitraum/Aufwand müssen einander entsprechen. Benennen Sie mit Ihrem Ziel realistische Faktoren auf dem Weg dorthin. Innerhalb eines Jahres Bundespräsidentin zu werden, ist eher unrealistisch, sich an Ihrem Ort in den Gemeinde- oder Stadtrat wählen zu lassen, kann ein erster Schritt dahin sein.

T = terminiert

Konkrete, messbare Ziele beziehen sich immer auf einen bestimmten Zeitraum. Zu dem festgesetzten Termin können Sie kontrollieren, ob Sie Ihr Ziel schon erreicht haben oder wie weit Sie noch davon entfernt sind. Auch auf dem Weg zu einem großen Ziel helfen Zwischenstationen, den Überblick zu behalten und das Ziel nicht aus dem Auge zu verlieren.

Eine interessante Variante der schriftlichen Zielformulierung kann es sein, Gebetsanliegen aufzuschreiben. Oft erkennen wir erst im Rückblick, dass und wie unsere Gebete beantwortet wurden, wie sich die Situation, andere Menschen oder wir uns selbst veränderten.

Das ist der Fluch der Zufriedenheit:
Zufriedene Menschen wünschen keine Veränderung
und gefährden gerade dadurch ihre Zufriedenheit.
Herbert George Wells

WENN ICH KÖNNTE, WIE ICH WOLLTE!

Was hindert Sie daran, das zu tun, was Sie wirklich wollen und was Ihnen Freude macht? Ist es die ungeliebte Arbeit, der launische Chef, die eifersüchtige Kollegin oder eine unklare Beziehung? Fühlen Sie sich überfordert, weil Sie nicht genug Zeit in Weiterbildung investieren oder vielleicht überhaupt viel lieber etwas ganz anderes täten? Wenn wir ehrlich mit uns sind, ist unser *Ich kann nicht* in den meisten Fällen ein *Ich will nicht.* Es kann vielerlei Gründe für unser Zögern geben, bestimmt auch durchaus einsichtige, aber letztlich ist es unsere Entscheidung, wie wir leben. Möglicherweise fürchten Sie die Konsequenzen einer Veränderung, weil Sie Ihre jetzige Sicherheit schätzen oder der Preis Ihnen zu hoch erscheint. Grundsätzlich ist es jedoch Ihre Entscheidung, denn niemand sonst trägt die Verantwortung für Ihr Leben. Oft ist Veränderung auch in kleinen Schritten möglich.

✎ GANZ KONKRET

Das gefällt mir an meinem Leben wirklich gut

Das macht mir Mühe

Das möchte ich verändern

Wenn es etwas gibt, das Sie verändern möchten, formulieren Sie es jetzt als Ziel und denken Sie daran: Es muss

- machbar
- messbar und
- motivierend

sein.

Vergessen Sie die meist nur belastenden guten Vorsätze, die mit *Ich sollte eigentlich* anfangen. Handeln Sie nach dem Motto: Nicht warten, starten! Es muss auch nicht Silvester oder Neujahr sein, denn klare Ziele kann man jederzeit formulieren und erreichen.

✎ GANZ KONKRET

Was sind Ihre Ziele? Bis wann möchten Sie sie erreichen?

Kurzfristig: Ziel

bis

Mittelfristig: Ziel

bis

Langfristig: Ziel

bis

SCHÖN WÄR'S!

Das ist ja alles ganz schön und gut, sagen Sie jetzt vielleicht, aber wie sieht das in der Praxis aus? Damals, als ich Gitarre spielen lernen wollte, kam die Umstellung in der Firma. Alle mussten mehr arbeiten, und Freizeit gab es nicht mehr. Und dann, als ich mir fest vorgenommen hatte, Englisch zu lernen, wurde ich schwanger, und mein ganzes Leben änderte sich.

Ja, es stimmt, es gibt Lebensumstände, die über einen bestimmten Zeitraum ein Höchstmaß an Flexibilität und Anpassungsbereitschaft erfordern. Aber damit müssen wir unsere Ziele nicht abschreiben. Wir müssen sie neu terminieren und unsere Prioritäten überprüfen. Einem Baby Geborgenheit zu vermitteln und damit die Grundlage für ein gutes Lebensgefühl und seine Persönlichkeitsentfaltung zu legen, ist sicher viel wichtiger als unbedingt in dieser Zeit Englisch zu lernen. Die Entwicklung eines Kindes mitzuerleben und sogar zu prägen, ist bestimmt eine der größten Herausforderungen für uns Frauen. Es gibt genügend Studien darüber, wie wichtig die ersten Lebensjahre für die spätere Persönlichkeitsentfaltung sind. Wenn man darüber nachdenkt, gibt es wohl Weniges, was sich so sehr lohnt, wie Zeit, Energie und auch Geld in Kinder und Jugendliche zu investieren. Aber es erfordert eine Entscheidung.

Oft ist es sinnvoll, große Ziele in kleinere Teilziele zu unterteilen, die den derzeitigen Möglichkeiten an Zeit, Geld und Energie entsprechen. Die erreichten Teilerfolge verschaffen uns auch unterwegs Erfolgsgefühle und stärken unser Selbstbewusstsein. Das gilt besonders auch für Schüler, Studenten und alle, die sich auf eine Prüfung vorbereiten. Teilen Sie den Stoff in kleinere Abschnitte auf, die überschaubar sind und in einer bestimmten Zeit gelernt werden können.

Neben den in Teilziele unterteilten Zielen gibt es auch Visionen und Lebensträume, mit denen sich scheinbar unerreichbare Ziele verbinden und die Sie vielleicht schon jahrelang im Herzen tragen. Halten Sie daran fest! Bedenken Sie bei Ihrer Planung, welche „Zwischenstationen“ Sie Ihrem Traumziel näher bringen und erreichbar sind.

Mehr dazu finden Sie in Teil II im Kapitel Beruf „Das wollte ich schon immer tun!“, S. 132.

Dringende Dinge haben immer mit äußerem Druck zu tun.
Bei Wichtigem entscheiden wir selbst.
Lothar J. Seiwert

ALLES HAT SEINE ZEIT – EIN LEBEN IN BALANCE

Wenn Sie Ihren Tagesablauf über mehrere Tage oder sogar Wochen genauer aufschreiben, erkennen Sie bald, welche Bereiche in Ihrem Leben zu kurz kommen – falls Sie es nicht ohnehin schon wissen!

Immer wieder zeigt sich, dass unser Leben nur dann dauerhaft ausgewogen ist, wenn alle wichtigen Lebensbereiche beachtet werden. Man könnte das Leben mit einem Haus auf vier Säulen vergleichen. Wenn auch nur eine der Säulen über längere Zeit vernachlässigt wird, „verfault", dann ist sie nicht mehr tragfähig und das Haus stürzt ein. Oder denken Sie an ein Mobile. Es ist ständig in Bewegung, leicht und beschwingt, wenn es im Gleichgewicht ist. Wenn aber ein Teil zu schwer wird oder ein anderes viel zu wenig Gewicht hat, dann „kippt" das ganze Mobile und kann nicht mehr schweben.

Die vier Lebensbereiche sind:

- Arbeit/Beruf/Karriere
- Familie/Beziehungen/Kontakte
- Sinn/Kultur/Weltanschauung
- Körper/Fitness/Gesundheit

Vielleicht haben Sie sich beim Lesen gleich gesagt: Dieser Bereich kommt bei mir zu kurz!
Wenn Sie jetzt Ihre in jedem Bereich verbrachte Zeit prozentual benennen, wie sieht es aus?

Arbeit/Beruf/Karriere ____________ %

Familie/Beziehungen/Kontakte ____________ %

Körper/Fitness/Gesundheit ____________ %

Sinn/Kultur/Weltanschauung ____________ %

Schauen wir uns die einzelnen Bereiche noch etwas genauer an.

Ein Mensch sagt, und ist stolz darauf,
Er geht in seiner Arbeit auf,
Bald aber, nicht mehr ganz so munter,
Geht er in seiner Arbeit unter.
Eugen Roth

ARBEIT, BERUF, KARRIERE

Ob Sie außerhalb oder zu Hause arbeiten, ob Sie selbstständig sind oder einen Arbeitgeber haben, ob Sie handwerklich, wissenschaftlich oder unternehmerisch tätig sind, das spielt alles keine wirklich entscheidende Rolle. Nach Untersuchungen gibt es in allen Berufen Menschen, die zu viel arbeiten, die überfordert sind oder sich so fühlen und infolge ihrer Arbeitsweise krank werden. Es spielt auch keine wesentliche Rolle, ob dieser Druck aufgrund der eigenen Arbeitseinstellung oder aufgrund der Anforderungen von außen entsteht. Das subjektive Empfinden von Stress bis hin zum Burnout beeinträchtigt unser Lebensgefühl entscheidend. Körperliche Beschwerden können die Folge sein, für die dann möglicherweise keine medizinische Begründung gefunden werden kann.

Es geht nicht nur darum, wie viel Zeit Sie mit der Arbeit verbringen, sondern wie Sie diese Zeit erleben. Manche Menschen können sehr viel arbeiten und empfinden diese Zeit als sehr positiv, erleben den „Flow", wie der amerik. Psychologe Mihaly Csikszentmihalyi eine intensive Beschäftigung nennt, bei der man die Welt ringsherum vergisst. Man erlebt sozusagen positiven Stress: bei großer Anstrengung ein besonderes Glücksgefühl und Zufriedenheit.

Es zeigt sich immer wieder, dass Menschen Flow erleben, wenn sie das tun, was sie gerne tun und meistens auch gut können. Decken sich bei Ihnen die Stärken mit der beruflichen Arbeit? Sind Sie am richtigen Platz? Würden Sie gerne etwas ganz anderes tun? Was wäre das?

Behandele die Menschen so,
wie du selbst von ihnen behandelt werden willst.
Matthäusevangelium, Kapitel 7, Vers 12

FAMILIE, BEZIEHUNGEN, KONTAKTE

Denken Sie auch manchmal an frühere Freunde und bedauern, dass der Kontakt abgebrochen ist? Beziehungen brauchen Pflege, ähnlich wie Pflanzen, wenn sie gedeihen und blühen sollen. Jeder Mensch braucht andere Menschen, möchte Anerkennung und Liebe erleben, niemand will isoliert sein. Das gilt für Partnerschaften, für die Ehe, für gute Beziehungen zu den Kindern und genauso für Freunde und Bekannte. Aber dafür muss man etwas tun! Besonders in einer Zeit, wo jeder mit sich selbst beschäftigt ist, bekommen gemeinsam verbrachte Zeit, ein Telefonat oder ein kleiner Gruß einen besonderen Stellenwert.

Überraschen Sie Ihre Arbeitskolleginnen, aber auch Ihren Mann und Ihre Kinder durch ein besonderes Lob, drücken Sie Wertschätzung und Anerkennung aus. Beziehungen leben davon, dass man auch mal die eigene Bequemlichkeit überwindet, um anderen eine Freude zu machen. Meist ist man dann hinterher selbst beschenkt. Investieren Sie Zeit und Kreativität in andere Menschen, beachten Sie deren Geburtstage, helfen Sie, wenn jemand in Not ist – und Sie werden erleben, dass Sie selbst Hilfe bekommen, wenn Sie sie brauchen (s. auch „Delegieren" S. 39). Welche Ihrer Beziehungen möchten Sie verbessern? Wem könnten Sie helfen?

Viele beneiden Spitzenmanager um ihr Gehalt. Dabei vergessen sie: In der ersten Lebenshälfte verdienen sie mit harter Arbeit viel Geld und ruinieren dabei ihre Gesundheit. In der zweiten Lebenshälfte geben sie dann ihr Vermögen aus, um ihre Gesundheit wieder zu erlangen.
Johannes Czwalina, Theologe, Unternehmensberater

KÖRPER, FITNESS, GESUNDHEIT

Nicht umsonst wünschen wir uns zu Jubiläen und Geburtstagen Gesundheit. Unser Lebensgefühl ist beeinträchtigt, sobald es uns zwickt oder gar größere gesundheitliche Probleme auftreten. Das gilt für körperliche Beschwerden, die oft mit Medikamenten behandelt oder zumindest in Schach gehalten werden können, aber es betrifft vor allem die so genannten psychosomatischen Beschwerden, d.h. körperliche Störungen, die seelische Ursachen haben. Hier ist die Behandlung oft langwierig und schwierig, und leider oft auch ziemlich erfolglos.

Viel besser ist es, solche Beeinträchtigungen zu vermeiden, indem man seinem Körper die Beachtung schenkt, die er braucht. Beachten Sie Anzeichen von mangelndem Gleichgewicht und handeln Sie entsprechend. Im Grunde können wir ja dankbar sein, dass uns ein Frühwarnsystem eingebaut ist, das größeren Schaden verhindern hilft. Das erfordert weder Extremsport noch Verzicht auf alle „Genüsse". Nötig ist lediglich eine ausgeglichene, gesunde Ernährung, genügend Schlaf, tägliche Bewegung und ein Überdenken Ihrer „Abhängigkeiten" und Gewohnheiten. Was tut Ihnen gut? Was schadet Ihnen? Wo erleben Sie Warnsignale, auf die Sie achten sollten?

Was nutzt es dem Menschen,
wenn er die ganze Welt gewinnt,
aber dabei seine Seele verliert?
Matthäusevangelium, Kapitel 16, Vers 26

SINN, KULTUR, WELTANSCHAUUNG

In der Zeit der Aufklärung und der Entdeckung der Wissenschaften wurde der Mensch und sein Verstand immer mehr zum Maß aller Dinge. Doch Mitte der achtziger Jahre des letzten Jahrhunderts setzte plötzlich eine deutliche Wende ein: Während die Kirchen an Bedeutung verloren, weil sie ihr „Kerngeschäft" vernachlässigten, schossen esoterische und auch okkulte Gruppen wie Pilze aus dem Boden. Die Grundfragen des Lebens Wo komme ich her? Wozu lebe ich? Was geschieht nach dem Tod? müssen beantwortet werden. Versäumen es die Kirchen, die mutmachende Botschaft eines liebenden Gottes zu verbreiten, der auch mit ihrem Versagen umgehen kann, dann suchen die Menschen woanders nach Antworten. So finden fernöstliche Lehren immer mehr Anhänger und sogar Volkshochschulen bieten esoterische Kurse an. Hier trägt man dem Bedürfnis nach Spiritualität Rechnung. Da wird dann plötzlich nichts mehr „wissenschaftlich" hinterfragt. Es geht um innerstes persönliches Erleben auf der Suche nach Antworten für das eigene Leben, um Lebensqualität und Lebenssinn. Haben Sie diese Fragen für sich beantwortet? Ziehen Sie sich ab und zu zurück, um über Ihr Leben nachzudenken? Wenn Sie am Ende Ihres Lebens zurückblicken, was möchten Sie sehen?

Einige Anregungen zum Nachdenken über Ihre Lebensbalance:

✎ GANZ KONKRET

Arbeit, Beruf

Hier empfinde ich Stress ______________________

Hier erlebe ich Flow ______________________

Das möchte ich ändern ______________________

Familie, Beziehungen

In die Beziehung mit ______________ möchte ich mehr investieren.

Zeit ______________ Geld ______________ Ideen ______________

Ich will pro Woche ______________ Menschen eine Freude machen (z.B. Telefonat – Gruß – Blumen).

Körper, Gesundheit

Ich möchte fit bleiben und habe folgendes Ziel: ______________

______________ bis: ______________

Ich könnte gemeinsam üben/trainieren mit ______________

Ich beginne am (Datum) ______________

Ich bin abhängig von ______________

Sinn, Kultur

Am Ende meines Lebens möchte ich im Rückblick sagen können:

____

____

Ich habe mein Lebensziel klar formuliert:

____

____

Mein Lebensmotto lautet:

____

____

Mehr zum Thema Lebensbalance finden Sie im Kapitel „Leben wie ein Mobile", Seite 108.

Wäre Mose ein Komitee gewesen,
wären die Israeliten noch immer in Ägypten.
Verfasser unbekannt

IMMER SCHÖN DER REIHE NACH! – PRIORITÄTEN RICHTIG SETZEN

Beim Festlegen von Prioritäten unterscheiden wir nach den Kriterien dringend und wichtig. Vieles, was uns sehr dringend erscheint, dient unseren Lebenszielen kaum. Anderes, was sehr wichtig ist, erscheint dagegen nicht so dringlich und kommt deshalb oft zu kurz.

Man unterscheidet deshalb im Eisenhower-Diagramm die vier Quadranten A, B, C, P (Papierkorb). Anhand der Koordinaten (Abb. S.40) lässt sich erkennen:

A hat erste Priorität, alles dort ist sehr wichtig und sehr dringend. Dazu gehört z.B. der Zahnarztbesuch bei akuten Schmerzen, der Reifenwechsel, wenn morgens plötzlich alles verschneit ist, das versprochene Kundenangebot, das heute fällig ist. A-Aufgaben müssen Sie selbst erledigen, und zwar heute! Wenn Sie „proaktiv" gearbeitet haben, d.h. möglichst viele Arbeiten terminiert nach Plan erledigt haben, wird der A-Bereich kleiner und damit nimmt der aktuelle Druck ab.

B ist zwar ebenfalls wichtig, aber nicht dringend. Die Arbeit muss nicht heute erledigt werden. Aber wenn Sie Ihre B-Aufgaben länger aufschieben, wird's brenzlig. Entweder sie wandern in den A-Bereich oder im schlimmsten Fall in den P-Quadranten. Hierzu gehört z.B. die Urlaubsplanung, damit Sie auch tatsächlich dann frei bekommen, wenn Sie verreisen wollen. Besonders wichtig ist das, wenn Sie an die Schulferien gebunden sind. Frühzeitige Planung vermeidet spätere Engpässe. Ebenso wichtig ist die Partnerschaft. Es muss nicht unbedingt heute oder morgen sein, dass Sie sich Zeit füreinander nehmen. Aber wenn Sie auf Dauer keine Zeit, keine Fantasie und keine Anerkennung investieren, kann es plötzlich sehr dringend werden! In den B-Quadranten gehören alle vorsorgenden Arzt- und Zahnarztbesuche, die Inspektionen des Autos und andere wichtige, planbare Termine wie z.B. Mitarbeitergespräche, Besuche bei Eltern und Schwiegereltern oder die Erneuerung von Ausweisen. Dann bringt Sie auch eine unvorhergesehene Auslandsreise nicht in die Klemme.

C ist der Bereich, der im Hinblick auf Ihre Ziele zwar nicht so wichtig, aber doch äußerst dringend ist. Hier müssen Sie sich fragen: Muss ich das alles selbst tun oder kann ich einige Aufgaben delegieren? Die Tochter muss vom Kindergarten abgeholt werden, und das Mittagessen soll pünktlich auf dem Tisch stehen. Der Sohn muss zum Sportverein und die größere Tochter zur Flötenstunde. Lassen sich Fahrten kombinieren, fährt vielleicht die Nachbarin auch? Können Sie während der Flötenstunde Ihre Einkäufe erledigen? Kann Ihr Mann auf dem Rückweg von der Arbeit möglicherweise beim Sportverein vorbeifahren und den Sohn abholen? Wer beantwortet die Emails? Der C-Bereich lässt sich mit guter Planung deutlich entschärfen. Allerdings ist es auch der Bereich, wo Sie prüfen müssen, ob alle Aktivitäten wirklich nötig sind und ob sie mit Ihren Lebenszielen übereinstimmen. Hier können Sie Prioritäten setzen und sich auf die wirklich wichtigen Dinge beschränken. Wenn Sie sich bisher scheuten, Arbeit zu delegieren, versuchen Sie doch, die Ursache dafür zu finden. Oft hört man das Argument: „Wenn ich es selbst mache, weiß ich, dass es richtig gemacht wird." Das ist sicherlich wahr, aber wenn es Ihr Mann oder Ihre Mutter etwas anders macht, muss es deswegen nicht falsch sein und entlastet Sie trotzdem. Trauen Sie anderen etwas zu, vor allem auch Ihren Kindern, und freuen Sie sich über die gewonnene Zeit.

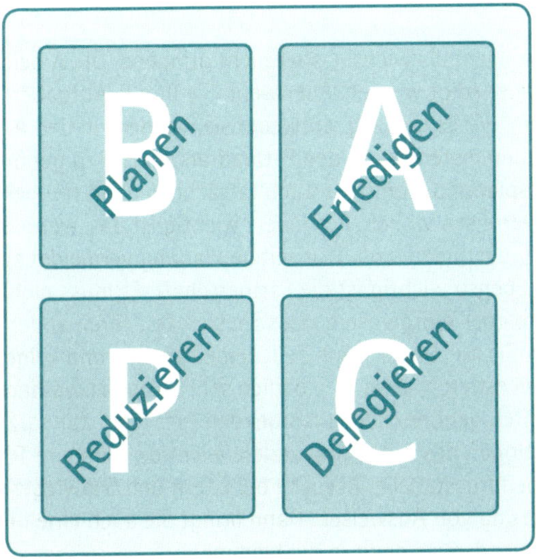

P umfasst alles, was weder Ihren langfristigen Zielen dient noch mit irgendwelcher Verantwortung verbunden ist. Es kann ganz unterhaltsam sein, vielleicht sogar kurzzeitig Ihre Stimmung verbessern, aber oft ist es reine Zeitverschwendung. Es ist darum gut, wenn Sie diese Aktivitäten zeitlich begrenzen. Sie können sich z.B. eine Arbeitspause gönnen und irgendetwas Unwesentliches lesen, aber daran sollten Sie nicht für längere Zeit hängen bleiben, wenn es noch wichtige Dinge zu erledigen gibt. Hier sind auch viele Fernsehsendungen einzustufen, die eigentlich nur getarnte Zeitdiebe sind. Nach mehreren Stunden vor dem Fernseher wissen die wenigsten noch, was sie alles gesehen haben!

DAS EISENHOWER-DIAGRAMM

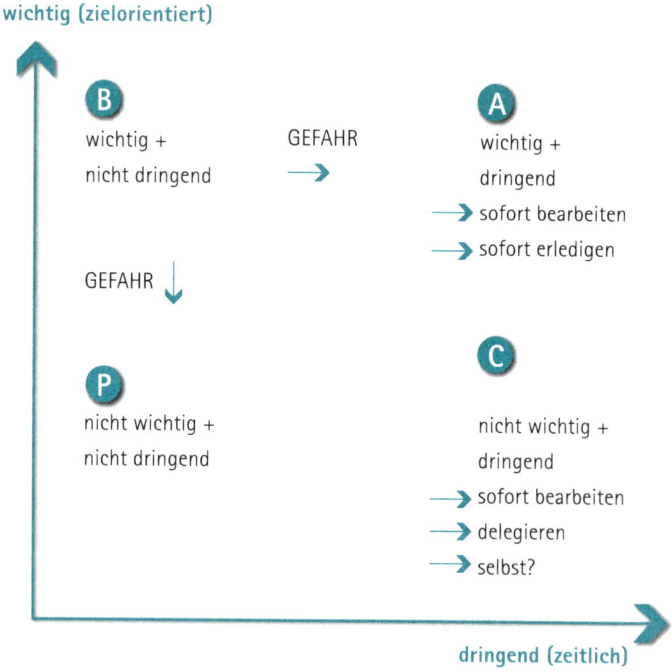

- **A** z.B. Arztbesuch bei Zahnschmerzen, Angebot an Kunden
- **B** Mitarbeitergespräch, Urlaubsplanung, Partnerschaft (bei Nichterledigung A) oderP))
- **C** Versprochener Rückruf, Email beantworten
- **P** Dinge, mit denen keine Verantwortung verbunden ist. P kann motivieren, sollte aber zeitlich begrenzt sein.

A-Aufgaben immer zuerst bearbeiten!

B-Bereich-Aktivitäten verstärken, um der Dringlichkeitsfalle zu entgehen!

C-Aufgaben bei Zeitmangel delegieren!

DAS KIESELPRINZIP

Sehr anschaulich erläutert Stephen R. Covey den Unterschied zwischen Wichtigem und Dringendem mit Kieseln. Sie können das leicht nachvollziehen:

Sie brauchen dazu ein Glasgefäß oder einen Plastiksektkühler, der Ihren Tag symbolisiert. Nun nehmen Sie einige richtig große Kiesel, die Ihre Tagesprioritäten symbolisieren. Die füllen Sie zuerst in Ihr Gefäß. Nun kommen alle „kleinen" Aktivitäten hinzu, sie können durch Dekorationsgranulat oder wirklich kleine Steinchen dargestellt werden. Seien Sie nicht zu ängstlich, es ist erstaunlich, was alles in Ihren Tag passt, wenn erst einmal die dicken Kiesel abgearbeitet sind. Es hätte sogar noch Sand in dem Gefäß Platz und zusätzlich noch eine Menge Wasser!

Um wirklich zu verstehen, welchen Unterschied es macht, leeren Sie nun das Glas und trennen die dicken Steine und das Granulat voneinander. Dieses Mal füllen Sie zuerst dieselbe Menge Granulat ein, die vorher drin war. Dann folgen die dicken Kiesel. Na? Ist es nicht verblüffend? Die Steine reichen weit über den oberen Rand hinaus! Das heißt: Ihr Tag hat nicht ausgereicht, um alles zu erledigen, weil Sie sich zunächst mit lauter Kleinkram abgegeben haben. So blieb das wirklich Wichtige unerledigt.

UND WOMIT FANG' ICH AN? – WICHTIG ODER DRINGEND

✎ GANZ KONKRET

Das ist heute besonders wichtig und dringend

Das ist mir sehr wichtig, aber nicht so dringend

Das ist sehr dringend, aber nicht ganz so wichtig

Das macht mir zwar Spaß, es ist aber weder dringend noch wichtig

Wenn Sie sehen wollen, ob Sie genügend „proaktiv", d.h. weitsichtig und langfristig vorbeugend planen, kann es hilfreich sein, einmal alle Aktivitäten eines Tages etwa im ½-Stunden-Takt aufzuschreiben und mit den Buchstaben A, B, C (und P) zu gewichten. Dabei sollten Sie darauf achten, dass der B-Bereich nicht zu kurz kommt. Alles, was Sie im B-Bereich frühzeitig planen, kann Ihnen nicht mehr plötzlich als dringendes A oder C in die Quere kommen, wenn es zeitlich gar nicht passt!

6.00 - 6.30 ______ A B C
6.30 - 7.00 ______ A B C
7.00 - 7.30 ______ A B C

MORGENMUFFEL GRÜSST NACHTEULE – PERSÖNLICHE BESTZEITEN

Zu unserer Persönlichkeit gehört auch unser Schlafbedürfnis. Es ist bekannt, dass eines der grausamsten Mittel zur Zermürbung von Menschen Schlafentzug ist. Deshalb ist auch die erste Zeit mit einem Neugeborenen so anstrengend. Die immer wieder unterbrochene Nachtruhe ist aufreibend. Viele Mütter empfinden in den Wochen nach der Entbindung eine bleierne Müdigkeit. Erst wenn das Baby durchschläft, wird es wieder leichter, denn dann können sich auch die Eltern von der anstrengenden ersten Lebensphase ihres Kindes erholen.

Ihr Persönlichkeitstyp entscheidet, ob Sie als „Morgenmensch" besser früh am Morgen und vormittags arbeiten können oder ob Sie zu den „Nachtmenschen" gehören, die erst ab 22.00 Uhr so richtig loslegen. Jede Leserin kann wohl auf Anhieb sagen, zu welcher Gruppe sie gehört, aber wenn Sie es ganz genau wissen wollen, dann schauen Sie sich die verschiedenen Leistungskurven an.

Normalkurve

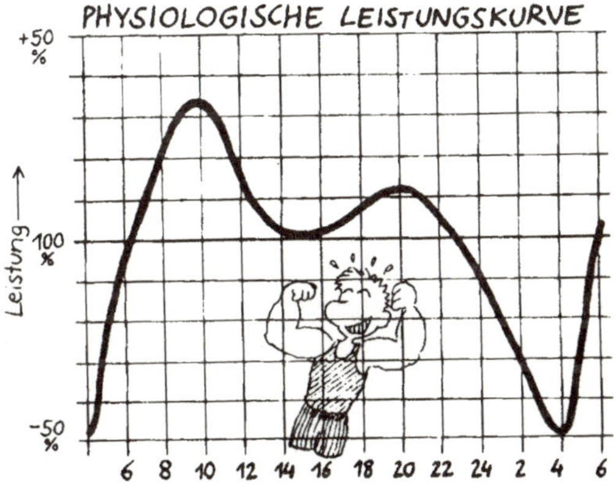

Abb. Durchschnittliche Leistungskurve

Tagesleistungskurve „Morgenmensch"

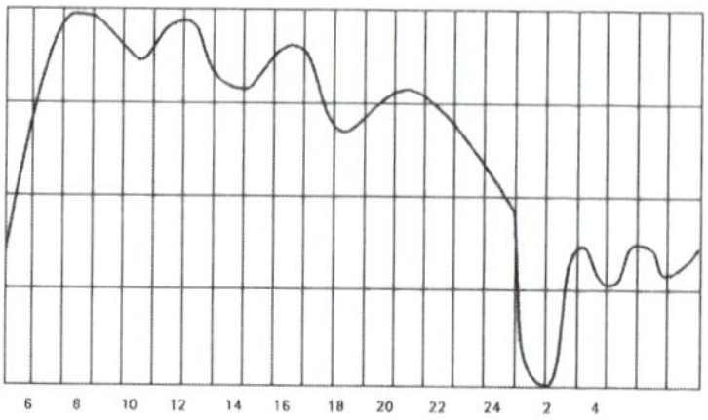

Tagesleistungskurve „Abendmensch"

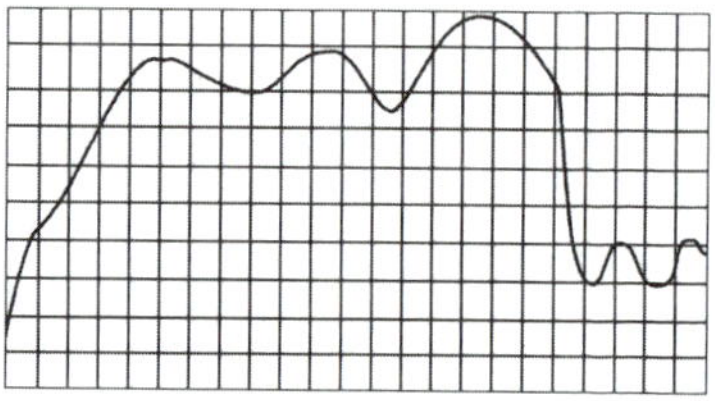

Tagesstörkurve

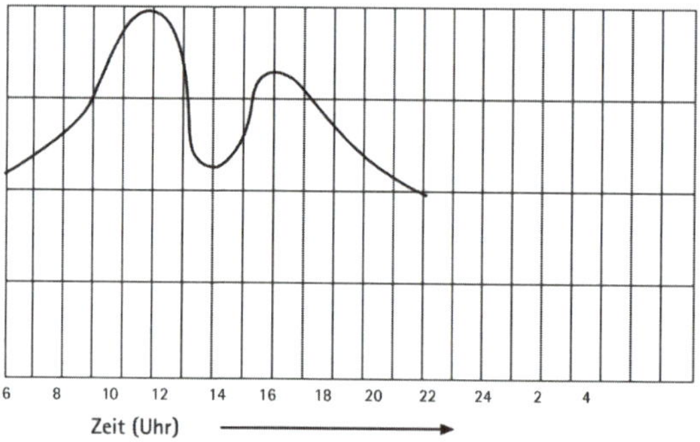

Nutzen Sie Ihre Bestzeiten für konsequentes Arbeiten, indem Sie in diesen Zeiten Störungen weitgehend ausschalten. Bedenken Sie bei Ihrer Tages- und Wochenplanung auch, dass es bestimmte Zeiten oder auch Tage gibt, an denen mit mehr Unterbrechungen zu rechnen ist. Sei es, dass an bestimmten Tagen viele Anrufe eingehen oder mehr Post zu bearbeiten ist. Nehmen Sie sich dann nicht gerade für diese Zeit Ihre wichtigen Arbeiten vor. Berücksichtigen Sie auch, dass Sie

Pausen brauchen, um konzentriert zu arbeiten. Etwa alle 90 Minuten ist eine kurze Pause sinnvoll, in der Sie etwas trinken, sich bewegen oder an die frische Luft gehen. Die nur scheinbar „verlorene" Zeit holen Sie durch die neu getankte Energie schnell wieder auf. Auf Ihre kurze Pause können Sie auch das Gespräch mit der Kollegin verschieben, die Ihnen etwas ganz Wichtiges erzählen will. (Mehr dazu finden Sie im folgenden Kapitel „Störungen reduzieren".)

Wer schneller schwimmt, hat schneller Pause.
Franziska van Almsick

ICH RUFE SIE SPÄTER ZURÜCK! – STÖRUNGEN REDUZIEREN

Sie waren den ganzen Vormittag beschäftigt, haben dies und jenes getan, kaum eine Pause gehabt ... und plötzlich ist es Mittag und das, was Sie eigentlich erledigen wollten, haben Sie nicht geschafft.

WO IST DENN NUR DIE ZEIT GEBLIEBEN!?

Kennen Sie das? Es hängt damit zusammen, dass sich C-Aktivitäten immer in den Vordergrund drängen. Deshalb ist es so wichtig, dass Sie Ihr Verhalten analysieren. Lassen Sie sich leicht von Ihrer Planung abbringen? Können Sie auftauchende Aufgaben richtig einstufen? Wenn Sie oft nicht wissen, wo die Zeit geblieben ist, ist es sinnvoll, einmal mehrere Tage hintereinander alles aufzuschreiben, was Sie tun. (Einen Tagesprotokoll-Zeitplan finden Sie im Anhang.) Kurze Stichworte genügen. Anhand dieser Notizen können Sie genau feststellen, wo Sie Zeit sparen können. Sind es unnötig lange Telefonate, ungeplante Einkäufe ohne Einkaufszettel, langwieriges Suchen von Unterlagen, schlecht organisierte Arbeitsabläufe im Haushalt? Sind es Störungen von außen oder durch Kollegen, Unterbrechungen durch die Kinder oder Besuche, die Sie daran hindern, das geplante Tagesziel zu erreichen? Eine gründliche Analyse ist die beste Voraussetzung für die gewünschten Veränderungen.

Dabei ist allerdings zu bedenken, dass wir manchmal etwas als Störung einstufen, was im Grunde zu unseren Aufgaben gehört. Wenn Sie als Officemanagerin gerade ein Schriftstück bearbeiten wollen und das Telefon klingelt, werden Sie zwar subjektiv gestört, aber objektiv betrachtet gehört es zu Ihren wichtigen Aufgaben, das Telefonat schnell und freundlich zu beantworten. Als Mutter kann Ihnen die dauernde Fragerei Ihrer dreijährigen Tochter zwar auch mal lästig sein, aber im Grunde ist es Ihre Chance, ihr Interesse zu fördern und altersgemäß die Welt zu erklären. „Wer nicht fragt, bleibt dumm", heißt es ja schon in dem Titellied der Sesamstraße. Die richtigen Fragen zu stellen, ist eine Fähigkeit, die auch für uns Erwachsene große Bedeutung hat. Deshalb betrachten Sie den Wissensdurst Ihrer Kinder nicht als Störung und Anrufe als Interesse an der Firma oder Ihrer Familie. Oft kommt es nur auf die Sichtweise an, um unser Empfinden zu verändern.

Andererseits sollten Sie konsequent sein und wirklich unnötige Unterbrechungen reduzieren. Solche Störungen sind deshalb belastend, weil sie ungeplant auftreten, Sie in Ihrem Arbeitsfluss unterbrechen und meistens auch etwas warten könnten. Nach jeder dieser Unterbrechungen müssen Sie sich erneut konzentrieren, bis Sie wieder auf dem vorherigen Niveau arbeiten können. Das kostet Zeit und Energie! Ein Schild „Bitte nicht stören" kann helfen, oder Sie legen bestimmte Zeiten fest, in denen Sie nach Möglichkeit ungestört arbeiten wollen. Anfangs kann das etwas schwierig sein, aber wenn Sie einige Male durchgehalten haben, werden sich Ihre Kollegen, Mitarbeiter und auch die Familie daran gewöhnen. Sogar die Freunde Ihrer Kinder werden respektieren, wenn Sie darum bitten, dass zu bestimmten Zeiten nur im äußersten Notfall angerufen wird. Nutzen Sie den Anrufbeantworter und genießen Sie Ihre gewonnene Zeit!

✎ GANZ KONKRET

Das empfinde ich als Störung

Das will ich nicht länger als „Störung" ansehen

Hier kann ich Zeit gewinnen

Das will ich ändern/tun

ES KÖNNTE JA WICHTIG SEIN!

Wir leben in einer Welt, die immer näher zusammenrückt und in der alle Nachrichten sofort überallhin vermittelt werden. Alles scheint einer ständigen Beschleunigung unterworfen zu sein, alles muss „vernetzt" werden, damit alle immer über alles informiert sind. Oft merken wir kaum noch, wie uns dadurch die Zeit gestohlen wird, denn viele der im Augenblick höchst aktuellen Informationen sind morgen völlig überholt und unwichtig. Bei vielen Meldungen ist die Zeit wirklich verschwendet, wenn ich sie nur lese oder höre. Und dennoch leben die Zeitungen, Radiosender, Fernsehstationen und Lokalsender davon, dass alle Angst haben, etwas zu verpassen. Es könnte ja etwas Entscheidendes passieren oder ein wichtiger Anruf kommen. Dadurch wird es immer schwieriger, sich zu entspannen oder einmal im wörtlichen Sinn „abzuschalten"– das Radio, den Fernseher, das Handy!

Hier ist ein gutes Potenzial zum Zeitsparen. Fragen Sie sich einmal, wie viel Zeit Sie mit den verschiedenen Medien verbringen und wie oft Sie dadurch in Ihrer Arbeit unterbrochen werden. Haben Sie Ihr Handy immer eingeschaltet oder gönnen Sie sich auch mal eine Zeit, in der Sie niemand erreichen kann? Meine Kinder amüsieren sich immer, dass mein Handy so oft ausgeschaltet ist. Es soll mir ja eine Hilfe sein, d.h. zum Beispiel mir die Suche nach einem Telefon ersparen, wenn ich unterwegs bin. Aber es soll mich nicht ständig unterbrechen. So bin ich zwar nicht immer erreichbar, aber was wirklich wichtig war, habe ich immer rechtzeitig erfahren. Nutzen Sie den Computer, das Internet, die wunderbare Möglichkeit der Emails, aber lassen Sie sich nicht von ihnen tyrannisieren. Ich nehme mir auch bei elektronischer Post die Freiheit, darüber nachzudenken und nicht sofort zu antworten, wenn ich das nicht für nötig halte. Denn etwas zu korrigieren, nachdem Sie auf „Senden" geklickt haben, ist schwierig.

Wie ist es bei Ihnen? Sind Sie vom „Erreichbarkeits-Syndrom" infiziert und lassen sich deswegen jederzeit stören?

- Haben Sie Angst etwas zu verpassen?
- Ist Ihr Handy immer eingeschaltet, z.B. auch im Theater oder sogar im Gottesdienst?
- Fragen Sie stündlich Ihre Mailbox ab?
- Geben Sie jedem Ihre Handynummer?
- Sind Sie auch am Wochenende und im Urlaub jederzeit zu sprechen?
- Werden Sie unruhig, wenn mal einige Stunden niemand anruft oder mailt?

Wenn Sie mehrere oder alle diese Fragen mit Ja beantworten, sollten Sie darüber nachdenken, wie Sie sich Ruhephasen verschaffen können. Sonst riskieren Sie, dass Ihnen viel Zeit verloren geht, weil andere über Ihre Zeit verfügen.

MIT MIR NICHT! – NEIN SAGEN

KÖNNTEST DU MAL GERADE ...?

Wir kennen alle diese Bitten, die meist sehr freundlich an uns herangetragen werden, aber letztlich unsere Tagesplanung durchkreuzen. Sie beginnen z.B.: „Es macht Ihnen doch sicher nichts aus ..." oder: „Mami, du weißt doch bestimmt ..." Selbst wenn Sie nicht wissen, wo der Turnbeutel ist, fangen Sie sofort an, Ihrem Sohn beim Suchen zu helfen. Auch hier gilt es, selbst über Ihre Zeit zu bestimmen. Wenn Sie gerade etwas Wichtiges zu tun haben, sagen Sie es – freundlich, aber bestimmt: „Doch, es macht mir etwas aus. Im Moment habe ich überhaupt keine Zeit dafür." „Nein, ich weiß nicht, wo dein Turnbeutel ist, und ich kann dir auch im Augenblick nicht beim Suchen helfen."

Im Auftrag der Zeitschrift FÜR SIE befragte das Meinungsforschungsinstitut Gewis im Jahr 2001 insgesamt 1053 Frauen zwischen 20 und 60 Jahren danach, was ihnen die Zeit stiehlt. 68 % der befragten Frauen sagten, dass sie einfach nicht Nein sagen können, wenn sie jemand um einen Gefallen bittet. Wegen der zusätzlichen Aufgabe werden eigene Wünsche oder Pläne gestrichen. Manche Frauen befürchten, sich durch eine Absage unbeliebt zu machen. Dabei ist eher das Gegenteil der Fall: Meistens werden Frauen, die klare Ziele haben und deswegen nicht jede Aufgabe übernehmen, eher respektiert.

Sagen Sie nicht mehr „Ja", wenn Sie eigentlich „Nein" sagen wollen! Das hat nichts damit zu tun, dass Sie nicht mehr helfen, wenn es wirklich nötig ist, sondern es geht um Situationen, wo Ihnen ungerechtfertigterweise etwas aufgebürdet werden soll, das nicht zu Ihrem Arbeitsbereich gehört. Wenn Ihr Chef Sie um einen Gefallen bittet, der einige Arbeit erfordert und sofort erledigt werden soll, fragen Sie, welche der anderen für morgen anstehenden Aufgaben Sie dafür zurückstellen können. Anfangs kostet das einige Überwindung. Beginnen Sie in kleinen Schritten.

Ihre Arbeitskollegen und -kolleginnen und Ihre Familie werden sich daran gewöhnen, dass Sie sich nicht mehr alles aufdrücken lassen, was die anderen oft nur nicht tun wollen. Sie werden merken, dass Sie sich besser fühlen, weil Sie so reagieren, wie es Ihren Bedürfnissen entspricht. Ihr Lebensgefühl wird sich ändern. Sie müssen nicht jede Einladung annehmen und nicht bei jeder Besprechung dabei sein. Wenn Sie sich momentan nicht trauen, abzusagen, lassen Sie sich Zeit und antworten freundlich: „Vielen Dank für die Einladung. Ich werde es mir überlegen und möglichst bald Bescheid geben." Lassen Sie sich nicht bedrängen, auch nicht in der Gemeinde oder im Verein, wo Sie doch immer alles vorbereitet haben. Sagen Sie einfach sachlich: „Diesmal kann ich euch nicht helfen."

Das hat nichts mit Egoismus zu tun. Im Gegenteil, Sie werden sich umso lieber für andere einsetzen, wenn Sie Ihr Leben neu geordnet haben und freie Zeit bleibt. Aber in der Phase, wo Sie lernen möchten, Ihr Leben besser zu organisieren und Ihre Prioritäten richtig zu setzen, gilt es, wirklich alle Aktivitäten zu prüfen. Sie werden erleben, dass Sie Zeit finden für vieles, was Sie bisher immer zurückstellen mussten.

Neben den Störungen und Anforderungen von außen leiden wir manchmal aber auch an uns selbst. Da kann es gut sein, sich einmal Zeit zu nehmen und sich zu fragen:

WAS STÖRT MICH AN MIR SELBST? AN MEINER UMGEBUNG, MEINEN LEBENSUMSTÄNDEN?

Schreiben Sie alles auf, was Ihnen einfällt und wenden Sie dann das an, was Sie bis hierher schon gelernt haben: Überlegen Sie zunächst, was Sie verändern möchten, setzen Sie sich realistische Ziele, möglichst mit Zeitrahmen und setzen Sie dann die Prioritäten: Womit fange ich an? Erwarten Sie bitte nicht, dass morgen alles anders ist. Wenn

Sie z.B. schlechte Gewohnheiten verändern wollen, geben Sie sich etwa sechs bis acht Wochen Zeit, um daran zu arbeiten. Gewohnheiten, die uns lange geprägt haben, verschwinden nicht von heute auf morgen. Aber: Sie lassen sich verändern, wenn wir es wirklich wollen. Eine langjährige Alkoholikerin sagte mir einmal auf die Frage, wie sie es denn schaffe, frei zu bleiben: „Ganz einfach: den ersten Schluck vermeiden!" Das scheint mir eine gute Regel zu sein: Meiden Sie Situationen oder Orte, Menschen oder Geschäfte, die es Ihnen erschweren, an Ihren Zielen festzuhalten. Hilfreich kann es auch sein, eine Freundin oder jemanden aus der Familie ins Vertrauen zu ziehen und sie zu bitten, sie ab und zu nach dem Erfolg Ihrer Bemühungen zu fragen.

„ICH WILL ABNEHMEN, MACHST DU MIT?"

Viele Frauen wollen gerne ihr Gewicht reduzieren, schaffen es aber nicht. Immer neue Diätversuche führen immer wieder zu Enttäuschungen. Doch in der Gruppe ist es leichter!

Im Jahr 2000 wetteiferten in Niederbayern einige Landkreise miteinander im Abnehmen. Alle Teilnehmer und Teilnehmerinnen wurden zu Beginn der Aktion und 6 Wochen später gewogen. Die Begeisterung und der Erfolg waren so groß, dass die Krankenkassen nun ähnliche Aktionen anbieten und >Bayernweit Bayern light – leichter leben in Bayern< als Wettbewerb mehrerer Städte angelaufen ist.

Sagen Sie „Nein" und machen Sie einen anderen Vorschlag, wenn Sie gerade in dieser Zeit mit Ihren Freunden nicht immer nur essen gehen wollen.

DAS WIRD ENG! – „PUFFERZEITEN" EINPLANEN

Bei 19 % der in der FÜR SIE-Studie befragten Frauen ist der gesamte Tag verplant. Da bringt natürlich die kleinste Panne oder Störung den gesamten Zeitplan zum Einsturz. 9 % der Frauen gaben an, dass ihre Planung ständig von den Erwartungen anderer Menschen durchkreuzt wird, 8 % litten besonders unter dem „Sägeblatteffekt", d.h. dass sie ständig bei der Arbeit unterbrochen werden und dadurch jede Aufgabe viel länger dauert.

Wir kennen es alle: Selbst bei der besten Planung klappt manches nicht, weil etwas Unerwartetes dazwischen kommt. Ein problematisches Telefonat, das Sie nicht einfach beenden können, eine verpasste U-Bahn kostet Sie 10 Minuten. Da, wo Sie sonst immer spielend einen Parkplatz finden, ist ausgerechnet heute keine einzige Lücke frei ... Oder kommt es Ihnen nur so vor, weil Sie ohnehin schon so spät dran sind?

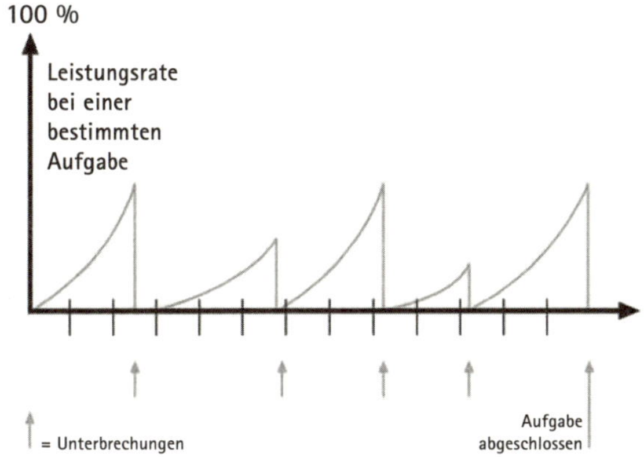

Solche Situationen erzeugen belastenden Stress und lassen sich in den meisten Fällen vermeiden. Wie? Indem man von vornherein „Pufferzeiten" mit einplant.

VERPLANEN SIE HÖCHSTENS 50 – 60 % IHRES TAGES!

Machen Sie es sich zur Regel, vor und nach einem Termin genügend Zeit für An- und Rückfahrt einzuplanen. Kennen Sie den Weg zu dem verabredeten Treffpunkt? Wenn nicht, orientieren Sie sich vorher anhand eines Stadtplans oder einer Wegbeschreibung und kalkulieren Sie etwas mehr Zeit für die Parkplatzsuche, wenn Sie sich nicht auskennen.

Bei termingebundenen Projekten setzen Sie sich persönlich einen deutlich früheren Termin. Dann haben Sie Zeit, ohne Druck Ihrer Präsentation oder Ihrem Manuskript den letzten Schliff zu geben und unvorhergesehene Verzögerungen bringen Ihre Planung nicht völlig durcheinander.

Solche Pufferzeiten bewähren sich auch bei der Einteilung des Lernstoffes für eine Prüfung. Am besten ist es, wenn man das schon als Kind lernt und in der Schule praktiziert, aber auch Erwachsenen helfen diese Spielräume, sich ohne Stress vorzubereiten und gelassen in die Prüfung zu gehen. Prüfungsangst ist oft eine Folge schlechter Planung und Zeiteinteilung und lässt sich durch rechtzeitige Vorbereitungen vermeiden. Haben Sie bei Ihrer Planung mit nicht kalkulierbaren Hindernissen, mit Unterbrechungen und Verzögerungen gerechnet und entsprechend viel Pufferzeit eingeplant, wirft Sie so schnell nichts aus der Bahn, und Sie erreichen souverän das angestrebte Ziel! Für Ihre

Planung können Sie vorgefertigte Formulare nehmen oder sich gleich eigene erstellen je nach Projekt z.B.

✎ GANZ KONKRET

Projekt:

Termin:

Beginn:

Vorarbeiten:

Wer mir helfen könnte:

Zwischenziele:

1. ______________________ bis: ________
2. ______________________ bis: ________
3. ______________________ bis: ________

Persönlicher Endtermin: ______________________

WAS MACHT MIR DRUCK?

Es können Menschen sein, die Sie ständig stören, es können Aufträge sein, die Sie überfordern, zu knapp terminierte Vorgaben, zu kurzfristig angesetzte Termine, gesprächige Kolleginnen, aber auch Freunde oder Verwandte, die sich in Ihr Leben einmischen, ohne dass Sie das wollen. Oder setzen Sie sich mit viel zu hohen Erwartungen und Ihrem Perfektionismus selbst unter Zugzwang? Wenn Sie sich bewusst machen, was

Sie unter Druck bringt, ist das schon der erste Schritt zu einer Verbesserung.

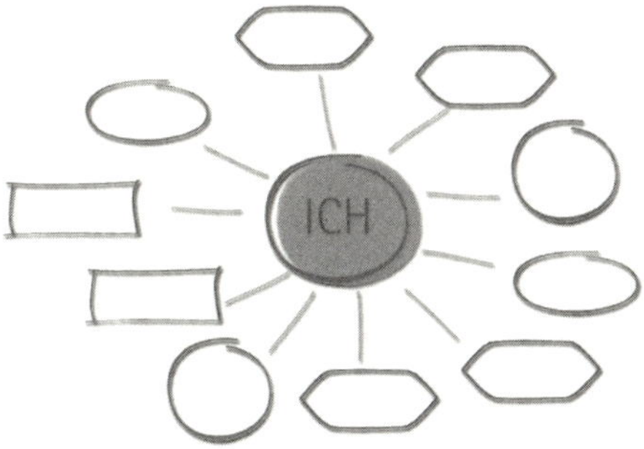

Was du tust, tu's gleich – gleich, gern, ganz!
Lord Baden-Powell, Begründer der Pfadfinderbewegung

AUFSCHIEBERITIS LÄSST SICH HEILEN

Jede von uns hat das schon erlebt: Wir müssen etwas erledigen und schieben es tage- oder wochenlang mit immer schlechterem Gewissen vor uns her. Dann schließlich, unter Zeitdruck, machen wir uns an die Arbeit – und merken, dass es eigentlich halb so schlimm ist. Dieses „normale" Aufschieben lässt sich relativ leicht bekämpfen, wenn Sie sich dessen bewusst sind und sich an die Regel halten, das Wichtigste zuerst zu tun. Schwieriger wird es, wenn Sie wirklich darunter leiden, dass alles immer weitergeschoben wird. Kaum ein Termin wird eingehalten, Absprachen werden rückgängig gemacht, Zusagen „vergessen". Aber auch hier gibt es Abhilfe.

Der erste Schritt ist wieder, sich bewusst zu machen, warum Sie etwas aufschieben. Dafür kann es mehrere Gründe geben:

- Die Aufgabe übersteigt meine Fähigkeiten;
- ich will es eigentlich nicht;
- ich habe Angst vor einem negativen Ergebnis;
- ich fürchte mich vor einer falschen Entscheidung;
- ich befürchte eine Absage;
- ich habe keine Zeit;

- ich bin zu müde, zu gestresst;
- ich bin einfach nicht motiviert, es zu tun;
- ich ...

Manchmal suchen wir uns andere Arbeit, um die unangenehmen oder schwierigen Aufgaben nicht angehen zu müssen. Wir sind froh, wenn gerade dann das Telefon klingelt und reden viel länger als nötig. Oder wir flüchten ins Internet und machen irgendeine halbwegs wichtige Recherche.
Entlarven Sie Ihre Zeitdiebe und Ihre Fluchtwege. Halten Sie stand und nehmen Sie das Unangenehme in Angriff. Sie werden sehen, dass die Unlust sehr schnell verschwindet, wahrscheinlich geht es Ihnen viel rascher von der Hand, als Sie dachten. Und hinterher fühlen Sie sich richtig gut! Je öfter Sie diese Erfahrung machen, desto schneller werden Sie in Zukunft auch schwierig erscheinende Angelegenheiten in Angriff nehmen. Herzlichen Glückwunsch!

Meine Fluchtwege sind:

- Überlanges Telefonieren
- Internet
- Ein Schwatz mit Kollegen
- Ablenkung durch Nebensächliches

Morgen ist meistens der Tag,
an dem am meisten zu tun ist.
Spanisches Sprichwort

AUFSCHIEBERITIS KONTRA VERSCHIEBEN

Wenn Sie erkennen, dass Sie einen Termin voraussichtlich nicht einhalten können, informieren Sie die betroffenen Personen möglichst früh und verabreden Sie einen neuen Termin. Das kann immer wieder einmal aus unterschiedlichen Gründen vorkommen, die nichts mit den oben genannten Ursachen zu tun haben. Verschieben heißt immer: mit neuem Termin planen! Wenn wir etwas aufschieben, setzen wir jedoch keine Frist, sondern lassen es auf unbestimmte Zeit unerledigt. Das schadet nicht nur der Sache, sondern am allermeisten uns selbst. Wenn es Ihnen Probleme macht, ist das ein guter Ansatz für eine Besserung.

AUFSCHIEBERITIS KONTRA BEDENKZEIT

Es gibt Situationen, in denen es gut ist, zu zögern und die Entscheidung nicht sofort zu fällen. Sei es, dass Sie noch andere Personen einbeziehen wollen oder noch ein paar Informationen brauchen. Oder passt die ganze Sache nicht so recht zu Ihren Werten, zu Ihren Lebenszielen? Manchmal sagt uns „unser Bauch", dass etwas nicht stimmt. Nehmen Sie dieses unklare Gefühl ruhig ernst und versuchen Sie, Klarheit zu bekommen. Wenn Sie meinen, Bedenkzeit zu brauchen, nehmen Sie sich die nötige Zeit. Manchmal hilft es, sich mit etwas ganz anderem zu beschäftigen, aber es ist schon etwas dran an dem Sprichwort: Was man zu lange bedenkt, das wird bedenklich!

Möglicherweise müssen Sie ja auch gar nicht alles selber erledigen, was Sie aufschieben. Wer könnte Ihnen etwas abnehmen, oder mit wem könnten Sie etwas gemeinsam erledigen?

Auch hier hilft es, alles aufzuschreiben.

✎ GANZ KONKRET

Das habe ich in letzter Zeit aufgeschoben:

____

____

Das schiebe ich regelmäßig auf:

____

____

Ich schiebe etwas auf, weil

1. ______________________________________
2. ______________________________________
3. ______________________________________
4. ______________________________________

Das will ich ändern:

____

____

Hiermit fange ich an:

____

Ich erledige ________________________ bis ____________

Ich verschiebe ________________________ auf ____________

Hier werde ich eine Entscheidung treffen:

Hier werde ich umgehend anrufen:

Helfen könnte mir:

Gemeinsam erledigen könnte ich ______________ mit ___________

Auch wenn nicht alles auf Anhieb klappt, dürfen Sie stolz sein, wenn Sie Ihre Aufschieberitis in einzelnen Punkten bekämpfen. Sie werden mit etwas Konsequenz bald im wahrsten Sinne des Wortes ganz „über den Berg" sein. Der Druck wird verschwinden und ebenso die Stapel unerledigter Dinge.

GEGEN PERFEKTIONISMUS HILFT PARETO

Das Paretoprinzip

Vilfredo Pareto (1848-1923) war ein italienischer Volkswirt und Wirtschaftswissenschaftler. Er fand bestimmte mathematische Gesetzmäßigkeiten, die sich in vielen Lebensbereichen bestätigen, z.B. das 80/20-Prinzip. Es beschreibt die Unausgewogenheit zwischen Aufwand und Ertrag, Anstrengung und Ergebnis, Ursache und Wirkung und besagt, dass 80 % der Ergebnisse mit 20 % der Anstrengung oder Investition erreicht werden.

Was hat das mit unserem Thema zu tun? - Ein paar Beispiele:

- 20 % unserer Kleider tragen wir in 80 % der Zeit – die übrigen 80 % hängen ungenutzt im Schrank und werden nur sehr, sehr selten angezogen.
- 20 % der Gottesdienstbesucher geben 80 % der Kollekte – die übrigen 80 % spenden in kleinen Beträgen die restlichen 20 %.
- 20 % der Mitarbeiter verursachen 80 % der Krankheitsfälle – die übrigen 80 % sind so selten krank, dass sie zusammen nur 20 % der Fälle ausmachen.
- 20 % der Verheirateten bewirken 80 % der Scheidungen;
- 20 % der Schüler sorgen für 80 % der Störungen im Unterricht;
- 20 % Ihrer Rezepte kochen Sie an 80 % der Tage;

- 20 % der Kunden bringen 80 % des Umsatzes;
- 20 % der Verkehrsteilnehmer verursachen 80 % aller Unfälle, die übrigen 80 % fahren meist vorsichtig und sind für die fehlenden 20 % verantwortlich;
- Mit 20 % des Einsatzes erledigen wir 80 % der Gartenarbeit.

Für uns bedeutet das: Mit 20 % unseres Einsatzes erledigen wir schon 80 % unserer Arbeit!

Ist das nicht eine gute Botschaft? Wir können uns also wirklich überlegen, ob alles hundertprozentig gemacht werden muss oder ob nicht oft 80 % genug sind. Der enorme Mehraufwand, den wir brauchen, um etwas perfekt zu machen, bringt uns nämlich bei den anderen Aufgaben unter Druck. Hier ist ein wirkliches Potenzial zum Vereinfachen und Zeitsparen. Tappen Sie nicht in die Perfektionismusfalle! Pareto bewahrt Sie davor.

Unordnung hat tief greifende Auswirkungen auf Ihr Leben – Unterschätzen Sie sie nicht.
Karen Kingston

ORDNUNG IST DAS HALBE LEBEN!

Wie oft haben wir diesen Spruch schon als Kinder gehört, meist in mahnendem oder leicht resigniertem Ton, wenn wir am Morgen irgendetwas Wichtiges für die Schule suchten. So bekam das Wort Ordnung für manche von uns einen negativen Beigeschmack, der sich zum Beispiel in dem Motto äußert: „Wer Ordnung hält, ist nur zu faul zum Suchen". Aber wie manches, was in Folge der 68er-Bewegung als muffig, spießig und überholt bezeichnet wurde, ist auch Ordnung eine Grundlage für effektives, erfolgreiches Arbeiten. Man kann wohl davon ausgehen, dass sich die meisten Menschen im Grunde ein geordnetes, harmonisches Leben wünschen. Und genau dazu können wir die äußeren Bedingungen schaffen, indem wir unsere Umgebung gestalten. Natürlich gibt es graduelle Unterschiede, was einzelne Menschen als ordentlich empfinden, aber unabhängig davon haben sich einige grundsätzliche Regeln bewährt.

ORDNUNG AM ARBEITSPLATZ

Ob Sie nun an einem Schreibtisch arbeiten, am Fließband, in der Küche oder ob Sie als vielseitige Hausfrau sogar mehrere Arbeitsplätze haben, es gilt: Ordnung am Arbeitsplatz spart Zeit!

Betrachten Sie einmal Ihren Schreibtisch: Was brauchen Sie wirklich? Was liegt nur – mehr oder weniger vorwurfsvoll – herum? Da ist der lästige Papierstoß, den Sie schon länger hin und her schieben, der ständig wächst und auf den Tag wartet, „an dem ich mal Zeit habe". Der Tag wird nicht kommen! Darum: Nehmen Sie sich die Zeit, das wirklich Wichtige in die entsprechende Ablage zu geben und alles Übrige wegzuwerfen. Was Sie monatelang nicht brauchten, benötigen Sie wahrscheinlich gar nicht mehr – oder Sie haben gerade dann keine Zeit zum Suchen! Gönnen Sie sich das belebende Gefühl eines leeren Schreibtisches und vermeiden Sie durch ein gutes, professionelles Ordnungssystem (z.B. mit Hängemappen, Adressen s. Anhang) in Zukunft neue Stapel.

Die meisten Zeitungsartikel veralten schnell, durch eine gezielte Internetrecherche bekommen Sie, wenn nötig, noch aktuellere Informationen. Werbung sollte uns „kalt" lassen, wenn sie nicht unserem wirklichen Bedarf entspricht. Sie gleich wegzuwerfen, spart nicht nur Zeit, sondern auch Geld. Wenn Sie anfangs unsicher sind, ob der Papierkorb der richtige Platz ist, dann nutzen Sie für die erste Zeit eine Zwischenablage. Die Erfahrung zeigt, dass man die dort abgelegten Sachen kaum hervorholt und schließlich doch wegwerfen kann. Wenn Sie diese Erfahrung selbst gemacht machen, werden Sie die Zwischenablage nicht mehr brauchen.

Räumen Sie mindestens einmal wöchentlich Ihren Schreibtisch auf. Lassen Sie abends nur das liegen, was Sie am nächsten Morgen zuerst brauchen. Und wo Sie professionelle Hilfe beim Aufräumen des Büros brauchen, finden Sie diese im Anhang bei den Adressen.

Was am Schreibtisch hilft, gilt für jeden Arbeitsplatz: Entrümpeln befreit! Die Arbeit macht mehr Freude in einer geordneten, gut organisierten Umgebung, sie geht schneller vorwärts und spart Zeit.

Aber meistens ist nicht nur der Arbeitsbereich zu voll, sondern wir horten überall Dinge, die wir eigentlich nicht – oder nicht mehr – brauchen. Angefangen von Urlaubssouvenirs, die uns im Ausland „so typisch" erschienen, bis hin zu Geschenken, die lieb gemeint waren, aber nur herumstehen und Staub fangen. Manches wurde nur aufgehängt oder aufgestellt, weil man die Geber nicht „beleidigen" wollte. Hier gehen wir einer gesellschaftlichen Lüge auf den Leim: Wertschätzung können wir nämlich ganz anders ausdrücken als durch solche Gesten. An wirkliche Freunde denkt man auch ohne den Holzvogel, den sie mitgebracht haben. Wenn Ihnen die Tasche von Tante Frieda nicht gefällt, freut sich vielleicht eine Hilfsorganisation darüber, aber im Schrank nimmt sie nur Platz weg. Tante Frieda freut sich über Ihren Anruf oder einen Besuch viel mehr!

Ein anderes heißes Thema: Ihr Kleiderschrank! Haben Sie auch schon gestöhnt, wenn Sie die Bügel zusammenschieben mussten, um wieder einmal ein neues Stück hineinzuhängen? Auch hier gilt die Pareto-Regel: 20 % unserer Kleidung tragen wir in 80 % der Zeit. Die übrigen 80 % der Kleidungsstücke nehmen Platz weg, werden aber selten oder nie getragen, weil sie nicht mehr passen, altmodisch sind oder einfach unserem Geschmack nicht mehr entsprechen. Hier hilft großzügiges Ausmisten. Schnell geht es mit vier Wäschekörben:

1. Was kaputt oder verschlissen ist, wird weggeworfen.
2. Was noch getragen werden kann und in Ordnung ist, geht sauber(!) in eine Kleiderspende.
3. Was Sie jemandem „vererben" wollen, wird verpackt und dieser Person möglichst schnell übergeben.
4. Was Sie behalten, wird in den gereinigten Schrank eingeräumt.

Na, wie fühlen Sie sich am Ende der Aktion?

So wie Sie auf dem Schreibtisch keine neuen Stöße zulassen, ist es auch sinnvoll, in Zukunft keine „Schnäppchen" mehr zu kaufen, die Sie nicht wirklich brauchen. Auch das billigste Stück ist zu teuer, wenn es nicht zu Ihrer übrigen Garderobe passt oder Ihnen nicht wirklich gefällt.

Die Vier-Körbe-Methode eignet sich genauso für die Badezimmerschränke mit den geschenkten Parfums, für die Küchenschränke mit den alten Plastikschüsseln und den Schubladen mit den alten Tüten, „die man vielleicht noch mal braucht". Ganz zu schweigen von Keller, Speicher und Garage! Leisten Sie sich das leichte Lebensgefühl, wenn Sie sich von allem getrennt haben, was nur herumliegt. Überlegen Sie beim Aufräumen, ob Sie etwas tatsächlich noch mal brauchen *werden*. Entrümpeln Sie zukunftsorientiert. Es ist ganz erstaunlich, was Sie alles nicht benutzen werden.

Eine entscheidende Erfahrung war für mich, als uns unser komplett gepackter Mercedes mit allen Urlaubssachen und guter Konferenzgarderobe in Budapest gestohlen wurde. In der Deutschen Botschaft traf mein Mann dann einen jungen Ungarn, der in Deutschland arbeitete. Ihm waren seine Papiere gestohlen worden, aber er hatte noch sein Auto. Er nahm uns mit, so dass wir noch in der Nacht nach Hause kamen. Am nächsten Morgen hatte ich das absolute „Simplify-Erlebnis": keine Koffer auszupacken, keine dreckige Wäsche zu waschen, einfach nur zu Hause sein! Was ich dann am schmerzlichsten vermisste, waren meine vertraute Bibel mit allen Markierungen und mein tempus-Zeitplanbuch. Plötzlich hatte ich verdächtig viele freie Abende! (Nach Ungarn sind wir trotzdem wieder gefahren.)

Reichtum besteht nicht darin, viel zu besitzen,
sondern sich wenig zu wünschen.
Esther de Waal

„DIE ABSOLUTE MARKTNEUHEIT!"

Haben Sie auch schon einmal in der Fußgängerzone oder in einem Kaufhaus zugeschaut, wie ein schnell sprechender Mann in Windeseile die schönsten Salate zauberte? Oder wie eine gepflegte Dame die scheußlichsten Metallteile im Handumdrehen zum Funkeln brachte? Nach anfänglicher Skepsis waren Sie beim zweiten Durchgang der Vorführung von dem fantastischen Produkt vollkommen überzeugt. Auch der Preis schien Ihnen angesichts der Tatsache, dass es der letzte Tag der Aktion war und danach erhebliche Mehrkosten bei Bestellung entstünden, durchaus angemessen. Aber schon beim Auspacken zu Hause befielen Sie Zweifel ... Wenn das innovative Gerät seitdem originalverpackt im Küchenschrank liegt, werfen Sie es weg oder geben Sie es jemandem, der es auch benutzt. Ohne solchen Ballast lebt es sich leichter.

Wenn Sie nicht viel Zeit zum Ausmisten haben, teilen Sie die Arbeit auf, z.B. eine Küchenschublade, ein Schrankfach, ein Bücherregal. Jeder Gegenstand sollte seinen festen Platz haben, wo ihn alle finden können und wohin sie ihn auch wieder zurücklegen, denn Suchen kostet immer Zeit.

Mehr dazu finden Sie in Teil II im Kapitel Haushalt „Weg damit – ohne Ballast lebt sich's leichter", S. 211.

✎ GANZ KONKRET

Wo wollten Sie schon lange aufräumen?

Wo leiden Sie am meisten an den Folgen unserer Wohlstandsgesellschaft?

Wann wollen Sie anfangen?

Warum nicht gleich?

Wenn Sie dem bisher Gelesenen zustimmen, was hindert Sie dann daran, jetzt gleich anzufangen? Unterbrechen Sie doch die Lektüre und nehmen Sie sich eine Schublade oder ein Schrankfach vor. Je eher Sie beginnen, desto schneller sind Sie am Ziel!

Es geht zunächst nur um Sie selbst, um *Ihr* Lebensgefühl und *Ihre* Zeitplanung, denn jeder Gegenstand braucht Pflege. Wenn Sie dann noch anderen eine Freude machen können, indem Sie gute Sachen weitergeben, ist das eine zusätzliche „Belohnung" für Ihren Entschluss, sich von unnötigem Ballast zu befreien und Ihr Kaufverhalten zu überprüfen.

Frauen können 150 % leisten,
wollen 180 % leisten,
gebraucht werden lediglich 80 %.

ICH HAB'S GESCHAFFT! – OPTIMAL MUSS NICHT PERFEKT SEIN

Selbstverständlich möchten Sie jede Aufgabe optimal lösen. In fast allen Lebensbereichen spielt Qualität eine große Rolle. Wer möchte nicht „spitze" sein?

Dennoch müssen Sie immer wieder abwägen, ob sich ein wesentlich größerer Zeitaufwand und stärkeres Engagement lohnen, wenn Sie Ihre Arbeit wirklich gut machen, aber vielleicht manchmal das i-Tüpfelchen noch fehlt. Auch hier gilt die Regel, dass Sie mit 20 % Ihres Einsatzes bereits 80 % der gestellten Aufgabe erledigt haben. Gut ist oft besser als perfekt.

Wer zu Perfektionismus neigt, sich in den letzten Details zu verlieren droht und deswegen unter Zeitdruck kommt, kann sich das Leben durch „Mut zur Lücke" erleichtern. Seien Sie barmherzig mit sich und anderen. Damit will ich nicht zu Schlamperei und Nachlässigkeit ermutigen, aber Fehler werden immer wieder passieren. Und viele haben dann gar nicht die furchtbaren Auswirkungen, die wir befürchteten. Verzeihen Sie sich selbst und arbeiten Sie fröhlich weiter. Setzen Sie sich realistische Zeitlimits, in denen Sie eine Aufgabe erledigen wollen, und halten Sie sich daran, selbst wenn das Ergebnis dann für Sie noch nicht perfekt ist.

Denken Sie daran: In 20 % Ihrer Arbeitszeit haben Sie bereits 80 % des Tageserfolges erzielt!

Mit 20 % der Putzzeit ist Ihre Wohnung schon 80 % sauber!

Sie kennen genügend Gründe, warum das bei Ihnen nicht funktionieren kann?

Probieren Sie es trotzdem!

DIESE ZETTELWIRTSCHAFT! – RICHTIGER UMGANG MIT DEM ZEITPLANBUCH

Wir kennen sie nur zu gut! Die kleinen gelben, pinken oder grellgrünen „Post-it"-Notizen: schnell mal eine Telefonnummer aufschreiben und sie ganz sicher seitlich am Küchenschrank ankleben. Aber nun, als Sie die Nummer brauchen, ist der Zettel nicht mehr da! Dabei ist die Post-it-Methode doch angeblich ein Fortschritt gegenüber losen Blättern ...

Wenn Sie ebenfalls der Meinung sind, dass sich der Klebstoff einfach nicht für dauerhafte Notizen eignet und die Post-its deshalb nur für wirklich kurzfristige Mitteilungen taugen, lassen Sie uns über Alternativen nachdenken.

Es könnte zum Beispiel ein Schulheft oder ein Spiralheft sein, in das Sie alles Wichtige eintragen. Was erledigt ist, wird ausgestrichen. Wenn Sie etwas suchen, müssen Sie allerdings immer wieder zurückblättern, und wenn Sie Übersicht über längere Zeit behalten wollen, muss es schon ein dickes Heft sein. Die Methode ist sicher weit besser als die Zettelwirtschaft, aber immer noch sehr unübersichtlich und deswegen zu zeitraubend.

ALLES SPRICHT FÜRS ZEITPLANBUCH!

Denn: Wenn man keinen Überblick hat, erschwert das die Tagesplanung. Da lob ich mir mein Zeitplanbuch, das meine verschiedenen Lebensrollen als Kategorien enthält, in das ich Blätter einfügen oder herausnehmen kann, kurz, in dem ich alles Wichtige schnellstens finde.

Es gibt verschiedene Anbieter. Mehrfach prämiert wurden die tempus-Zeitplanbücher. Einige Originalformulare finden Sie im Anhang. Wichtig ist vor allem, dass Sie einzelne Blätter, Formulare und Kalendarien nachkaufen können. Gute Anbieter haben auch Software im Angebot, mit der Sie sich die Formulare selbst ausdrucken können. Mit dem passenden Locher ordnen Sie alle Informationen genau an der Stelle ein, wo Sie sie im Bedarfsfall schnell finden.

»Alles fing damit an, dass ich mein Zeitplanbuch verloren habe.«

ODER DOCH BESSER ELEKTRONISCH PLANEN?

Die Weiterentwicklung der elektronischen Zeitplaner lässt manchmal die Frage aufkommen: Was ist besser, Papier oder Elektronik? Darauf gibt es keine allgemein gültige Antwort, denn es hängt davon ab, was *Ihnen persönlich* mehr entspricht. Elektronische Planer eignen sich vor allem dann besonders gut, wenn mehrere Personen ihre Termine abstimmen möchten, wenn Sie regelmäßig Daten auf Ihren PC übertragen wollen, Adressen verwalten möchten oder wenn Ihnen ein Zeitplanbuch einfach zu „dick" ist. Aber auch Papier hat seine Vorteile, denn wer gerne großflächig plant oder eine große Handschrift hat, kommt hier meist besser zurecht. Ein PDA (Personal Digital Assistant) bremst eher die Kreativität durch bestimmte Vorgaben zur Handschriftenerkennung, während auf Papier auch größere Pläne, Mind Maps (s. S. 175) und kreative Entwürfe möglich sind.

Ein wichtiger Vorteil des Zeitplanbuches: Wenn Sie Ihre To-do-Listen oder Kalendarien im Archivordner ablegen, können Sie bei Bedarf auch auf vergangene Ereignisse zurückgreifen.

Schriftlichkeit ist eine Grundvoraussetzung für gelungenes, zielstrebiges Zeitmanagement. Wer es sich zur Gewohnheit macht, gute Ideen, plötzliche Einfälle, Terminvorgaben, Verabredungen und alles, was wichtig ist, aufzuschreiben, hat den Kopf frei für andere Dinge. Bei Bedarf sind die Informationen schnell verfügbar, es geht keine kostbare Zeit mit Suchen verloren. Also: Eine kurze Notiz im Zeitplanbuch lohnt sich!

Bei vielen Frauen wird das Zeitplanbuch bald zu einem richtigen Freund, nicht nur für sie selbst, sondern oft auch für andere Familienmitglieder, die selbst nicht lange suchen wollen und gerne von ihrer guten Organisation profitieren! So ist es jedenfalls bei uns.

BEI FREUNDEN IST MAN WÄHLERISCH

Suchen Sie sich ein Zeitplanbuch, das richtig gut zu Ihnen passt. Gute Anbieter haben die verschiedensten Materialien, Farben und Ausführungen im Programm. Die Firma tempus erhielt im Jahr 2002 für ihr hervorragendes Konzept sogar den Gold Award der World Calendar Awards. Neben den regulären Katalogangeboten finden Sie auch Schnäppchen im Internet unter www.tempus.de. Ganz persönlich und unverwechselbar wird's, wenn Sie Ihre Initialen oder Ihren Namen eindrucken lassen. Und es gibt inzwischen auch funktionale und dabei wunderschöne Lösungen, wenn Sie Papier und Elektronik nebeneinander benutzen wollen.

Arbeit dehnt sich so weit aus, dass die für ihre Fertigstellung zur Verfügung stehende Zeit ausgefüllt wird.
C. Northcote Parkinson

EINFACH ERFOLGREICH – WENIGER IST MEHR

Gerade angesichts der immer komplexeren Zusammenhänge, denen sich kaum jemand entziehen kann, finden Konzepte, die Klarheit und Einfachheit propagieren, immer mehr Anhänger/innen. Es ist kein Zufall, dass Bücher, die die Vereinfachung des Alltags versprechen, seit einiger Zeit regelmäßig in den Bestsellerlisten stehen. Sie entsprechen der Sehnsucht vieler Menschen, sich in einer kompliziert gewordenen, radikal beschleunigten Welt auf das Wesentliche zu besinnen.

Man kann einfacher kochen, zeitsparend bügeln, kräftesparend putzen und manche Arbeiten delegieren. Dennoch: Gerade im Haushalt werden viele Arbeiten noch immer sehr aufwändig erledigt. Oft spielen uns unsere Erziehung und die gesellschaftlichen Vorstellungen von einer „guten Hausfrau" einen Streich. Obwohl es hervorragende tiefgefrorene Kuchen zu kaufen gibt, haben viele Frauen Hemmungen, auf diese Weise Zeit und Geld zu sparen. Was sollen sie denn auf die Frage antworten, ob sie den Kuchen selbst gebacken haben? Ist es nicht peinlich, dann zuzugeben, dass man ihn gekauft hat? Oder die Marmelade? Ist es nicht auch genug, wenn ich sie „ganz allein" gekauft habe?

Ich meine das wirklich ernst. Während in allen anderen Lebensbereichen enorme Fortschritte selbstverständlich sind, messen wir Hausarbeit häufig noch mit den Maßstäben unserer Mütter und Großmütter. So entstehen außergewöhnliche Belastungen, da ja zusätzlich viele andere Aufgaben auf Hausfrauen und Mütter zukommen. Wir fliegen doch auch nicht mehr mit dem Zeppelin, obwohl das damals die große Attraktion war!

GEMEINSAM MACHT ES RICHTIG SPASS!

Es ist höchste Zeit, umzudenken. Auch hier beginnt die Innovation in unseren Köpfen. Familie funktioniert nur, wenn sich alle dafür einsetzen. Gemeinsame Putz- oder Aufräumaktionen können sogar Spaß machen. Und hinterher können alle stolz sein und haben gemeinsame Zeit gewonnen. Ein erfreulicher Nebeneffekt ist, dass die Arbeit der Hausfrau dann wesentlich mehr geschätzt wird, weil auch die anderen Familienmitglieder merken, dass es eine anstrengende Arbeit ist und dass es wenig vergnüglich ist, wenn jemand mit verdreckten Straßenschuhen ins frisch geputzte Zimmer läuft. Also: Gewinn auf der ganzen Linie!

Alles haben zu wollen,
heißt alles zu verlieren.
Sprichwort aus dem 14. Jahrhundert

IHR PERSÖNLICHES SIMPLIFY-PROGRAMM

So funktioniert's:

Lesen Sie das Buch von vorne nach hinten, von hinten nach vorne, oder suchen Sie sich die Kapitel, wo es bei Ihnen am meisten brennt. Hauptsache: Sie fangen an, Ihren ganz persönlichen Weg zu gehen. Nicht alles lässt sich in jede Situation übertragen, deshalb dürfen Sie Ihrer Kreativität freien Lauf lassen. Probieren Sie etwas aus und prüfen Sie, ob es für Sie und Ihre Familie passt. Wandeln Sie unsere Vorschläge ab, übertragen Sie sie passgenau auf Ihren Bedarf. Beginnen Sie mit kleinen Veränderungen, aber nehmen Sie sich ruhig auch große Ziele vor, die Sie schriftlich formulieren. Und denken Sie daran: Leben ist mehr als arbeiten. Erfolg allein bürgt noch nicht für Lebensfreude, obwohl er wesentlich dazu beitragen kann. Nicht immer mehr, immer schneller ist unsere Devise, sondern mehr Lebensqualität und die Verwirklichung unserer Ziele. Vereinfachen Sie, um Zeit für sich selbst zu gewinnen, um endlich auch das tun zu können, was immer wieder warten musste.

IN DER RUHE LIEGT DIE KRAFT

Und nun erleben Sie mit uns, wie man Arbeitsabläufe vereinfachen kann, wie auch die Hausarbeit Spaß macht und Sie sich nicht mehr ausgenutzt fühlen müssen. Gönnen Sie sich und Ihrem Körper Phasen der Entspannung, ja, seien Sie ruhig mal richtig faul – ohne schlechtes Gewissen! Wenn Sie aus der Ruhe und mit Gelassenheit ans Werk gehen, werden Sie staunen, welche Fähigkeiten Sie an sich entdecken, die im ganz normalen Alltagschaos bisher gar nicht erkennbar waren. Es kommt nicht nur darauf an, was Sie tun, sondern auch, wie Sie es tun. Der passende Arbeitsplatz, die richtige Beleuchtung, das professionelle Werkzeug und der Wunsch, ein Leben in Balance zu führen: eben ein Mobileleben. Mit diesen Voraussetzungen erleben Sie Schritt für Schritt mehr Zufriedenheit im Alltag.

Viel Spaß dabei!

KANN ARBEIT WIRKLICH SPASS MACHEN? – SIE KANN!

Jede von uns versucht, mit ihren Kräften die gestellten Aufgaben zu meistern. Es ist IHR Leben, SIE gestalten es, unabhängig davon, wie viele Einflüsse von außen auf Sie einströmen. Niemand anderes kann es für Sie tun. Packen Sie es an.

Du bist die Aufgabe.
Kein Schüler weit und breit.
Franz Kafka

GRUNDLAGEN DER ARBEITSPLANUNG UND ERGONOMIE – AUFGABENVERTEILUNG UND ORGANISATION

WAS IST ZU TUN?

Wie im vorangegangenen Kapitel beschrieben, haben alle Aufgaben, die auf uns zukommen, eine bestimmte Dringlichkeit. Ob wir dringende Aufgaben jedoch auch gerne tun, steht auf einem ganz anderen Blatt.

Das zeigt sich häufig in Formulierungen wie: „Ich müsste bügeln, würde aber viel lieber die Fenster putzen." Gerade bei unliebsamen Tätigkeiten wird so eine verhängnisvolle Kettenreaktion in Gang gesetzt: Ich könnte. Ich sollte. Ich muss. Ich muss jetzt aber dringend, denn es ist kein einziges Hemd mehr im Schrank.

Im Augenblick sitzen Sie und lesen dieses Buch, sollten Sie nicht eigentlich ... Sicher fallen Ihnen viele Dinge ein, die Sie im Moment „tun sollten".

Aufgabenverteilung und Organisation. Was für trockene Begriffe! Und wie Sie zu Recht einwerfen werden: „Sobald ich etwas plane, kommt immer wieder etwas dazwischen."

Sehen Sie es positiv: Nahezu alle Arbeiten im Haushalt lassen sich in viele kleine Einheiten aufteilen, und das ist der Vorteil bei der Organisation. Nur wenige Arbeiten erlauben überhaupt keine Unterbrechung: etwa Kuchenglasur anbringen, Mehl in die Soße rühren, Brotteig kneten ...

Sie entscheiden, welche Aufgaben Sie Stück für Stück zu Ende führen.

Bleiben Sie dran, wenn Sie einmal begonnen haben:

Aufstehen – zwei Schüsseln aus der Geschirrspülmaschine räumen – Kind beim Anziehen helfen – fünf Gläser ausräumen – Teewasser kocht – 10 Teller ausräumen – Frühstückstisch decken – bis alle da sind noch zwei Töpfe ausräumen – frühstücken – während die anderen abdecken, Besteck ausräumen – Reißverschluss zumachen helfen – Tassen ausräumen – Kinder in die Schule verabschieden – Rest ausräumen. FERTIG! Und weiter geht es: Anfangen das schmutzige Geschirr wieder einzuräumen ...

Diese Schilderung entspricht wahrscheinlich Ihrem ganz gewöhnlichen Alltag. Wann hat frau schon den Luxus, eine Tätigkeit in einem Stück zu Ende führen zu dürfen.

Lassen Sie sich nicht dazu verführen, alle Baustellen, die Ihnen durch die Unterbrechungen auffallen, gleich mit in Angriff zu nehmen. Bleiben Sie bei der ersten Tätigkeit.

Nehmen Sie unliebsame Aufgaben sofort in Angriff. Warten Sie nicht. Der Berg und das schlechte Gewissen wachsen unaufhaltsam weiter.

Fangen Sie heute noch an. Das Gefühl, etwas abgearbeitet zu haben, ist fantastisch. Versuchen Sie nicht, die letzten 10 oder 20 Jahre aufzuholen. Fangen Sie doch jetzt gleich an. Sortieren Sie die neu entwickelten Bilder heute in ein neues Steckalbum ein. Datum dazu und fertig. Kein Kleben, keine Prosa. Ab heute führen Sie ein Fotoalbum.

Machen Sie die unbeliebteste Arbeit zuerst. Stehen Sie 15 Minuten früher auf oder tun Sie es gleich, wenn die Kinder aus dem Haus sind. Arbeiten Sie diesen einen Posten ab und genießen Sie den ganzen Tag das Gefühl, es erledigt zu haben.

Das Gleiche gilt für Schriftverkehr mit Versicherungen, Krankenkassen und Behörden. Brief öffnen, quer lesen und wenn möglich sofort oder spätestens am Tag darauf bearbeiten. Dieser Schriftverkehr wird durch Lagerhaltung nicht besser. Fehlen Ihnen noch Unterlagen? Fangen Sie sofort an diese zu organisieren.

Wenn es Ihnen schwer fällt, mit einer unliebsamen Sache anzufangen, dann setzen Sie sich mindestens 10 Minuten hin und tun es. Wenn es am ersten Tag nicht weitergeht, setzen Sie sich am nächsten wieder 10 Minuten hin. Meist läuft es dann von alleine. Lesen Sie das Kapitel über Büroarbeit (siehe Seite 129) und finden Sie Ihr eigenes System.

- Wann ist Ihre eigene Post-Bearbeitungs-Zeit?
- Kann Ihr Mann einen Teil davon übernehmen?

Organisation heißt Umgang mit der Zeit. Sie tun das bereits täglich, tun Sie es in Zukunft bewusst. Überdenken Sie morgens oder am Vorabend Ihr Zeitlimit. Setzen Sie sich einige wenige Hauptziele für den kommenden Tag. Teilen Sie diese in kleinere Untereinheiten ein. Arbeiten Sie sie Stück für Stück ab. Freuen Sie sich und belohnen Sie sich. Näheres dazu finden Sie im vorangegangenen Kapitel.

Überdenken Sie bei allen Aufgaben, ob es

1. wirklich notwendig ist = MUSS ich es jetzt so tun?
2. wirklich Ihre Aufgabe ist = muss ICH es jetzt so tun?
3. jetzt sofort sein muss? = muss ich es JETZT so tun?
4. sich nicht einfacher machen lässt? = muss ich es jetzt SO tun?

Wenn Sie viermal mit Ja geantwortet haben, dann tun Sie es!

Wir haben in diesem Buch möglichst viele gängige Fragestellungen zu Haushalt und Beruf aufgegriffen. In den einzelnen Kapiteln finden Sie spezielle Hinweise, Erläuterungen und Tipps. Sie können sich beim Lesen dieses Buches einfach die Bereiche aussuchen, welche Sie am meisten interessieren (bzw. am meisten ärgern) und dort anfangen zu lesen.

Wichtig: Bitte stellen Sie nicht morgen Ihre ganze Familie inklusive Haushalt auf den Kopf. Veränderungen brauchen Zeit. Greifen Sie ein Thema heraus. Setzen Sie sich Zwischenziele. Nehmen Sie die anderen behutsam aber konsequent mit auf Ihren neuen Weg.

Nimm dein Leben in die Hand.
Und was passiert?
Etwas Schreckliches:
Niemand ist da, den du noch verantwortlich machen kannst.
Erika Jong

Genießen Sie Ihre Entscheidung. Je kleiner die Kinder sind, desto öfter werden Sie Ja sagen. Suchen Sie trotzdem nach Alternativen.

Kann Ihr Mann morgens vor der Arbeit wickeln? Kann er jede zweite Nacht oder am Wochenende das Baby aus dem Bett holen? Wer betreut die größeren Kinder?

Suchen Sie Gleichgesinnte, und Sie werden sie finden. Organisieren Sie sich. Haben Sie Mut, denn die anderen haben oft die gleichen Bedürfnisse. Fragen Sie. Nehmen Sie Hilfe an.

Ein Beispiel: Da unsere beiden Mädels nur knapp zwei Jahre auseinander liegen, war die erste Zeit mit dem Baby ziemlich stressig (und das ist milde ausgedrückt). Die Tochter einer Bekannten aus der Krabbelgruppe war damals gerade zwei Jahre alt, so wie unsere Große.

Zeitweise sind wir einmal die Woche nach der Krabbelgruppe entweder zu ihr oder zu mir nach Hause gefahren und haben zusammen gekocht. Das heißt, meist hat eine gekocht und die andere die Kinder beschäftigt. Wir haben zusammen gegessen und dann die gemeinsame Zeit genossen.

Was für eine Erholung! Einmal in der Woche nicht für alles alleine verantwortlich zu sein. Einmal kochen zu können, ohne ein Kind am Bein und das andere auf dem Arm zu haben. Uns Müttern hat es Entlastung und Austausch, und den Kindern viel Spaß gebracht.

Die Unterbringung von größeren Kindern bei Freunden oder Freundinnen kann ab und zu wechselseitig sinnvoll sein. Der Organisationsaufwand ist gering, der Nutzen jedoch sehr hoch.

Die Freundin darf gleich nach der Schule mit zu Ihnen nach Hause, Mittagessen, Hausaufgaben betreuen, Spielen, Vesper, zum Sport bringen, wieder abholen und nach Hause fahren ist für einen Tag Ihr Job. Ein anderes Mal wird getauscht.

Der zusätzliche Aufwand für Sie selbst ist nahezu null, ob Sie für zwei, drei oder vier Kinder arbeiten, bleibt sich fast gleich.

Zur Aufgabenverteilung und Organisation zählt auch die Überprüfung, ob Sie bestimmte Dinge überhaupt brauchen. Das fängt schon im Vorfeld bei der Kaufentscheidung an.

Jeder Gegenstand zieht Arbeit nach sich. Der Gummibaum muss gegossen, der Kerzenständer abgestaubt, der Hamster gefüttert, der Eierschneider von Hand abgespült werden.

Verkneifen Sie sich Spontankäufe. Nehmen Sie sich immer die Zeit, über die Folgen nachzudenken.

Was für Einkäufe gilt, gilt auch für Geschenke. Organisieren Sie sinnvolles Schenken und Beschenktwerden. Niemand kann Sie zwingen, ein Geschenk auch zu benutzen. Der Gegenstand ist in Ihren Besitz übergegangen, und Sie haben die freie Entscheidungsgewalt über die weitere Verwendung.

Ebenso ist ein klares Nein oder Ja bei Terminen in Ihrem Freundeskreis angesagt. Umgeben Sie sich mit Dingen, die Sie mögen. Hierzu zählen vor allem auch Menschen, die Sie schätzen und bei denen Sie sich wohl fühlen.

Brechen Sie unergiebige Kontakte ab oder lassen Sie diese einschlafen. Sagen Sie nur bei Aktivitäten zu, die Sie mit Freude erfüllen oder mit denen Sie anderen wirklich eine große Freude machen. Ihr Leben ist zu wertvoll, als dass Sie auch nur eine Minute verschwenden sollten.

Bei aller Organisation darf man die Flexibilität nie vergessen. Planen Sie – aber verplanen Sie sich und Ihre Mitmenschen nicht. Sie haben Ihr Ziel und Sie leben trotzdem jeden Augenblick ganz bewusst. Sie werden sehen, dass mit der Zeit auch Ihr Freundeskreis ähnlich denken und handeln wird wie Sie. Suchen Sie sich Gleichgesinnte, dann ist es einfacher.

Gute Freunde von uns haben zwei Kinder. Wir hatten einen Termin zu Weihnachten ausgemacht, um die Geschenke mit den Kindern in aller Ruhe auszutauschen. Plötzlich kam berufliche Hektik dazwischen. Termin verlegt. Dann war bei ihnen das Baby krank. Termin verlegt. Später waren wir krank und wollten das Baby nicht anstecken. Termin verlegt. Letztendlich haben wir dann Ostern die Weihnachtsgeschenke ausgetauscht. Na und? Wir waren alle gesund, es war wunderschönes Wetter und alle hatten beste Laune.

Das Leben kommt auf Sie zu: das Lachen Ihres Kindes, eine Blüte am Baum, eine umgeschüttete Milchflasche ... So ist das Leben.

Genießen Sie jeden Augenblick und behalten Sie die Zukunft im Auge. Die Vergangenheit können Sie sowieso nicht mehr ändern.

Bleiben Sie offen für neue Ideen und Impulse. Leben ist Energie. Wenn sich nichts mehr bewegt – ist man eigentlich schon tot. Bleiben Sie Ihren Zielen treu und seien Sie offen für alles, das auf Sie zukommt.

Wenn du deine Wahl im Leben triffst,
vergiss darüber nicht zu leben.
Samuel Johnson

ATEM HOLEN

Bisher haben wir über sehr anstrengende Dinge gesprochen: Organisation, Aufgabenverteilung, Ziele, Zeiteinteilung, Entscheidungen. Alle diese Begriffe können von Ihnen mit Inhalten gefüllt werden.

Organisation heißt nicht nur, die Arbeit planen, es bedeutet auch Pausen und Pufferzeiten einzubringen. Die Arbeit hat wie jedes Ding einen Gegenpol: die Pause. Beide ergänzen sich zu einem sinnvollen Ganzen. Das eine kommt nicht ohne das andere aus.

Viele Studien beweisen, dass unser Bauchgefühl meist richtig ist. Wie oft sagen wir uns: „Am liebsten würde ich jetzt eine Pause einlegen!"

Psychobiologen haben herausgefunden, dass der Körper auch tagsüber unterschiedlichen Rhythmen unterworfen ist. Daher wird oft empfohlen, nach etwa 90 Minuten eine 10-20-minütige Pause einzulegen.

Wenn Sie sich fragen, wie Sie das einrichten sollen, achten Sie einmal auf sich. Ihr Körper und Ihr Gehirn tun dies tagein, tagaus ganz automatisch. Niemand kann sich ohne Unterbrechung perfekt konzentrieren, niemand kann ohne Pause körperlich arbeiten.

Seien Sie sich dieser Tatsache ab heute bewusst. Wechseln Sie Ihre Arbeitsaufgaben ab, verzeihen Sie sich kleinere Unaufmerksamkeiten, aber achten Sie darauf, bei wichtigen Dingen fit zu sein und keine Fehler zu machen.

Wo liegt Ihr Tageshoch? Sind Sie ein „Morgenmensch" oder eine „Nachteule" (s. auch S. 43) ? Gönnen Sie sich – wenn irgend möglich – 15 Minuten Mittagsschlaf. Legen Sie sich hin, schließen Sie die Augen und stellen Sie einen Wecker. Das ist wichtig, denn wenn Sie nachts wenig schlafen, fallen Sie sonst in einen Tiefschlaf. Sie können auch ein Schlüsselbund in der Hand halten; wenn es herunterfällt, ist es Zeit aufzustehen.

Sie wissen nicht, wie Sie mit Kleinkindern Mittagsschlaf halten sollten?

Wenn Sie Glück haben, schläft das Baby sowieso. Legen Sie Ihre eigene Pause einfach in diese Zeit. Spätestens mit dem zweiten Kind funktioniert das wahrscheinlich nicht mehr. Ich habe dem größer werdenden Baby von Anfang an mitgeteilt, dass Mama jetzt eine Mittagspause macht. Das Kind spielte auf dem Fußboden vor dem Bett oder neben mir im Bett. Führen Sie es konsequent an diese Ruhezeit heran. Die Pause sollte ein normaler Bestandteil des täglichen Lebens sein, wie Frühstück und Mittagessen.

Als meine Tochter etwa zwei Jahre alt war, durfte sie diese Pause in ihrem eigenen Zimmer verbringen. Ich habe es ihr freigestellt, ob sie „lesen" oder schlafen wollte. Meist wollte sie im Bett bleiben. Wie oft habe ich sie anschließend schlafend gefunden. Viele Kinder brauchen diese Pause, bis sie in die Schule kommen.

Wenn Sie die Mittagspause neu einführen, dann erklären Sie es Ihren Kindern (unabhängig vom Alter) und fangen Sie in kleinen Schritten an.

Um einem kleinen Kind ein Gefühl für die Zeit zu geben, haben wir folgende Technik verwendet: Man steckt eine Zeitschaltuhr mit einem Kindernachtlicht in die Steckdose. (Denken Sie daran, auch in die Buchse der Zeitschaltuhr eine Kindersicherung einzulegen.) Die erste Phase mit 5 –10-Minuten-Intervallen machen Sie noch persönlich, damit das Kind sich an das Alleinsein gewöhnt.

Stellen Sie dann das Zeitintervall erst auf 15 Minuten Dauer und später auf längere Zeiten. Erst wenn die Lampe angeht, darf das Kind Sie wieder stören.

Handeln Sie mit älteren Kindern eine Zeitspanne aus, die für beide Seiten akzeptabel ist.

Bleiben Sie über mehrere Wochen konsequent, dann wird es ein Teil Ihres Alltags geworden sein. Konsequent sein bedeutet zum einen, die Nervenstärke zu besitzen, einzuschlafen, obwohl man das Kind deutlich herumtapsen hört (es sollte doch im Bett bleiben), zum anderen, hochzugehen und für Ordnung zu sorgen, obwohl man hundemüde ist.

Schlafforscher haben herausgefunden, dass gesunde Kinder von der 2. bis zur 4. Klasse keinen Mittagsschlaf brauchen. Schauen Sie sich Ihr Kind an, wenn es aus der Schule kommt. Vielleicht reicht statt eines Mittagsschlafs heute einfach eine Pause.

Pause machen wir immer mindestens eine halbe Stunde. Wer möchte, kann Hausaufgaben anfangen, wer nicht möchte, darf einfach ausspannen. Jeder in seinem eigenen Zimmer und mit einer ruhigen Beschäftigung. Wenn sie mit einer Grippe kämpfen oder Zähne bekommen, sind auch Sechs- oder Siebenjährige nach der Schule manchmal bettreif. Unsere Lea legt sich dann lieber alleine auf die Couch. Sophie kuschelt sich zu mir und schläft meist ein. Jedes Kind ist anders. Erzwingen Sie im Grundschulalter keinen Mittagsschlaf mehr.

Wenn die Kinder älter werden, können vor allem in der Pubertät sehr wilde Phasen auftreten. Oft wird die Nacht zum Tag gemacht, und die Energie erscheint unerschöpflich. Die Schlafforschung belegt, dass das alles ganz normal ist, auch wenn es für die Eltern keine einfachen Zeiten sind.

Etwa ab dem 20. Lebensjahr normalisiert sich das Schlafverhalten wieder und der Mittagsschlaf würde gerne angenommen, wenn man ihn machen dürfte. Hörsäle mit einschlafenden Studenten, Kantinen mit dösenden Mitarbeitern ... Wir kennen das alle selbst.

ARBEITSABLÄUFE RATIONALISIEREN

DER MENSCH IST EIN GEWOHNHEITSTIER

Da Sie dieses Buch gekauft haben, zählen Sie zu den tatkräftigen Menschen, die bereit sind, etwas zu ändern. Es gibt keinen schwierigeren Prozess, als ein eingeübtes Verhalten umzustellen. Aber keine Angst: In kleinen Schritten ist es zu schaffen.

Ein Beispiel dazu:

Schreiben Sie Ihren Nachnamen auf ein Blatt Papier.

Zum Beispiel: *Hofmeier*

Schreiben Sie hier Ihren Nachnamen: ______________________

Nun schreiben Sie nur jeden zweiten Buchstaben Ihres Namens auf ein Papier.

Zum Beispiel: *Hfee*

Schreiben Sie nur jeden zweiten Buchstaben: ______________________

Das Ergebnis:

Obwohl Sie beim zweiten Wort nur die Hälfte der Buchstaben schreiben mussten, haben Sie wahrscheinlich erheblich länger gebraucht. Umdenken ist schwierig. Der Zeitgewinn kommt erst, wenn Sie mit dem neuen Verfahren vertraut geworden sind. Bei allen Veränderungsprozessen in unserem Leben geht es uns ähnlich. Wir müssen Geduld mit uns und den anderen haben, wenn wir etwas verändern wollen.

Dadurch, dass wir viele Abläufe automatisieren, können wir in unserer komplizierten Umwelt überleben.

Können Sie sich noch an Ihre erste Fahrstunde erinnern? Sie mussten zum Schaltknauf hinunterschauen, um ihn zu finden und gleichzeitig noch die Kupplung treten und den Wagen lenken. Die Koordination war wirklich schwierig. Heute steigen Sie einfach ein und fahren los.

Der Nachteil der Automatisierung besteht darin, dass wir über die Routine und den Alltag nicht mehr nachdenken. Deswegen haben wir auch oft Schwierigkeiten, automatisierte Vorgänge genau zu erklären. Oder können Sie aus dem Stegreif beschreiben, wie man häkelt?

Mit diesem Buch in Händen wagen Sie den Sprung ins Neuland. Geben Sie sich selbst und Ihrer Familie Zeit, die neuen Ideen einzuüben und zur Routine werden zu lassen. In kurzer Zeit werden Sie sich fragen, wie Sie das vorher bloß anders machen konnten. Die vielen neuen Dinge sind selbstverständlich geworden.

WO HABE ICH NUR WIEDER MEINE GEDANKEN?

Im vorangegangenen Kapitel haben wir über die Notwendigkeit gesprochen, die anfallenden Arbeiten zu organisieren. Die Art und Weise, wie wir eine Aufgabe durchführen, liegt dabei ganz in unseren Händen. Mit Musik und guter Laune, völlig entnervt, wütend, mit Tatendrang und Energie, langsam oder schnell, einfach oder kompliziert.

Sind Sie mit dem Kopf dabei oder woanders? Spülen Sie ab und denken Sie schon ans Bügeln? Bügeln Sie und denken schon ans Mittagessen? Essen Sie und denken Sie ans Spülen?

Im vorangegangenen Kapitel haben wir über Planung gesprochen. Machen Sie einen Tagesplan und halten Sie sich daran. Sie sind nicht der Sklave Ihres Planes, aber Sie sollten Ihren „inneren Schweinehund" nicht gewinnen lassen.

Gehen Sie entsprechend Ihrem Plan an die Arbeit: Wenn Sie abspülen, dann spülen Sie ab. Leben Sie in der Gegenwart und hetzen Sie nicht der Zukunft hinterher. Wenn Sie Staub saugen, dann saugen Sie.

Unterbrechungen und Störungen, die Sie nicht beeinflussen können, kommen von alleine dazwischen.

Tun Sie jede Arbeit, die Sie gerade tun, mit ganzem Herzen. Das mag sich seltsam anhören, probieren Sie es aus. Es führt zu einer Ausgeglichenheit und Ruhe, die Sie wahrscheinlich nicht erwartet haben.

Wenn Sie den Entschluss gefasst haben, dass Bügeln momentan die höchste Priorität hat, vertrauen Sie Ihrer eigenen Entscheidung. Alle Sorgen, die Sie sich über die Berge von unerledigter Arbeit machen, ändern nichts. Sie haben den Berg in viele kleine Teile geteilt. Jetzt in diesem Moment bügeln Sie. Ein asiatisches Sprichwort sagt:

Wenn du gehst, dann geh einfach.
Wenn du sitzt, dann sitze einfach.
Vor allem – zapple nicht herum.
Yün-men

Mit „zapple nicht herum" sind Ihre Gedanken gemeint. Konzentrieren Sie sich auf die aktuelle Tätigkeit.

Jetzt ist der Punkt gekommen, an dem Sie sich ganz konkret über die Art und Weise, wie Sie eine Arbeit erledigen, Gedanken machen können.

SO GEHT ES AM SCHNELLSTEN!

„So geht es am schnellsten!" bedeutet nicht: So mache ich es schneller! Oft wird das missverstanden und Rationalisierung mit Hektik und Stress gleichgesetzt.

Rationalisieren bedeutet im Sinne des Dudens: „Vereinheitlichen, straffen und zweckmäßiger gestalten".

Hier sind prinzipielle Grundsätze bei der Arbeitserledigung gefragt. Dies widerspricht nicht der Tatsache, dass es trotzdem Spaß machen kann. Oft genügen kleine Änderungen, und alles geht einfacher von der Hand.

Nichts anderes haben wir hier im Sinn. Das Durchdenken der einzelnen Tätigkeiten ergibt möglicherweise Chancen zu einer geschickteren Erledigung.

Gehen Sie mit Spaß und Neugier an die Sache heran. Legen Sie die jahrelange Routine zur Seite. Schauen Sie sich selbst einmal bei der Arbeit über die Schulter, oder lassen Sie eine Videokamera mitlaufen, während Sie kochen. Das Ergebnis ist spannend, und Sie brauchen es ja niemandem zu zeigen. Trauen Sie sich?

Kinder haben keine Probleme mit Filmaufnahmen von sich selbst. Sie haben eine natürliche Neugier, ihre eigenen Tätigkeiten zu betrachten und zu hinterfragen. Unsere Kinder fanden es im Vorschulalter spannend, sich selbst mit der Videokamera beim Legospielen zu filmen und es sich hinterher anzusehen.

Da sie sonst kaum Fernsehen schauen durften, war es für sie wirklich spannend. (Übrigens: Für die Mutter bedeutet das: ½ Stunde Spielen + ½ Stunde Video anschauen = 1 Stunde Zeit für etwas anderes.)

Zurück zu unserer täglichen Arbeit zu Hause und im Beruf: Alle Aufgaben verrichten Sie mit Ihren beiden Händen.

Wenn Sie sich schon einmal in den Finger geschnitten oder einen Arm gebrochen haben, ist Ihnen bestimmt bewusst geworden, wie kompliziert bestimmte Abläufe sind.

Es ist fast ein akrobatisches Kunststück, sich mit nur einer Hand anzuziehen oder sich die Haare zu waschen und es erfordert viel Übung, einhändig einen Schuh zu binden.

Arbeiten Sie möglichst immer mit beiden Händen. Auch bei Tätigkeiten, die Sie bisher einhändig ausgeführt haben, wie zum Beispiel Staubwischen. Stellen Sie die Dinge nah heran. Greifen Sie mehrere Teile auf einmal. Halten Sie die Entfernungen so kurz wie möglich, beim Greifen mit den Händen genauso wie beim Gehen mit den Füßen: Lassen Sie Ihre Kinder die Dinge zu Ihnen bringen, und laufen Sie ihnen nicht hinterher. Erklären Sie ihnen mit einer Engelsgeduld, wie bestimmte Abläufe funktionieren, und schauen Sie aus der Entfernung zu. Oft klappt der zweite oder dritte Anlauf dann doch. Geben Sie den Kindern und allen anderen Menschen die Zeit, bestimmte Dinge selbst zu lernen und zu tun, auch wenn Sie beim Zuschauen nervös werden.

Der Grundsatz der Rationalisierung ist die Einsparung von Wegestrecken jeglicher Art.

In der folgenden Tabelle ist eine Auswahl an Grundprinzipien für den Haushalt zusammengestellt. Viele Aspekte lassen sich in das Berufsleben übertragen.

Lesen Sie die folgende Tabelle durch und überlegen Sie, welche Punkte auf Sie zutreffen und wo sie Ihnen helfen würden. Ergänzen Sie die Tabelle an den Markierungen durch Ihre eigenen Ideen.

Meine Beispiele: ▶ ______________________

Vorschlag	Beispiel
Bewahren Sie Dinge, die Sie ständig benutzen, in Greifnähe auf, ohne sich bücken zu müssen	• Fernsehfernbedienung und Fernsehprogramm an einen festen Platz • Gewürze und Öl werden nicht unter Hüfthöhe aufbewahrt • Unterwäsche in Brusthöhe im Schrank oder in der Schublade • Volle Mineralwasserkästen und Flaschen nicht auf den Fußboden ▷ ______
Lagern Sie Dinge, die zusammengehören, beieinander	• Briefmarken, Briefwaage, Umschläge und die Gebührenordnung der Post • Handrührgerät mit Rühreinsätzen und Rührschüssel • Geschenkpapier, Schere, Schleifen, Klebeband, selbst klebende Etiketten, Kugelschreiber, farbige Filzstifte und Geschenkdekorationen • Nähzeug: Garne, Schere, Nadeln, dünne Häkelnadel um Fäden zu ziehen, Fingerhut ▷ ______
Verhalten Sie sich antizyklisch	• Wenn Sie am 24. Dezember Schuhe oder Koffer kaufen, werden Sie wahrscheinlich die einzigen Kunden sein. • Fahren Sie während des Fußballländerspiels auf der Autobahn. So leer war sie schon lange nicht mehr. • Bleiben Sie Freitagnachmittag zu Hause! • Fahren Sie nicht am ersten oder letzten Ferientag los! ▷ ______

Vorschlag	Beispiel
Vermeiden Sie jegliche Doppelarbeit	• Wenn Sie zum Arzt oder zum Friseur wollen, lässt sich das evtl. mit Terminen für die Kinder verbinden. • Räumen Sie das Frühstücksgeschirr aus der Geschirrspülmaschine direkt auf den Tisch, wenn die Maschine nachts gelaufen ist. ▷ ______
Fassen Sie Tätigkeiten außer Haus zusammen oder lassen Sie sich diese ins Haus bringen	• Sammeln Sie Ihre Einkäufe, Arztbesuche und anderen Termine und erledigen Sie sie dann in einer großen Tour. • Verplanen Sie lieber einen „stressigen" Tag mit verschiedenen Terminen und legen Sie dann wieder ein oder zwei Ruhetage ein. Dies ist auf Dauer meistens angenehmer und zeitsparender, als jeden Tag auf Achse zu sein. • Nutzen Sie größere Termine oder Reisen, um Tätigkeiten vorher oder hinterher einzuplanen. Wenn Sie sowieso schon im Auto sitzen, fahren Sie vorher noch bei der Post vorbei und geben das Paket ab und fahren Sie auf der Rückfahrt über den Nachbarort, wo Sie schon lange nach einem Paar Schuhe schauen wollten. • Kaufen Sie per Katalog. Es ist wie das Einkaufen in einem bekannten Geschäft, nur in aller Ruhe. Ich habe für mich, meinen Mann und die Kinder Stamm-Kataloge, genauso für meinen Bürobedarf und die Schulsachen der Kinder. Dort kenne ich die Qualitäten und Größen. ▷ ______ ______

Vorschlag	Beispiel
Schaffen Sie sich Doppel von häufig benutzten Gegenständen an	• Scheren: im Bad, in der Küche, im Büro, im Nähzeug, im Flur, im Keller, im Garten, im Verbandszeug, beim Geschenkpapier • Tesafilm mit Abroller: im Büro, in der Küche zum Aufhängen der Kinderbilder am Kühlschrank, im Keller, beim Geschenkpapier • Wasserfeste Filzstifte: in der Küche für Tiefkühlware- und Dosenbeschriftung, im Keller, beim Geschenkpapier, in der Werkstatt, im Garten, im Büro • Schnur mit Messer oder Schere: im Garten und im Haus • Papierkörbe und Abfalleimer in allen Größen: in jedem Raum einen, z.B. ein kleines Körbchen neben dem Telefon, um alte Notizen gleich zu entsorgen, ein hübscher Blumenübertopf im Bad. ▶ ____________________ ____________________

Wahrscheinlich sind Ihnen noch viel mehr Beispiele eingefallen. Setzen Sie Punkt für Punkt um! Achten Sie an wichtigen Punkten auf gutes Werkzeug, aber warten Sie auch auf preisgünstige Gelegenheiten: Scheren für Garten und Keller müssen nicht unbedingt Solinger-Klingen haben.

Das Kürzen von Wegstrecken und damit das Einsparen von Arbeitszeit macht sich sichtlich bemerkbar. Wie Sie sehen, ist Rationalisierung genau das Gegenteil von Hektik und Stress. Manchen Sie sich durch optimierte Arbeitsabläufe selbst kleine Zeitgeschenke.

WIE RATIONALISIERE ICH EINE FAMILIE?

Wie kann ich Babys, Kinder oder eine ganze Familie rationalisieren? Zum Beispiel die allmorgendliche Zeremonie mit Kindern und Kleinkindern ...

Rationelle Handhabung bedeutet bei einer Familie in erster Linie einen gut durchdachten Arbeitsablauf und eine realistische Zeiteinteilung.

Ein gelungener Start in den Tag beruht auf rechtzeitigem Aufstehen, der passenden Reihenfolge der Aktionen und dem sofortigen Auffinden aller benötigten Dinge.

Wie sieht Ihr Morgen aus?

Aufstehen, Hausschuhe suchen, Baby brüllt, Stillen, Vesperdose suchen, Frühstück richten, selbst frühstücken, sich anziehen, Hausaufgaben quer lesen, Wickeln, Baby anziehen, Schnuller suchen, Schul-Vesper richten, Kinder anziehen, Handschuhe suchen, Kinder verabschieden, Milchbildungstee kochen, Wickeltasche packen, Rassel suchen, Rollläden hochziehen ...

Was ohne Kinder 20 Minuten gedauert hat, zieht sich jetzt über anderthalb Stunden hin. Jeglicher Versuch diese Vorlaufphase zu kürzen, endete bei uns im Chaos.

Es blieb nur eine rationelle Ablaufplanung. Alle oben aufgelisteten morgendlichen Tätigkeiten finden an einem bestimmten Ort statt. Laufen Sie nicht anderthalb Stunden wie wild in der Wohnung hin und her.

Wie sieht Ihr morgendlicher Arbeitsweg aus?

Vom Schlafzimmer ins Kinderzimmer, vom Kinderzimmer in die Küche, von der Küche in den Flur, wieder ins Kinderzimmer, noch mal ins Schlafzimmer und wieder zurück in die Küche ...

Achten Sie morgen früh auf Ihre Wege.

Zeichnen Sie diese in eine Grundriss-Skizze Ihrer Wohnung ein. Bei mehrstöckigen Wohnungen wird der sportliche Aspekt noch deutlicher hervortreten.

Wir wollen uns zwar viel bewegen, aber bitte zu sinnvollen Zeiten und nicht morgens, wenn sowieso schon genügend Hektik herrscht. So könnte es ablaufen:

Wir wohnen auf zwei Stockwerken, und um dem morgendlichen Treppauf-Treppab zu entgehen, haben wir eine andere Lösung gesucht. Wickeltisch und Kinderkleidung waren deshalb in einer Ecke der Küche stationiert. Dort hatte unser Vormieter eine Essecke, die wir nicht benötigten, und so war in der Küche Platz genug.

Die Küche ist ein warmer Ort, es gibt fließendes Wasser, weshalb also nicht für einige Zeit eine Wickelecke einrichten?

Inzwischen wohnen die Kinder in ihrem Kinderzimmer und haben dort ein Kleiderregal. Bei Kleidungsfragen bitte ich die Kinder mir das ausgewählte Stück unten in der Küche zu zeigen, während ich das Frühstück anrichte. So vermeide ich, jedes Mal die Treppe hochzurennen, um mir ein anderes T-Shirt anzusehen.

Kindergarten- und Grundschulkinder müssen zwar nicht mehr gestillt und gewickelt werden, dafür frühstücken sie Ewigkeiten, wollen heute partout keine lange Hose anziehen, obwohl es in Strömen regnet, putzen die Zähne erst nach der 3. Aufforderung und müssen, nachdem sie vollkommen angezogen und gerichtet sind, doch noch einmal auf die Toilette.

Außerdem haben Jugendliche selbstverständlich ihre eigene Vorstellung von Badezimmerbenutzungszeiten und Kleiderordnung.

Zeitdruck führt neben allen sonstigen Diskussionen nur zu Hektik, schlechter Laune und überflüssigen Drohgebärden der Eltern. Passen Sie die Abläufe dem Alter der Kinder an. Rationalisierung bedeutet auch, sich über den realen Zeitaufwand einer Aufgabe bewusst zu sein und diesen einzukalkulieren.

Fazit im Bezug auf den Nachwuchs: Hier bedeutet „Rationalisierung" in erster Linie viele Pufferzeiten einzuplanen und den Kindern so früh wie irgend möglich beizubringen, bestimmte Aufgaben selbst zu übernehmen (mit der notwendigen zusätzlichen Pufferzeit). *Sie sind Mutter, aber kein Dienstbote.* Es ist noch nicht zu spät! Stellen Sie Stück für Stück die Gewohnheiten der Familie um.

Lebenskraft zeigt sich nicht nur als Stehvermögen,
sondern auch als Mut zum Neubeginn.
F. Scott Fitzgerald

Auch wenn Sie selbst nicht zur Arbeit gehen, lohnt es sich, früh genug aufzustehen. So haben Sie einen fantastisch langen Tag. Heute Morgen hatte ich um acht Uhr schon drei Laib Brot im Backofen und dann genügend Zeit, mit freiem Kopf am Computer zu sitzen, um an diesem Buch weiterzuschreiben. Ein tolles Gefühl! Das schaffe ich natürlich nicht jeden Morgen, aber wenn es klappt, ist es ein erneuter Schritt in die richtige Richtung, der mich bestätigt und anspornt.

Das Wichigste ist, dass sie Lösungen finden, die Ihnen das Leben erleichtern, auch wenn sie noch so ungewöhnlich sind wie unsere Wickelecke in der Küche.

GESUNDHEITSFREUNDLICHE KÖRPERHALTUNG

ANFANGEN UND SICH WOHL FÜHLEN

Zu einem zufriedenen Leben gehören nicht nur ein zufrieden stellender Tagesablauf und glückliche Familienmitglieder, sondern auch – und das ist eigentlich der wichtigste Punkt – Ihr eigenes Wohlbefinden.

Als Mutter gewöhnt man sich zwangsläufig daran, die eigenen Bedürfnisse hintenanzustellen. Arbeiten Sie nun daran, sie wieder in den Vordergrund zu holen. Sie können die vielfältigen Pflichten und Wünsche auf Dauer nur erfüllen, wenn es Ihnen gut geht. Sie kennen bestimmt das Sprichwort: Ein gesunder Geist in einem gesunden Körper.

Es ist alt, aber wahr.

Tu deinem Leib etwas Gutes,
damit deine Seele Lust hat, darin zu wohnen.
Teresa von Avila

Der Inhalt dieses Kapitels soll Ihnen zeigen, wie Sie Alltagsaufgaben mit „sportlicher" Betätigung verbinden können. Es geht an dieser Stelle *nicht* um die altbekannten Sprüche wie *„Ich weiß, ich sollte mich mehr bewegen!", „Ich weiß, ich sollte aufhören zu rauchen!", „Ich weiß, ich sollte wieder anfangen Sport zu treiben!", „Ich weiß ...", „Ich weiß ...", „Ich weiß ..."*

Schließlich geht es uns allen gleich: Wir sind Menschen im Alltag und keine Mönche in den chinesischen Bergen.

Deshalb folgt hier ein Praxiskapitel – kein Predigtkapitel.

Vergessen Sie die großen Vorsätze nicht, aber fangen Sie doch jetzt gleich mit einem kleinen Schritt an:

- Atmen Sie ganz tief durch und lesen Sie weiter!

Suchen Sie sich aus all den Vorschlägen einen oder zwei heraus und probieren Sie diese aus. Lassen Sie sich von der Menge der Vorschläge nicht erschrecken. Jeder ist anders und jeder sollte etwas für sich finden können.

Es geht um die kleinen Schritte im Alltag. Wir haben von morgens bis in die Nacht hinein sehr viel zu tun. Weshalb nutzen wir also diese Zeit nicht für uns selbst?

Wenn wir uns körperlich gesund, wohl und sicher fühlen, dann gehen uns die meisten Arbeiten viel leichter von der Hand.

Unser Körper ist die „äußere Hülle", in und mit der wir leben. Also lassen Sie uns die Chance nutzen. Wir können uns 24 Stunden am Tag um ihn kümmern – ganz nebenbei sozusagen.

„Wenn Sie ein Auto geschenkt bekämen, das ein ganzes Leben lang halten müsste, würden Sie sicher sehr pfleglich damit umgehen. Und wie pfleglich gehen Sie mit Ihrem Körper um? Sie werden Ihr Leben in jeglicher Hinsicht besser bewältigen, wenn Sie ohne schlechtes Gewissen Zeit für Ihre Gesundheit verwenden."
Kim Pickin & Nicky Singer

Zunächst eine kurze Erklärung:

Unser Körper besteht aus vielen Millionen Zellen, die zusammenarbeiten und uns unsere täglichen Vorgänge ermöglichen. Es ist ein faszinierendes Zusammenspiel. Dieser Körper muss ein ganzes Leben lang durchhalten – unser ganzes Leben.

Haut, Muskeln, Sehnen, Knochen ... nur durch ihr sinnvolles Miteinander sind unsere Bewegungen und so auch die Bewältigung der täglichen Aufgaben möglich.

Wir können mit Handys, Videorekordern und Küchenmixern umgehen. Wir kennen die Bedienungsgrundlagen und was noch wichtiger ist, wir wissen genau, welche Bedienungsfehler wir nicht machen dürfen. Sie würden weder Ihr Telefon in den Backofen stellen noch versuchen, mit dem elektrischen Mixer Holz zu hacken. Wir gehen vorsichtig mit den Geräten um, denn sie haben uns viel Geld gekostet. Dem Nachwuchs wird genau erklärt, was erlaubt ist und was nicht. Die einzige Anleitung, die ein Kind jedoch zu seiner Körperhaltung bekommt, heißt meist: „Sitz gerade!"

Aber auch für unseren Körper gilt eine „Bedienungsanleitung". Teile davon möchte ich Ihnen im Folgenden vorstellen. Es ist nicht ausreichend sich nur äußerlich zu pflegen, sondern der Gesamtzustand zählt. Körperpflege ist weit mehr als Kosmetik - Schönheit fängt von innen an. Da jeder Mensch anders gebaut ist und andere Voraussetzungen mitbringt, sind die Vorschläge in diesem Kapitel als Anregungen gedacht.

Auch hier gilt: Anfangen ist das Wichtigste! Jetzt!

- Atmen Sie noch einmal tief ein ... und dann wieder aus ...

▶ Spüren Sie, wie die Luft in Ihre Lungen strömt ... und dann wieder entweicht?

Die 206 Knochen des menschlichen Skeletts bilden das Gerüst unseres Körpers. Die Bänder und Muskeln wiederum sind das Korsett, das alles zusammenhält. Über 40 % der Körpermasse besteht selbst bei untrainierten Menschen aus Muskeln. Das Knochengewicht entspricht nur etwa 17 % der Körpermasse.

Auch mit wenig Muskeleinsatz und falscher Haltung funktioniert unser Körper über lange Zeit problemlos. Doch wir belasten dabei oft die Knochen und Gelenke, da wir die Muskeln nicht effektiv einsetzen. Die Gelenke bekommen alle Stöße und Druckbelastungen ungebremst zu spüren, und genau dies führt dann früher oder später zu Problemen.

Wo befinden Sie sich gerade? Im Bett? Im Bus? ... Ganz egal!

▶ Strecken Sie sich ein wenig. Räkeln Sie sich gemütlich.

Ein großer Vorteil ist, dass es nie zu spät ist, etwas zu ändern. Auch Menschen, die schon mit körperlichen Problemen belastet sind, können durch eine Verbesserung der Bedingungen wieder an Lebensqualität gewinnen. Dies ist – wie viele medizinische Untersuchungen zeigen – vollkommen unabhängig vom Alter.

Der Körper ist sehr geduldig und verzeiht uns so manche „Fehlbedienung", aber irgendwann geht eine Warnlampe an und signalisiert uns: „Halt! So kannst du nicht mit mir umgehen."

Dies können Schmerzen aller Art sein, Unwohlsein, Müdigkeit ... Oft tun wir das als Kleinigkeiten und Zipperlein ab, aber genau hier ist der richtige Ansatzpunkt, über Änderungen in unserem Verhalten nachzudenken und diese dann umzusetzen. Betäuben Sie nicht Ihre Schmerzen, sondern beseitigen Sie die Ursachen.

Übrigens: Bitte gehen Sie bei wiederkehrenden oder länger andauernden Symptomen auf jeden Fall zum Arzt. Die folgenden Tipps und Hinweise ersetzen keinesfalls eine ärztliche Beratung.

Haben Sie sich selbst schon einmal dabei beobachtet, wie Sie in der Küche an der Spüle stehen und „schnell" einen Topf mit Wasser füllen, um die Kartoffeln aufzusetzen? Der Wasserhahn ist vollständig aufgedreht, das Wasser rauscht in den Topf, Sie haben den Oberkörper etwas nach vorne gebeugt. Instinktiv versucht man durch das nach vorne Beugen des Oberkörpers den Füllvorgang zu beschleunigen, was logischerweise nicht möglich ist. Man kann sich noch so weit zum Wasserhahn hin beugen und in den Topf sehen, er wird nicht schneller voll werden.

Es gibt viele ähnliche Situationen, in denen die Körperhaltung bestimmte innere Einstellungen unterstreicht, wie in diesem Fall den Zeitdruck.

Gerade diese leicht nach vorn gebeugten Haltungen sind eine zusätzliche Belastung für unseren sowieso schon stark beanspruchten Rücken. Vermeiden Sie diese Haltungen, wann immer es möglich ist.

Zwei Liter Wasser in ein Gefäß laufen zu lassen, dauert ungefähr 15 Sekunden. Es wird auch immer 15 Sekunden brauchen, denn dem Wasser ist es vollkommen egal, was Sie in dieser Zeit tun und wie weit Sie sich nach vorne beugen.

Aber für Sie sind es 15 Sekunden „Freizeit". Eine gute Gelegenheit, um zu „trainieren". Nutzen Sie die Zeit. Machen Sie eine Fitnessübung daraus. Halten Sie den Topf mit beiden Händen rechts und links fest. Stellen Sie die Füße hüftbreit auseinander und belasten Sie beide Beine gleichmäßig. Richten Sie den Oberkörper gerade auf, atmen Sie tief ein und aus und strecken Sie die Arme mit dem Topf so weit nach vorne, dass das Wasser bequem hineinfließen kann. Hilfreich ist es, wenn Sie dabei ein klein wenig die Knie beugen.

Wenn der Topf voll ist, winkeln Sie nur die Arme an, um den Topf vor Ihren Bauch zu ziehen. Lassen Sie während der ganzen Zeit den Oberkörper aufgerichtet.

Nun stellen Sie den Topf ab, und erst, wenn das Gewicht abgestellt ist, drehen Sie den Wasserhahn ab.

Gesamtübungsdauer 20 Sekunden.

Wie Sie sehen, ist Übung, im Sinne von Sportübung, eigentlich das falsche Wort. Alle Arten von Körperhaltungen sind für die Muskeln eine Übung. Auch Ihre jetzige Haltung mit dem Buch in der Hand. Im Buch von Gert und Marlen von Kunhardt (s. Literatur) finden Sie noch viele weitere Anregungen.

> Wenn Sie noch 5 Minuten Zeit haben, um zu lesen, dann genießen Sie es. Denken Sie nicht an die nächste Aufgabe. JETZT ist eine Pause. NACHHER ist wieder Aktion angesagt.

Die ersten zwei Grundregeln haben wir gerade besprochen:

MIT BEIDEN BEINEN FEST AUF DEM BODEN STEHEN

Beide Beine gleichmäßig belasten. Die Hüfte waagerecht halten.

Vermeiden Sie alle Stellungen, in denen Sie nur auf einem Bein stehen oder in denen die Hüfte zur Seite abknickt.

Vermeiden Sie es, sich das Baby oder Kleinkind zu lange auf die Hüfte zu setzen. Benutzen Sie – wenn es denn sein muss – eine Rückentrage oder ein Tragetuch, welche das Gewicht gleichmäßig auf beide Seiten des Körpers verteilt.

Ausnahmen sind Haltungen, bei welchen Sie den Oberkörper nach vorne beugen müssen. In diesem Falle entlastet es die Lendenwirbelsäule, wenn Sie zum Beispiel beim Zähneputzen ein Bein auf den Badewannenrand stellen. Das gilt übrigens auch, wenn Sie etwas vom Boden aufheben wollen: Dann heben Sie ein Bein zur Entlastung an und strecken es nach hinten aus.

AUFRECHT DURCHS LEBEN GEHEN

Halten Sie den Oberkörper aufrecht. Die Wirbelsäule hat eine natürliche S-Stellung: „Po rein – Brust raus."

Stellen Sie sich vor, Sie wären eine Marionette und an Ihrem Kopf befände sich ein Faden, der Sie sanft nach oben zieht. Fühlen Sie, wie Sie ein Stück wachsen? Achten Sie darauf, beim Stehen nicht ins Hohlkreuz zu fallen. Dies geschieht oft, da unsere Bauchmuskeln im Verhältnis untertrainiert sind. Ärgern Sie sich nicht über Ihren Bauch. Spannen Sie die Po-Backen an und schieben Sie den Po nach vorne. Nun straffen Sie die Bauchdecke (nicht den Bauch einziehen), dadurch kippt die Hüfte und das Hohlkreuz verschwindet. In dieser Haltung stabilisieren die Bauch- und Rückenmuskeln gemeinsam Ihre Haltung. Jede dieser Muskelpartien übernimmt die Hälfte der Arbeit und es kommt nicht zu Verspannungen.

Die Beschreibung hört sich komplizierter an, als es in Wirklichkeit ist. Sehen Sie sich das folgende Bild an und probieren Sie es selbst aus.

Mit der Zeit geht einem der Mechanismus in Fleisch und Blut über.

Angenehmer Nebeneffekt: Wenn Sie im Stehen auf die richtige Hüftstellung achten, trainieren Sie automatisch die dazu notwendige Bauchmuskulatur.

> Probieren Sie die Beweglichkeit Ihrer Hüfte aus. Fassen Sie sich mit den Händen von rechts und links oben an die Hüftknochen und kippen Sie die Hüfte nach vorne und nach hinten.

Im Liegen stellen Sie dazu die Beine etwas hoch, im Stehen gehen Sie ein wenig in die Knie, im Sitzen stellen Sie die Beine schulterbreit nebeneinander auf den Boden.

Sind Sie sich bei Ihren Körperhaltungen nicht sicher? Dann gönnen Sie sich auch als vollkommen gesunder Mensch ruhig ein oder zwei Stunden bei einem Therapeuten. Er wird Ihnen Ihre eigene, zu Ihnen passende Körperhaltung erklären.

Die ersten beiden Grundregeln haben Sie kennen gelernt. Jetzt ist es an Ihnen, sie auch umzusetzen. Fangen Sie gleich beim Aufstehen damit an.

> Wenn Sie möchten, dann stecken Sie an dieser Stelle ein Lesezeichen ein und lesen Sie in einem anderen Kapitel weiter. Versuchen Sie in der nächsten Zeit, die beiden Grundübungen

- Beine gleichmäßig belasten und
- Oberkörper aufrecht halten

im Alltag umzusetzen. Ab und zu, immer wenn es Ihnen gerade einfällt.

Kommen Sie in einigen Tagen hierher zurück und lesen Sie weiter.

Sie haben Lust weiterzulesen? Prima!

Bitte bedenken Sie, dass „Rom nicht an einem Tag erbaut wurde".

Die über viele Jahre eingeschliffenen Bewegungsabläufe zu ändern, erscheint am Anfang sehr schwierig und aufwändig. Nehmen Sie sich immer eine kleine Portion vor und arbeiten Sie daran. Stück für Stück werden Ihnen die „neuen" Körperhaltungen und Bewegungsabläufe so in Fleisch und Blut übergehen, dass Sie gar nicht mehr darüber nachdenken werden: Beine gleichmäßig belasten – Oberkörper gerade.

- Atmen Sie wieder ganz tief ein und langsam wieder aus.

Offizielle Empfehlungen sprechen davon, täglich eine halbe Stunde zu „trainieren". Wenn jede Ihrer Übungen 20 Sekunden dauert (so wie das Einfüllen des Wassers in den Topf), dann wären 90 Übungen wie die eben beschriebene notwendig.

Bei einem Frauen-Arbeitstag von 16 Stunden ergibt das etwa sechs Übungen pro Stunde. Das entspricht einer Übung alle zehn Minuten.

Am Ende dieses Kapitels wird es für Sie kein Problem mehr sein, aus Ihrem ganz normalen Arbeitsalltag die vielen kleinen, guten Gelegenheiten herauszufischen. Bald wird es so zur Gewohnheit geworden sein, dass Sie gar nicht mehr darüber nachdenken. Denn im Grunde tun Sie den ganzen Tag nichts anderes, als Ihren Körper zu halten, zu führen und zu bewegen. Ab heute machen Sie es einfach richtig!

Wo sind Sie jetzt? Noch im Bett oder im Bus? Scheint die Sonne? Stürmt es?

Hatten Sie schon wieder eine der vielen Unterbrechungen? Baby schreit – Nudeln kochen über – 1x1 abhören ... Dies ist das ganz normale Leben!

- Sehen Sie es mit Humor und guter Laune. Denken Sie an etwas Amüsantes und lächeln Sie ganz für sich alleine. Das Baby wird wachsen (und selbst wenn es unglaublich scheint, wird es irgendwann nicht mehr schreien, sondern reden). Übergekochte Nudeln erinnern uns wieder einmal daran, beim nächsten Mal für die gleiche Menge einen viel größeren Topf zu benutzen (dann kann es nicht so leicht überkochen) und das 1x1-Abhören geht in Ordnung, denn dafür schläft dieses Kind ja nachts durch.

Lächeln Sie, lachen Sie ... es wird Ihre Laune heben. (Das ist wissenschaftlich bewiesen!)

Sind die Nudeln übergekocht, während das Baby schreit und Sie gleichzeitig das 1x1 abhören? Das, fürchte ich, ist bei vielen von uns der „Normalzustand". Bewundern Sie Ihre eigene Leistungsfähigkeit in diesem Moment, so mancher könnte da nicht mithalten. Klopfen Sie sich auf die Schulter und lächeln Sie sich selbst zu. Wieder eine Meisterleistung aus dem Handgelenk geschüttelt. Hervorragend!

Zum Thema auf die Schulter klopfen. *Die Schultern zeigen unsere Stimmungen ganz deutlich.* Niedergeschlagenheit und Traurigkeit genauso wie Freude und Stärke. Eine weitere Grundregel bei den Körperhaltungen heißt deshalb:

NEHMEN SIE NICHT ALLE LAST AUF IHRE SCHULTERN

Schultern absenken und mittig tragen.

Die Schultern sind nur über das Schlüsselbein fest mit dem Körper verbunden. Sie liegen oben auf dem Brustkasten auf und werden über Muskeln in der richtigen Position gehalten.

Da an den Schultern die Arme befestigt sind, können Sie sich vorstellen, welche Kräfte wirken, wenn die Schultern nicht mittig aufliegen, sondern nach vorne oder hinten verschoben sind.

Wenn die Schultern ständig über eine Muskelanspannung leicht hochgezogen werden, kommt es zu einem Ungleichgewicht. Die nach oben gezogenen Schultern sind ein natürlicher Schutzreflex bei Bedrohung. Deshalb heißt es auch: „Die Angst sitzt ihm im Nacken." Aber diese Haltung sollte keine ständige Angewohnheit werden. Die Welt bedroht Sie nicht! Lassen Sie wieder locker, sonst bekommen Sie Verkrampfungen und Schmerzen im Schulter- und Nackenbereich, und Kopfschmerzen sind bestimmt nicht Ihr Ziel.

Glücklicherweise hat die Schulter- und Oberkörperhaltung auch eine umgekehrte Wirkung. Eine aufrechte Haltung führt dazu, dass wir uns wohler fühlen.

- Stabilisieren Sie Ihre Schultern. Legen Sie die Schultern von oben auf Ihren Brustkorb (das geht im Liegen, im Sitzen und im Stehen...). Atmen Sie tief ein und aus.

- Eine gute Schulterhaltung hebt Ihre Stimmung. Nutzen Sie diesen Effekt.

Wenn Ihnen jemand auf die Schultern klopft, dann rücken Sie diese automatisch in die richtige Position. Klopfen Sie sich im Geist ab und zu selbst auf die Schultern, bevor Sie an die nächste Aufgabe gehen.

Wie oben beschrieben, können die Schultern viel über unsere Stimmung ausdrücken. Nach vorne gebeugte „Gramhaltungen" kennen wir alle. Bei manchen Menschen sind diese niedergeschlagenen Haltungen schon unverrückbar fest, da sieht es mit der Laune meist nicht besser aus.

Lassen Sie sich nicht anstecken! Kopf hoch, Schultern in die Mitte und auf in die nächste Runde.

Gleichzeitig zu Baby, Nudeln und 1x1 kann eigentlich nur noch der Kaminkehrer klingeln, und Sie sind im Nachthemd unterwegs. Na und? Wenn Sie selbst überzeugt sind, dass die Situation in Ordnung ist und Sie dem Kaminfeger gerade und fest in die Augen schauen, wird er sich nicht um Ihr Nachthemd kümmern.

Ein ganz anderer Grund für nach vorne gebeugte Haltungen ist der häufige Umgang mit kleinen Kindern. Da Kinder kleiner sind als erwachsene Menschen, ist man gezwungen die Arme und Hände möglichst weit nach unten zu bringen, was dadurch erreicht wird, dass man die Schultern nach vorne-unten schiebt und dazu oft noch einen Buckel macht. (Ein typisches Grundschullehrer-Syndrom.)

Diese Haltung ist auch bei sehr großen Menschen zu beobachten. Egal wie groß Sie sind, diese Größe passt zu Ihnen. Frauen dürfen groß sein! Freuen Sie sich darüber, in der Menschenmenge etwas sehen zu können und die oberen Regale ohne Hocker zu erreichen. Das ist doch Klasse! Wer hat eigentlich behauptet, dass Männer immer größer sein sollen als Frauen? Die Größenverhältnisse sind vollkommen egal, solange Sie sich menschlich verstehen.

- Achten Sie jetzt einmal auf die Stellung Ihrer Schultern. Bewegen Sie sie bewusst auf und ab. Nach vorne und nach hinten. Wo ist die Mitte? Wann haben Sie das Gefühl, die Schultern liegen so auf, dass das Gewicht der Arme gleichmäßig von oben drückt und nicht nach vorne oder hinten zieht?

Übungen:

Halten Sie beim Sitzen die Schultern mittig, nicht extrem nach hinten schieben und nicht zu weit nach vorne fallen lassen. Achten Sie darauf beim Nähen, Essen, Computer schreiben ...

Versuchen Sie auch gerade zu bleiben, wenn Sie ein Kind an der Hand führen. Vielleicht kann das Kind sich ja am Kinderwagen oder an Ihrer Jacke festhalten.

Wichtig: Kinder wachsen. Wachsen Sie mit ihnen. Das bedeutet, dass Ihr Kind irgendwann eine Größe erreicht, in der Sie es ganz normal und aufrecht stehend an die Hand nehmen können. Tun Sie das! Bleiben Sie nicht in der alten, schiefen Gewohnheit hängen.

Wenn Sie mit einem Kind sprechen, ihm etwas erklären oder zeigen wollen, beugen Sie sich nicht nach vorne, sondern gehen Sie in die Hocke oder setzen Sie sich hin.

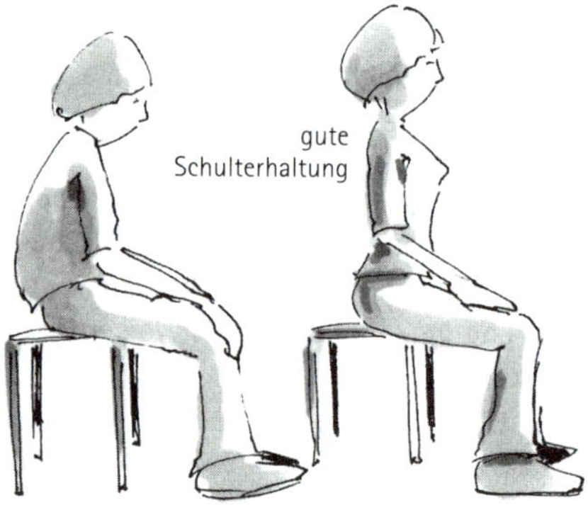

Zu den Schultern gehört als Nächstes der Kopf. Denn erst wenn die Schultern mittig liegen, können Sie den Kopf gerade halten.

Machen Sie einen Test:

- Schieben Sie die Schultern nach vorne-unten und versuchen Sie gleichzeitig den Kopf gerade zu halten. Dies wird Ihnen nur mit einiger Anstrengung gelingen.
- Liegen die Schultern dagegen mittig über dem Brustkasten, ist es ein Leichtes, den Kopf aufrecht zu tragen.

ERHOBENEN HAUPTES SIEHT DIE WELT SCHON ANDERS AUS

Kopf und Nacken gerade und entspannt halten.

Der nach unten geneigte Kopf und der gebeugte Nacken entwickeln sich automatisch, wenn man sehr viel nach unten schaut. Das ist zum Beispiel bei Lehrern der Fall oder auch in Berufen, in denen man viel sitzt und liest oder feinmotorische Arbeiten verrichtet, die genaue Augenkontrolle verlangen.

Auch Sie als Mutter sind direkt betroffen. Wenn Sie mit Ihren Kindern Augenkontakt aufnehmen wollen, müssen Sie nach unten schauen. Je nach Wachstum wird diese Phase mindestens 12 Jahre andauern. Bei mehreren Kindern also entsprechend länger. Sie schauen nach unten, wenn Sie Zwiebeln schneiden oder abspülen. Zu Hause, wie auch in der Arbeit, müssen Sie gezwungenermaßen durch die Augenkontrolle nach unten schauen.

Sorgen Sie für den entsprechenden Ausgleich. Schauen Sie geradeaus, wann immer es geht.

- Heben Sie jetzt den Blick von Ihrem Buch und schauen Sie in die Ferne. Schließen Sie die Augen und stellen Sie sich ein unendlich weites Meer vor.

- Verschränken Sie die Hände am Hinterkopf und lehnen Sie den Kopf vorsichtig zurück und halten Sie ihn dann wieder gerade, ohne Kraftanstrengung. Können Sie die Wolken am Himmel vorbeiziehen sehen?

Bei der natürlichen Kopfhaltung sitzt der Kopf auf der Verlängerung des Nackens, das Kinn leicht nach unten, so dass Sie ohne Anstrengung geradeaus in die Ferne schauen können.

Diese Position gilt ebenfalls für Bildschirmarbeit. Die Bildschirmoberkante sollte auf Augenhöhe sein, dann können Sie den Text auf dem Bildschirm erfassen, indem Ihr Blick leicht nach unten geht, was der natürlichen Blickführung und Haltung am ehesten entspricht.

korrekte Kopfhaltung

Eine weitere Ausgleichsübung ist das langsame, bewusste Drehen des Kopfes nach links und nach rechts. Erhalten Sie sich die seitliche Beweglichkeit Ihres Nackens bzw. arbeiten Sie daran. Beim Umschauen im Auto (nach den Kindern oder nach dem Verkehr), beim Blick auf die Wanduhr, beim Blick zur Tür ... Drehen Sie bewusst den Kopf zur Seite. Aber seien Sie vorsichtig! Oft ist die Halswirbelsäule nicht mehr daran gewöhnt.

Die Bewegungsfähigkeit des Körpers bleibt auf lange Sicht immer nur in den Bereichen erhalten, die benutzt werden.

Und schon sind Sie zwei Grundregeln weiter. Eigentlich gar nicht so schwierig, oder? Schultern und Kopf können Sie schon während des Weiterlesens bewegen und in die richtige Lage bringen. Verkrampfen Sie nicht. Bleiben Sie locker. Es ist normal, dass Sie zu Beginn immer wieder in die alten, gewohnten Haltungen zurückfallen.

Wenn Sie es bemerken, ändern Sie es einfach! Und wenn es Ihnen in zwei Stunden wieder einfällt, dann ändern Sie es wieder. Irgendwann sind auch Kopf und Schultern automatisiert. Wenn Sie möchten, können Sie jetzt an dieser Stelle wieder das Lesezeichen einstecken und in einem anderen interessanten Kapitel weiterlesen.

Auf geht es ins nächste Thema:

BEWEGLICH BLEIBEN! – IM GEIST UND MIT DEM KÖRPER

Gönnen Sie sich ab und zu eine langsame Bewegung bis an die Grenze Ihres Spielraumes.

Alle unsere Bewegungsspielräume sind nur insoweit vorhanden, wie wir sie auch nutzen.

a) Es gibt den maximalen Spielraum, die maximale Dehnfähigkeit. Das ist die Grenze, über die es ohne Schäden oder Schmerzen nicht hinaus geht. Diese Grenze ist bei jedem Menschen unterschiedlich.

b) Daneben gibt es den im täglichen Leben benutzten Spielraum. Dieser ist immer ein Stückchen kleiner als die maximale Grenze. Dieser Spielraum wird durch die Bewegungen bestimmt, die Sie im Alltag ausführen, ohne sich Gedanken darüber zu machen.

Wenn Sie sich nicht ab und zu an die äußerste Grenze herantasten, wird diese im Laufe der Zeit immer kleiner werden – folglich wird der tägliche Bewegungsraum kleiner – der maximale Spielraum wird kleiner – der tägliche Spielraum wird kleiner – und so fort.

Das Ergebnis: „Wir rosten ein!" Aus diesem Grund können wir viele Dinge nicht mehr tun, die früher noch problemlos möglich waren.

Was wir nicht nutzen, fällt weg. Der Körper selbst reagiert sehr ökonomisch. Er verschwendet keine Energie an Vorgänge, die nicht gebraucht werden.

„Use it or loose it"
(Benutze es oder verliere es.)

Diese Regel ist bei unserem Körper nachweislich der Fall. Darum sollte man alle Gelenke ab und zu bis zur ihrer (schmerzfreien) Grenze nutzen. Der alltägliche Gebrauch deckt normalerweise nur einen kleinen Bereich unserer Möglichkeiten ab.

Diese Medaille hat zum Glück auch eine andere Seite. Sowie Sie vorsichtig wieder an Ihre eigenen Grenzen herangehen, egal ob körperlich oder geistig, wird der Körper sich darauf einstellen und wieder mitmachen. (Alter und Zustand sind zum Glück nahezu egal.) Die Beweglichkeit und Merkfähigkeit wird zunehmen. Etwas Training ist alles.

Übungen:

Bitte fangen Sie vorsichtig an und beachten Sie Ihren momentanen IST-Zustand. Sollten Sie im neunten Monat schwanger sein, dann fangen Sie nicht mit wilden Wettrennen an, und wenn Sie schon seit zehn Jahren nicht mehr mit den Händen zu den großen Zehen kommen, dann wird es übermorgen wahrscheinlich auch noch nicht funktionieren.

Stecken Sie sich kleine, leichte Ziele und verfolgen Sie diese konsequent.

Außer Haus:

Benutzen Sie keine Fahrstühle.

Nehmen Sie zur Abwechslung zwei (oder auch drei) Treppenstufen auf einmal.

Parken Sie absichtlich ein Stück weiter weg.

Gehen Sie mit den Kindern zu Fuß.

Können Sie noch rennen? Dann fangen Sie an, ab und zu ein kleines Stückchen schneller zu gehen.

Zu Hause:

Strecken Sie sich ganz aus, wenn Sie eine Schüssel aus dem obersten Fach holen wollen.

Sehen Sie das Putzen von schlecht erreichbaren Ecken als Dehnungs- und Haltungsübungen an. Spannen Sie Ihre Muskeln an und spüren Sie in sich hinein, weshalb Ihr Körper diese Bewegungen als unangenehm = ungewohnt empfindet. Stellen Sie beim Kochen vor dem Herd die Beine weit auseinander und bleiben Sie, so lange Sie umrühren, so stehen.

Jeder kann einen Fortschritt zum Ausgangszustand entdecken. Vergleichen Sie sich nicht mit anderen. Auf Sie kommt es an. Sie stecken sich Ihre eigenen Ziele. Sie arbeiten Stück für Stück daran und Sie werden sie erreichen. Sie werden sehen, wie gut das tut.

Ihr Ziel sollte nicht gleich Spagat und Handstandüberschlag sein, aber wäre es nicht toll, wenn Sie elegant in die Hocke gehen oder bei der Treppe wie selbstverständlich zwei Stufen auf einmal nehmen könnten?

Mein ganz großes Ziel:

Erreicht bis (Monat + Jahr):

Mein erster Schritt dahin ist:

Erreicht bis (Datum):

Mein zweiter Schritt dahin:

Erreicht bis (Datum):

> Weitere Schritte machen Sie von den ersten Erfolgen abhängig. Arbeiten Sie stufenweise, genießen Sie den Erfolg des Augenblickes. Aber verlieren Sie dabei nicht das große Ganze aus den Augen.

Schreiben Sie ihre Ziele genau definiert mit Enddatum auf. Wenn nicht hier, dann auf eine separate Karteikarte oder auf ein Blatt Papier. Geschriebene Ziele werden nachweislich öfter erreicht. (Siehe dazu auch Kapitel Zeitmanagement Seite 28).

Wenn Sie gerne mit anderen Menschen zusammen sind, suchen Sie sich bei der Volkshochschule oder einer ähnlichen Organisation eine Gruppe Gleichgesinnter, mit der Sie sich treffen können.

Aber Vorsicht! Verschieben Sie nicht alle Ihre Anstrengungen auf diese eine Stunde in der Woche. Die Gruppe ist ein wichtiges Hobby und wird Sie aufmuntern, aber sie ist nicht ausreichend, um dauerhafte Fortschritte zu erhalten.

Das Leben findet täglich statt, von morgens bis abends. Ihr eigentliches Betätigungsfeld ist der Alltag von Montag bis Sonntag. Jede Bewegung, die Sie machen, ist eine Chance.

Dieselben Grundsätze gelten für Ihre geistige Beweglichkeit. Der Schlafmangel und die geänderten Anforderungen an eine Mutter ändern auch ihre Denkstrukturen. Trainieren Sie Ihr Gehirn.

Nach Geburten und in den Wechseljahren kommt es zeitweise zu Umstellungen. Dieses Phänomen nennt sich „Wattekopf". Sie können sich nicht mal mehr eine vierstellige Telefonnummer merken? Keine Angst – es geht nicht nur Ihnen so. Schreiben Sie in dieser Zeit einfach alles auf einen Zettel. Aber arbeiten Sie an sich! Aus eigener Erfahrung nach den Geburten der Kinder kann ich Ihnen sagen: Es wird wieder besser werden. (Sehen Sie dazu auch die Bücher von Christiane Northrup im Literaturverzeichnis.)

Mein Mann und ich mussten dieses Phänomen erst einmal kennen lernen. Er war abends wütend, weil ich nicht in der Werkstatt angerufen hatte („Schließlich hatte ich ja den ganzen Tag nichts zu tun"), und ich habe nicht verstanden, wie ich es bloß vergessen konnte, so etwas war mir vorher nie passiert.

Lösung: Wir legten im Flur Papier und Stift bereit, und wenn etwas erledigt werden sollte, dann schrieben wir es auf. Die Chancen auf

Durchführung stiegen dadurch erheblich. Oft war es nicht am gleichen Tag, aber ich habe es wenigstens nicht mehr vollkommen vergessen.

Wenn Sie möchten, können Sie nun wieder eine Pause einlegen und in einem anderen Kapitel weiterschmökern.

Halten Sie sich beweglich im wahrsten Sinne des Wortes.

NUTZE DEINE KRAFT! – DEN BOGEN SPANNEN

Körperspannung halten. Muskeln nutzen.

Wie ganz zu Beginn schon angesprochen, neigen wir dazu, nur das Notwendigste an Muskeln anzuspannen, um eine Arbeit zu erledigen. Aus Sicht unseres Körpers ist das durchaus sinnvoll, denn er versucht, Energie zu sparen.

Heutzutage leben wir aber nicht als Jäger und Sammler, die sich das tägliche Brot erjagen oder mühsam suchen müssen. Deshalb fehlt unseren Organen oft der Anreiz, fit zu bleiben.

Jedes Hindernis gibt dir die Möglichkeit,
neue Kräfte in dir zu befreien.
Fridel Marie Kuhlmann

Das gilt selbstverständlich nicht nur für körperliche Kräfte. Sie werden sehen, wie mit Ihrem körperlichen Wohlgefühl auch Ihr Mut und Ihre Zuversicht wachsen.

Die Gefahr unseres „faulen" Daseins ist die einseitige Abnutzung und Überbeanspruchung bestimmter Sehnen und Gelenke. Wir benutzen nicht die Muskulatur, um eine Körperhaltung einzunehmen, sondern wir lassen uns einfach hängen.

Das bedeutet nun nicht, dass Sie den ganzen Tag als eine Sammlung stahlharter Muskelpakete von Tätigkeit zu Tätigkeit stelzen sollen.

Setzen Sie Ihre Muskeln ein, um sich im Gleichgewicht zu halten und bleiben Sie gleichzeitig geschmeidig in der Bewegung, so wie eine Raubkatze oder ein Akrobat.

Welches Vorbild haben Sie?

- Immer wenn sich wieder einmal die Schlaffheit einschleicht, denken Sie an dieses Vorbild. Allein die Vorstellung, Sie wären heute dieses Wesen, wird Ihr Befinden verbessern.

Im Alltag bedeutet Körperspannung den Einsatz von Kraft, vor allem in Situationen, in denen Sie bisher noch nicht darüber nachgedacht haben. Zum Beispiel beim Öffnen einer Schublade, beim Abstellen einer Sprudelflasche, beim Tragen einer leeren Gießkanne ...

Verwechseln Sie aktive Muskelspannung bitte nicht mit Verkrampftsein oder Verspannung. Eine aktive, flexible Körperspannung hält Ihren Körper im Gleichgewicht und passt die Balance in den verschiedenen Bewegungen an.

- Halten Sie es bitte nicht für selbstverständlich, dass Sie aus einem Stuhl aufstehen und einfach losgehen können. Lassen Sie den Bewegungsablauf jetzt gleich einmal bewusst ablaufen. Was passiert alles, wenn Sie jetzt aufstehen und sich wieder hinsetzen/hinlegen? Was tut Ihr Körper alles, um aus dieser Haltung in die Senkrechte zu kommen?

Unser Unwohlsein oder unsere Schmerzen resultieren aus einseitigen, starren Muskelanspannungen. Hochgezogene Schultern oder ein ständiges Hohlkreuz belasten bestimmte Muskelgruppen über Gebühr. Sie verkrampfen und verkürzen sich, die natürlichen Gegenspieler sind untertrainiert und nehmen ihre Aufgabe nicht vollständig wahr.

Jeder Muskel/jede Muskelgruppe hat ein Pendant, mit dem es zusammenarbeitet. Der Name Gegenspieler führt eigentlich in die Irre, denn sie spielen nicht gegeneinander, sondern sehr erfolgreich miteinander. Ihr ganzer Körper besteht aus einem großen Team. Vielleicht müssen Sie dem einen oder anderen Mitglied etwas auf die Sprünge helfen, damit es wieder klappt.

- Wie fühlt sich Ihr Körper momentan an? Sitzen Sie wieder? Oder liegen Sie? Spüren Sie Ihre Kleidung? Spüren Sie die Couch, den Stuhl, das Bett, das Sitzkissen?

- Auf welchem Körperteil liegt das meiste Gewicht?

- Fühlen Sie sich angespannt? Sind Sie „auf dem Sprung"?

Oder entspannt und relaxed?

Oder völlig ausgelaugt und müde?

- Wo sind Ihre Beine? Legen oder stellen Sie Ihre Beine locker nebeneinander. Die Füße sind hüftbreit auseinander. Die Knie etwa zwei faustbreit voneinander entfernt.

- Wackeln Sie kurz kräftig mit allen Zehen.

- Spannen Sie dann die Wadenmuskulatur stark an. Halten Sie die Spannung, und zählen Sie langsam bis drei.

- Jetzt lassen Sie plötzlich alle Muskeln locker. So als wären Ihre Waden aus Watte ohne jegliche Kraft.

In jedem unserer Körperteile steckt eine Menge Kraft und Energie. Wir müssen sie wiederfinden und trainieren, ebenso wie die Fähigkeit, diese Kraft wieder loszulassen und zu entspannen.

FÜHLEN SIE
LEBEN SIE

Die Geburt ist nicht ein augenblickliches Ereignis,
sondern ein dauernder Vorgang.
Das Ziel des Lebens ist es,
ganz geboren zu werden …
Zu leben bedeutet, jede Minute geboren zu werden.
Erich Fromm

Leben Sie jede Minute mit Ihrem ganzen Körper und Ihrem ganzen Geist.

Meist wird erst nach jahrelangen Ungleichgewichten das Signal „Schmerz" an unser Gehirn weitergeleitet. Dann erst – und damit viel zu spät – fühlen wir, dass etwas nicht mehr stimmt. Wir müssen wieder lernen, auf unsere innere Stimme zu hören.

Seien Sie sich selbst gegenüber fair. Es ist kein Egoismus oder Narzissmus, sich selbst auf natürliche Weise zu pflegen, zu akzeptieren und zu lieben. Erst wenn Sie sich selbst vollkommen angenommen haben, können Sie auch für die anderen wertvoll werden. Erst dann stellt sich ein fruchtbares Gleichgewicht ein.

Nach diesem tief gehenden Kapitel haben Sie etwas Entspannung verdient. Lesen Sie ruhig in einem anderen Kapitel weiter. Aber vergessen Sie bitte nicht, Ihren ganzen Körper bei allen Bewegungen bewusst einzusetzen. Die Aktivierung einer gleichmäßigen Körperspannung ist die Voraussetzung für alle gesundheitsfreundlichen Körperhaltungen.

DAS KREUZ MIT DEM KREUZ

Schonen Sie Ihren Rücken.

Rückenschmerzen sind eines der meist verbreiteten Gesundheitsprobleme unserer Gesellschaft. Es gibt viele Ursachen und viele Möglichkeiten ihnen zu begegnen. Sollten Sie keine Probleme mit Ihrem Rücken haben, genießen Sie diesen Zustand, aber denken Sie daran, dass Vorbeugung Sie eventuell vor späteren Problemen schützt. Dieses Kapitel ist deshalb ebenso für vollkommen gesunde Menschen von Nutzen.

Hier noch einmal ein Hinweis in eigener Sache:

Es werden in diesem Kapitel viele Tipps aufgezeigt, die Ihnen hoffentlich weiterhelfen können.

Aber die Autorinnen sind keine Ärztinnen, und die Vorschläge sollen keinen Arzt ersetzen. Bitte berücksichtigen Sie bei allem, was Sie tun, Ihren aktuellen Zustand und hören Sie in sich hinein.

Gehen Sie bei wiederkehrenden oder länger anhaltenden Symptomen auf jeden Fall zum Arzt.

Die Ursachen für Rückenschmerzen sind sehr vielschichtig. Sie reichen von erblichen Vorbelastungen, über Stoffwechselprobleme, bis zu mechanischer Abnutzung, Fehlbelastungen, Muskelverspannungen und vielem anderen mehr. Außerdem haben wissenschaftliche Untersuchungen gezeigt, dass ein deutlicher Zusammenhang zwischen Stress und Rückenproblemen besteht.

Falls Sie Rückenschmerzen bei haben, nehmen Sie sie bitte nicht auf die leichte Schulter. Sie sollten auf jeden Fall etwas gegen die Ursachen unternehmen.

Rückenprobleme können sich auch durch Schmerzen in der Hüfte, in den Waden, Ziehen in den Beinen oder Kopfweh äußern. Nicht immer sind Schmerzpunkt und Ursprung ein und dasselbe.

Leider ist mit einer Spritze beim Arzt nur der akute Schmerz bekämpft und nicht die Ursache. Gehen Sie nach Hause, aber holen Sie nicht gleich alle Arbeiten nach, die liegengeblieben sind. Physisch verursachte Rückenschmerzen entstehen durch das Einklemmen von Nervenbahnen. Diese unterliegen damit einer Dauerreizung und melden „Rückenschmerzen" ans Gehirn. Bei länger anhaltender Reizung kann es zu einer Entzündung der Nerven bis zu chronischen Schmerzen kommen. Warten Sie also nicht zu lange ab, wenn Sie ein Problem haben.

Der Körper selbst versucht sich gleichzeitig zu helfen, indem er das Gebiet, welches schmerzt, schützen möchte. Darum verspannt an dieser Stelle die Rückenmuskulatur, wodurch die Wirbelkörper noch weiter zusammengedrückt werden und die Schmerzen sich verschlimmern.

Der Arzt kann durch Spritzen die Verspannungen lösen und den Schmerz kontrollieren. Aber genau aus diesem Grund dürfen Sie nicht nach Hause gehen und sofort weiterarbeiten. Die Nerven müssen sich erst beruhigen und die Entzündung muss abheilen.

Deshalb hat es auch keinen Sinn, auf die Zähne zu beißen und weiterzumachen. Ein eingeklemmter Nerv bleibt ein eingeklemmter Nerv und es wird nicht besser werden, wenn Sie die Ursache nicht beheben.

Einige Tipps zur „ersten Hilfe" bei Rückenproblemen:

Versuchen Sie, sich zu entspannen. Vor allem auch im Lendenwirbelsäulenbereich. Legen Sie sich dazu hin, und suchen Sie eine Haltung, in der Sie möglichst wenig Schmerzen haben (= Schonhaltung). Wenn es Ihnen hilft, können Sie dabei auch Musik hören.

Erklären Sie den Kindern, dass Sie Schmerzen haben, und sagen Sie, dass Sie eine Pause brauchen. Auch sehr kleine Babys spüren oft, dass Sie jetzt eine Ruhephase benötigen. Lassen Sie die Kinder spielen (oder ausnahmsweise ein Video schauen, eine Kassette hören).

Und vor allem, lassen Sie alles andere stehen und liegen. Sofort! Wenn Sie erst noch tausend Sachen erledigen, kann es zu spät sein.

Wärme fördert die Entspannung. Wärmflasche, Kirschkernkissen oder ABC-Pflaster (aus der Apotheke) können hilfreich sein. Lassen Sie in Gedanken diesen Rückenbereich weit werden. Er dehnt sich aus und hat genügend Platz. Halten Sie diese Phase so lange wie möglich aufrecht. Mir persönlich hilft ein langes heißes Bad, und es hat mich schon einige Male gerettet, drei Tage fast ausschließlich in der Badewanne zuzubringen. Aber seien Sie vorsichtig, es kann schwierig sein, mit Rückenschmerzen wieder aus der Badewanne herauszukommen. Finden Sie Ihren eigenen Weg. Aber warten Sie nicht zu lange: Wenn keine Besserung eintritt, sollten Sie unbedingt zum Arzt gehen.

Mit der Zeit entwickelt man ein sehr gutes Gefühl für seinen Rücken. Bei den leisesten Problemen sollten Sie Ihren Rücken überhaupt nicht mehr belasten. Bücken Sie sich nicht und tragen Sie vor allem nichts mehr!

Lassen Sie wirklich alles stehen und liegen. Kein Staubsaugen, keine Betten schütteln, kein Kochen. Sie werden erstaunt sein, was ein Anderthalbjähriger oder eine Zweijährige alles kann. Niemand stirbt, wenn er sich drei Tage lang von Cornflakes ernährt. Das Höchste der Gefühle ist es, eine Tütensuppe warm zu machen. Abends kann Ihr Mann oder eine Freundin die Spülmaschine ausräumen und neu laden. Holen Sie sich Hilfe!

Lassen Sie die Kinder alles selbst erledigen: Anziehen, auf Toilette gehen, ... Sie werden staunen, welche Lösungen Sie finden, und das Leben geht garantiert weiter.

Kinder helfen sich auch gegenseitig. Schauen Sie einfach zu und akzeptieren Sie lobend das Ergebnis.

Ein zweijähriges Kind kann seinen Trip-Trap-Hocker überall hinziehen und hochklettern. Bisher fanden Sie das vielleicht anstrengend, jetzt rettet es Sie. Wenn Sie sich nicht mehr bücken können, müssen die Kinder selbst auf einen Tisch steigen, damit Sie ihnen helfen können. Vielleicht sogar auch auf den Wickeltisch. Wenn das Kind oben ist, können Sie wickeln, anschließend krabbelt es wieder hinunter.

Schonung heißt bei Rückenproblemen nicht unbedingt, dass Sie überhaupt nichts mehr tun. Vermeiden Sie einfach Arbeiten „mit Gewicht“. Stehen Sie nicht zu lange. Sitzen Sie wenn möglich auch nicht zu viel. Aber versuchen Sie, die Beweglichkeit Ihrer Wirbelsäule zu erhalten. Ganz vorsichtige Gymnastik, ohne an die Schmerzgrenze zu gehen. Sprechen Sie mit einer Krankengymnastin. Oft helfen die leichten Bewegungen, alles wieder ins Lot zu bringen.

Wenn Sie den Moment der Schonung richtig erwischen, dann ist der

„Spuk" nach zwei bis drei Tagen vorbei. Dann fangen Sie langsam wieder an, in den Alltag zurückzukehren. Aber wirklich langsam!

Das Ziel sollte immer die Vorbeugung sein, denn eigentlich wollen wir in die oben beschriebene Situation gar nicht erst hineingeraten.

ÜBERLEBENSREGELN FÜR DEN RÜCKEN

Trainieren Sie das Gleichgewicht zwischen Bauch- und Rückenmuskeln. Erinnern Sie sich an die vorher beschriebenen Körperhaltungen. Das ist der Weg zu einem schmerzfreien Rücken.

1. Mit beiden Beinen fest auf dem Boden stehen
2. Aufrecht durchs Leben gehen
3. Tragen Sie nicht alle Last auf Ihren Schultern
4. Erhobenen Hauptes sieht die Welt ganz anders aus
5. Beweglich bleiben - Im Geist und mit dem Körper
6. Nutze deine Kraft! - Den Bogen spannen
7. Das Kreuz mit dem Kreuz – So schaff' ich es!

Tipps zum Vorbeugen:

Lassen Sie den Körper warmlaufen.

Arbeiten, die bekanntlich den Rücken belasten, sollten Sie morgens nicht gleich als erstes erledigen. Warten Sie, bis Sie ein bisschen warmgelaufen sind. Jeder Boxer gönnt sich eine gezielte Aufwärmphase, bevor er in den Ring steigt. Für uns gilt das genauso.

Stellen Sie nichts auf den Boden!

Zu Beginn etwas ungewohnt. aber eigentlich ganz einfach. Was nicht unten steht, müssen Sie auch nicht hochheben. Stellen Sie Ihren Einkauf vom Einkaufswagen in den Kofferraum, vom Kofferraum auf den Küchentisch und die leere Kiste in der Garage ins Regal.

Tragen Sie keine schweren Lasten!

Tragen Sie Sprudelflaschen einzeln oder maximal einen halb vollen Kasten. Tragen Sie den Einkauf in kleinen Portionen. Nehmen Sie anderen Personen keine Dinge ab, die Sie eigentlich nicht tragen können. Wenn Sie Freunden beim Umzug helfen, dann packen Sie Gläser ein und halten Sie Türen auf. Tragen Sie keine Kisten, wenn Sie Rückenprobleme haben.

Gewicht möglichst zwischen die Beine stellen

Gewicht immer ganz nah am Körper

ganz aufrichten!

Heben Sie nichts mit rundem Rücken!

Gehen Sie immer in die Hocke oder stabilisieren Sie sich mit einer Hand. Halten Sie immer den Rücken gerade und knicken Sie in der Hüfte ab. Auf den Boden reichen Sie, indem Sie in die Knie gehen.

Heben Sie keine „schweren" Lasten vom Boden auf!

Wenn es Ihnen sehr gut geht, können Sie zwar eine volle Sprudelkiste tragen, aber Sie dürfen sie nicht auf dem Boden abstellen.

Lassen Sie sich nicht von Ihren Kindern anspringen. Unsere Kinder hatten immer sehr viel Verständnis dafür, dass Mama sie nicht auffangen und hochheben kann. Wenn alle Kinder aus dem Kindergarten stürmen, gehe ich in die Hocke und umarme meine Liebsten. Ich muss sie dazu nicht auf den Arm nehmen, sie lieben mich genauso.

Vorsicht bei der Gartenarbeit!

Wechseln Sie Ihre Körperhaltungen ab.

Nur zu sitzen, zu stehen oder zu liegen ist nicht gesund. Versuchen Sie eine Arbeit zu finden, bei der Sie abwechseln können. Zu Hause liegt die Entscheidung bei Ihnen: Nähen Sie eine halbe Stunde, staubsaugen Sie für eine halbe Stunde, setzen Sie sich zum Gemüseschneiden hin ...

Vermeiden Sie negativen Stress und Hektik!

Achten Sie darauf, in welchen Situationen Sie Rückenschmerzen bekommen. Oft kommt zu der körperlichen Belastung noch Stress hinzu. Beugen Sie auch hier vor. Wenn Sie wissen, dass anstrengender Besuch kommt, dann sehen Sie es so gelassen wie möglich.

Sie müssen nicht alles genau so wie Ihre Mutter machen.
Tatsächlich müssen Sie überhaupt nichts
so wie Ihre Mutter machen.
Kim Pickin & Nicky Singer

Vermeiden Sie zu viel Stress an Feiertagen und vor Ferienreisen. Alle Arztpraxen sind über die Weihnachtsfeiertage vollgestopft mit Rückenpatienten.

Gönnen Sie sich großzügige Pufferzeiten. Übertreiben Sie nicht. Sie müssen nicht perfekt sein. Keiner wird bemerken, dass Sie auf die achte Fondue-Soße und den vierten Kuchen verzichtet haben.

Positiver Stress ist etwas anderes. Er wird Sie anspornen. Er macht Spaß. Aber Vorsicht: Übernehmen Sie sich nicht. Was ein gesunder Körper gut verträgt, ist für einen vorgeschädigten Rücken vielleicht zu viel.

Hören Sie auf Ihren Körper!

Meist kündigt er Ihnen nahende Probleme mit kleinen Warnzeichen an. Ignorieren Sie sie nicht.

ÜBERLEBENSREGELN FÜR DEN ALLTAG

1. Bewege dich so soft wie möglich und mache dir deine Bewegungen bewusst.
2. Nutze kleine Gelegenheiten für eine Pause. Warte nicht, bis der Abend kommt.
3. Halte bei allen Bewegungen den Rücken natürlich gerade.
4. Stelle beim Bücken die Beine auseinander und beuge die Knie. (Rücken gerade!)
5. Hebe keine schweren Gegenstände. Stelle nichts auf dem Boden ab. Verteile beim Heben die Lasten und halte sie dicht am Körper (Rücken in natürlich gerader Haltung fixieren).
6. Beim Stehen auf eine leicht gebeugte, stabile Kniehaltung und Beckenkippung achten.
7. Ziehe im Liegen die Beine an und achte auf eine natürlich gerade Unterstützung der Wirbelsäule.
8. Treibe regelmäßig Sport.
9. Akzeptiere dich selbst wie du bist.
10. Fühle dich wohl in deinem Körper.

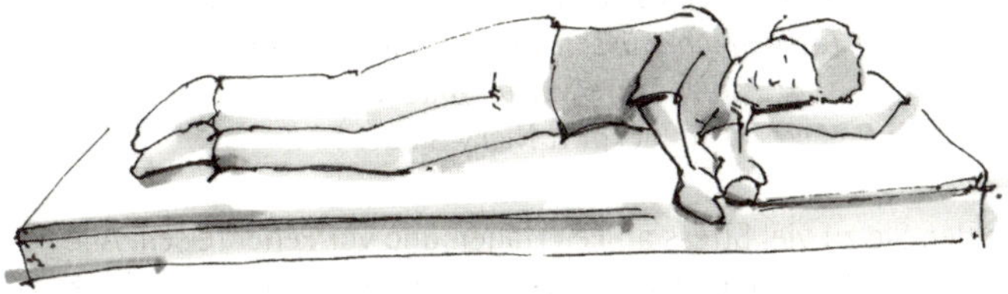

In diesem Sinne möchte ich das Grundlagenkapitel beenden.

Achten Sie auf sich selbst, und genießen Sie das Leben mit allem, was es Ihnen bietet.

Im Anhang finden Sie – wenn Sie möchten – einen Trainingsplan. Aber es ist selbstverständlich auch in Ordnung, wenn Sie die Situationen auf sich zukommen lassen und spontan Ihre Körperhaltungen anpassen. Jeder Mensch lebt anders. Finden Sie Ihre Methode zur gesundheitsfreundlichen Körperhaltung.

Nachdem wir das Ziel aus den Augen verloren hatten, verdoppelten wir unsere Anstrengungen.
Mark Twain

LEBEN WIE EIN MOBILE – BESCHWINGT UND IN BALANCE

Wenn Sie ein erfülltes Leben führen wollen, das alle wichtigen Bereiche einbezieht, ist es hilfreich, an dieser Stelle zurückzublättern zu Seite 38.

Kennen Sie Ihre Werte, wissen Sie, was Ihnen wirklich wichtig ist? Falls Sie das Kapitel über Ziele und Prioritäten (S. 38) gelesen haben, verstehen Sie, was ich meine.

Unser Leben besteht nicht nur aus Arbeit. Trotzdem geben viele Menschen einen äußerst hohen Prozentsatz an, wenn sie spontan ihre Zeit (ohne die Schlafzeit) auf die vier Lebensbereiche aufteilen sollen.

Wie sieht es bei Ihnen aus?

Gehen wir davon aus, dass die Einteilung in die vier Bereiche

- **Leistung, Beruf, Karriere**
- **Familie, Kontakte, Freunde**
- **Körper, Gesundheit, Fitness**
- **Sinn, Kultur, Weltanschauung**

alle Aspekte unseres Lebens abdeckt. Wie viel Ihrer wachen Zeit verbringen Sie dann in den einzelnen Bereichen? Wie war das zum Beispiel in den letzten beiden Wochen? Vielleicht haben Sie das schon auf S. 33 beantwortet? Umso besser, dann können wir gleich noch tiefer einsteigen.

Denken Sie an ein Mobile. Es ist schön anzusehen, bewegt sich beschwingt und leicht, solange es in der Balance ist. Wenn jedoch aus irgendeinem Grund das Gleichgewicht verloren geht, „kippt" das Mobile, hört auf, sich zu drehen und hängt schief und schlapp am „seidenen Faden". Es verheddert sich und verliert seine Leichtigkeit und Eleganz. Um die Balance in Ihrem Leben zu finden und zu behalten, ist es wichtig, in allen vier Lebensbereichen ebenso Prioritäten zu setzen und feste Termine zu planen und einzuhalten, wie Sie es im Berufsleben tun.

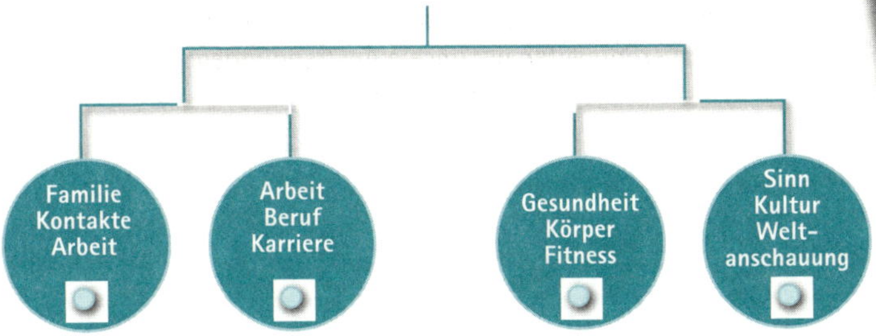

Ähnlich ist es mit unserem Leben: Nur wenn die einzelnen Lebensbereiche im Gleichgewicht sind, leben wir beschwingt und froh, gelassen und souverän. Sobald ein Bereich zu leicht oder zu schwer wird, geht die Balance verloren. Denn wie beim Mobile betrifft das Ungleichgewicht immer alle Teile des Ganzen.

In meinen Seminaren weiß fast jede Frau auf Anhieb, welcher Bereich bei ihr zu kurz kommt. Kaum eine Frau hat das Gefühl, dass sie in guter Balance lebt. Deshalb wollen wir die einzelnen Teile unseres Mobiles nun noch etwas genauer anschauen als in dem grundlegenden Kapitel zum Zeitmanagement unter „Alles hat seine Zeit – ein Leben in Balance" (S. 33).

Wer behauptet, alles erreicht zu haben,
hat sich nie große Ziele gesteckt.
Herbert v. Karajan

LEISTUNG, ARBEIT, BERUF, KARRIERE

Absichtlich nennen wir diesen Bereich zuerst, obwohl mit der Reihenfolge keine Wertung verbunden sein soll. Es zeigt sich jedoch, dass – besonders bei Menschen in der mittleren Lebensphase – der Beruf eine herausragende Rolle spielt. Dabei geht es nicht nur darum, den Lebensunterhalt zu verdienen, sondern auch um die persönliche Karriere in Verbindung mit Anerkennung und Aufstiegschancen. Auch ein Ehrenamt, das nichts mit Broterwerb zu tun hat, kann genauso zu Engpässen und Überforderung führen wie ein regulärer Beruf.

Unsere Gesellschaft legt Wert auf Qualifikation und Ausbildung. Die meisten Menschen nennen bei einer Vorstellung gleich nach ihrem Namen ihren Beruf. Dabei wird ein Arzt, der hervorragend malt, wahrscheinlich von seiner Malerei nichts erwähnen, ein Malermeister, der großartig Geige spielt, wird sich als Maler vorstellen und in der Regel nichts vom Geigen sagen. Es geht also nicht in erster Linie um unsere Fähigkeiten, sondern um die qualifizierende Ausbildung, die beim Abschluss schwarz auf weiß bescheinigt wird.

Deshalb wird auch der höchst anspruchsvolle, vielseitige Beruf der Hausfrau in unserer Gesellschaft nicht entsprechend seiner Wichtigkeit wahrgenommen und wertgeschätzt. Sagt eine Frau aber: „Ich bin staatlich geprüfte Hauswirtschaftsmeisterin", dann hat sie im Vergleich zur Hausfrau gute Karten, obwohl ihr Arbeitsbereich wahrscheinlich wesentlich begrenzter ist als der einer Mutter mit mehreren Kindern. Es sollte ein gesamtgesellschaftliches und politisches Ziel sein, den Beruf „Mutter" gleichberechtigt neben andere Berufe zu stellen, zumal er für die Zukunft unseres Landes entscheidender ist als mancher andere.

Wie stark die Identität eines Menschen von seinem Beruf abhängig ist, erkennen wir auch daran, dass Arbeitslosigkeit viele Menschen in eine persönliche Krise stürzt. Noch immer ist die Meinung weit verbreitet, dass Arbeitslosigkeit mit persönlichem Versagen zu tun hat. Entsprechend minderwertig fühlen sich dann Menschen, denen gekündigt wird.

Wir müssen uns bewusst machen, dass es immer häufiger zu solchen „Brüchen" im Lebenslauf von Berufstätigen kommen wird. Was früher häufig vorkam, nämlich, dass Mitarbeiter in ihrem Ausbildungsbetrieb auch pensioniert wurden, ist heute die absolute Ausnahme. Immer mehr Menschen werden zu ihrer ersten Ausbildung weitere Qualifikationen erwerben, sich weiterbilden, umschulen und nicht nur die Arbeitsstelle, sondern auch die Branche und den Ort häufiger wechseln. Wenn wir solche Phasen der Arbeitslosigkeit nicht als Blamage, sondern als Zeit zur Besinnung und zur Neuorientierung begreifen und es gelingt, Langzeitarbeitslosigkeit zu vermeiden, kann in diesen Prozessen eine große Chance liegen.

Es gibt inzwischen genügend Studien, die zeigen, wie wichtig die ersten Lebensjahre eines Menschen für seine spätere Entwicklung sind. Wenn wir diese Studien ernst nähmen und diese zukunftsorientierten Leistungen entsprechend honorieren wollten, müssten Mütter das höchste Gehalt beziehen, gefolgt von Erzieherinnen und Grundschullehrerinnen, den Lehrkräften an weiterführenden Schulen etc.

Unsere gesellschaftliche Praxis ist davon weit entfernt!

SPANNUNGSFELD FAMILIE UND BERUF

Vor diesem Hintergrund ist es nur allzu verständlich, dass eine Frau, die eine Ausbildung hat, gerne auch ihren Beruf ausüben möchte

– oder in schwierigeren Zeiten zum Unterhalt der Familie beitragen muss. Nun kommt sie in ein Spannungsfeld: Am Arbeitsplatz wird sie mit den Anforderungen einer modernen Gesellschaft konfrontiert und muss als Frau vielleicht noch mehr leisten als ein Mann in derselben Position, wenn sie „mithalten" will. Im Bereich der Familie sind wir dagegen noch immer stark geprägt von der Vorstellung unserer Großmütter, dass – überspitzt ausgedrückt – eine gute Hausfrau und Mutter nur sein kann, wer seine Marmelade selber kocht. Es mag ja sein, dass selbst gekochte Marmelade besser schmeckt als gekaufte, und auch ich freue mich jedes Mal, wenn ich eine geschenkt bekomme, aber wir sollten nicht die Notwendigkeiten früherer Zeiten zum Maßstab unseres heutigen Alltags machen. Dankbar für die Vielfalt an Marmeladen kaufe ich ein!

Ebenso ist es mit selbst gebackenem Kuchen, mit gebügelter Unterwäsche und Salat aus dem eigenen Garten. Wer gerne backt, wer gerne bügelt, wer mit Begeisterung gärtnert, soll das unbedingt tun, aber jede Frau, deren Stärken woanders liegen, darf ohne schlechtes Gewissen zu tiefgefrorenen Kuchen greifen oder die Unterwäsche, T-Shirts, Handtücher und vieles mehr ungebügelt lassen! Es geht um Ihr Wohlbefinden und darum, Ihre Zeit so zu nutzen, dass sie Ihrem Leben Qualität bringt. Weniger bedeutet mehr!

Erfahrungsgemäß machen wir alles, was wir richtig gerne tun, auch besonders gut. Deshalb ist es wichtig, die eigenen Stärken zu kennen und sich zu fragen, ob sie in unserem Alltag auch wirklich genutzt werden. Ich habe viele Frauen erlebt, die durch die Kinderpause Fähigkeiten in sich entdeckten, die sie in ihrem vorherigen Beruf nie nutzen mussten und die sich dann beruflich ganz neu orientierten. Eine Zusatzqualifikation kann Ihnen dabei helfen, wirklich in den Beruf hineinzukommen, den Sie sich wünschen.

Tipps zum Wiedereinstieg finden Sie auch unter „Das wollte ich schon immer tun" auf S. 132.

In einem meiner Seminare war eine Krankenschwester, die nun nach der „Familienpause" (was ist daran eigentlich eine Pause?) wieder berufstätig werden wollte. Als wir uns damit beschäftigten, ihren Traumjob zu finden, zeigte sich, dass sie im Grunde immer schon gerne geschrieben hat und am liebsten als Journalistin arbeiten würde. Wir haben verschiedene Möglichkeiten durchgespielt, wie sie ihr Ziel erreichen könnte. Neulich, als ich einen Artikel zu unserer Zeitung brachte, sprach sie mich freudestrahlend an: „Kennen Sie mich noch? Ich mache jetzt hier ein Praktikum!" Sie hat sich tatsächlich auf den Weg gemacht, nimmt gewisse Unsicherheiten in Kauf, ist aber glücklich, endlich schreiben zu können und das zu tun, was sie im Grunde schon immer tun wollte!

✎ GANZ KONKRET

Das mache ich richtig gerne

Das gefällt mir an meinem Beruf (denken Sie daran: Hausfrau zählt auch dazu!)

Das kann ich richtig gut

Das mache ich weniger gerne

Das ist mir wirklich eine Qual

Hier brauche ich dringend Hilfe

Das werde ich konkret tun

bis (Datum)

Wer bedauert auf dem Sterbebett,
dass er nicht mehr Zeit im Büro verbracht hat?
Steven R. Covey

Es kann helfen, wenn Sie an dieser Stelle zur Seite 38 blättern und sich noch einmal bewusst machen, was für Sie persönlich die wirklich wichtigen Dinge sind. Die Dinge, die Ihrem Lebensziel dienen und die Sie unter **C** einordnen würden. **C** ist der Bereich, in dem Sie manches delegieren können, wo Sie sich entlasten können, indem Sie andere einbeziehen oder um Hilfe bitten. Wenn Sie den Eindruck haben, dass vor lauter Arbeit die anderen Bereiche viel zu kurz kommen, dann kann es helfen:

- die tägliche Arbeitszeit zu verkürzen. Sprechen Sie mit Ihrem Arbeitgeber oder setzen Sie sich selbst bewusst Grenzen bei der Hausarbeit. Hören Sie auf, wenn die Zeit gekommen ist, fertig werden Sie sowieso nicht!

- die wöchentliche Arbeitszeit zu verkürzen. Geizen Sie bei Besprechungen und bei Telefonaten mit Ihrer Zeit. Entlarven Sie Ihre Zeitdiebe und huldigen Sie Ihnen nicht länger. Installieren Sie ein übersichtliches Ablagesystem und trennen Sie sich von der „Aufschieberitis" (S. 53). Dann schaffen Sie Ihre Arbeit gelassen und konzentriert in kürzerer Zeit. Nehmen Sie sich nicht zu viel vor, und denken Sie an den Satz von Steven Covey.

- Lassen Sie intensive Arbeitszeiten mit Zeiten der Entspannung abwechseln. Die Welt geht nicht unter, wenn Sie sich einmal ausklinken!

- Lassen Sie sich nicht hetzen! Es ist ein immer auffälligeres Phänomen unserer Zeit, dass trotz aller modernen Maschinen und Kommunikationserleichterungen alle immer weniger Zeit haben. Alles soll sofort passieren! Es gibt bereits das Krankheitsbild der „Hetzkrankheit". Wenn es Sie betrifft oder interessiert, suchen Sie unter www.google.de mal nach dem Stichwort „Hurry Sickness".

Eine Untersuchung in Amerika hat ergeben, dass die Kinder von berufstätigen Müttern keineswegs „schwieriger, vernachlässigt und vermehrt aggressiv sind oder schlechtere Leistungen in der Schule erbringen", wie das oft so pauschal in den Raum gestellt wird. Im Gegenteil: Sie sind selbstständiger, verantwortungsbereiter und selbstbewusster, bringen ebenso gute Schulleistungen und finden sich in neuen oder schwierigen Situationen besser zurecht.

GENUG IST GENUG!

Es wird höchste Zeit, dass wir uns von der Vorstellung lösen, wir seien „Rabenmütter", nur weil wir die Kinder aufgrund unserer Berufstätigkeit altersentsprechend fordern und in die Hausarbeit mit einbeziehen – und sie dadurch auch fördern! Aber wir müssen auch umdenken und die Tätigkeit von Hausfrauen als vollgültigen, wichtigen Beruf wertschätzen. Die Konsequenz wäre dann nämlich, dass Hausfrauen, ebenso wie berufstätige Männer, einen Feierabend haben und auch Hausarbeit mit gutem Gewissen beendet wird, um Zeit für die Familie und sich selbst zu haben.

Wie ich meine Frau kennen lernte?
Indem ich sie heiratete.
Kurt Goetz

FAMILIE, KONTAKTE, FREUNDE, BEZIEHUNGEN

Dieser Bereich berührt unser Leben viel stärker, als die meisten Menschen denken. Während im Lebensbereich Beruf die Gefahr eher in einer Überbetonung liegt, die unser Lebensmobile zum Kippen bringt, ist es hier die Vernachlässigung der Beziehungen, die Schaden anrichtet. Immer mehr Menschen in den „modernen" Gesellschaften leben allein, die Zahl der Kinder in den Familien ist rückläufig, und eine Scheidung wird heute schneller vollzogen als noch vor einigen Jahren. Mit dem nett klingenden Wort „Patchworkfamilie" werden persönliche Nöte und Ängste wie mit einer Patchworkdecke verdeckt, die Schäden aus zerstörten Beziehungen zeigen sich meist erst später. Obwohl wir über vielfältigere und schnellere Kommunikationsmittel verfügen als jede Generation vor uns, klagen immer mehr Menschen über Einsamkeit, die Abhängigkeit von Medikamenten nimmt zu und die Flucht in die Sucht ist fast schon ein akzeptierter Weg geworden.

Nachdem Gott für tot erklärt wurde – erst kürzlich wurde Dorothee Sölle dafür in Nachrufen als die meistgelesene deutsche Theologin „geehrt" –, hat sich vieles in unserer Gesellschaft geändert. Klar, wer will schon zu einem toten Gott Beziehungen pflegen!

Wenn man gültige Regeln und Werte abschafft, stellt sich die Frage, wodurch sie ersetzt werden. Oder brauchen wir modernen Menschen keine Regeln mehr? Die Erfahrung zeigt, dass menschliche Gemeinschaft nur funktioniert, wenn es zumindest in den wichtigsten Fragen Übereinstimmung gibt. Wo jeder tun und lassen kann, was er will und niemand Rücksicht nimmt, ist das Zusammenleben schwierig. Der Mensch ist angelegt auf ein Gegenüber, er lebt von Beziehungen. Wer keine Kontakte und tragfähigen Beziehungen zu anderen hat, wird eigenbrötlerisch oder selbstherrlich. Deshalb muss dieser Lebensbereich als wichtiger Faktor für ein erfülltes, ausbalanciertes Leben genügend Beachtung finden.

Auch hier kann es sinnvoll sein, zu Seite 16 zurückzublättern und sich die eigenen Werte nochmals bewusst zu machen.

BEZIEHUNGEN MUSS MAN PFLEGEN

Was im Berufsleben selbstverständlich ist, wird im Privatleben oft vergessen: dass gute Kontakte, freundschaftliche und familiäre Beziehungen nicht von alleine kommen. Man muss sie wollen, pflegen und einiges an Zeit, Fantasie, Liebe und Kreativität investieren. In guten Beziehungen sind beide Seiten Nehmende und Gebende, je nach Anlass und Situation. Wer nicht selbst auf andere zugeht, kann nicht erwarten, dass über längere Zeit stabile, gute Kontakte bestehen bleiben. Es gilt in diesem Bereich in besonderer Weise das Gesetz von Saat und Ernte, gerade auch, weil vieles zunächst nicht sichtbar oder „messbar" ist.

WENN VIELE IN DIE FALSCHE RICHTUNG LAUFEN, KOMMEN SIE TROTZDEM NICHT ANS ZIEL

Gerade deswegen bieten möglicherweise Ehe, Familie, Werte und klare christliche Überzeugung immer wieder Angriffsflächen für die moderne Gesellschaft. Wo Individualität ohne Grenzen, persönliche Vorteile auf Kosten anderer und der Weg des geringsten Widerstandes zu lohnenswerten Zielen erhoben werden, bekommen Ehrlichkeit, Integrität, Verantwortungsbereitschaft und Hilfsbereitschaft leicht den Anschein der Dummheit.

GLAUBEN SIE NICHT ALLES!

So werden dann immer wieder mit hohem Anspruch an Sachlichkeit Sätze geäußert, die ich Zeitgeist-Lügen nenne. Sie werden durch Wiederholung nicht richtiger und durch die angebliche Kompetenz von „Experten" nicht wahrer. Ich möchte hier nur einige nennen. Sie werden sicher selbst weitere erkennen, wenn Sie einmal darauf achten:

Kinder sind ein Armutsrisiko.

Richtig ist: Kinder sind ein Geschenk Gottes (z.B. Psalm 127,3) und bereichern unser Leben enorm, auch wenn sie – wie übrigens alle Lebewesen – Liebe, Verzicht und Ausdauer erfordern.

In diesem Zusammenhang müssen auch viele gesellschaftliche Aussagen bezüglich der Problemlösung einer Schwangerschaft durch Abtreibung genannt werden. Pro Woche sind es in Deutschland mindestens 3000 Kinder, die meisten von ihnen sicher gesunde, begabte und lebensfrohe Kinder, deren Fehlen wir in unserem Land längst schmerzlich zu spüren bekommen. Damit können wir uns nicht einfach abfinden, und es erscheint mir ziemlich fragwürdig, wenn man für die Kinder im Irak auf die Straße geht, aber hier in Deutschland für Abtreibung plädiert. Leider werden bisher die langfristigen psychischen Folgen einer Abtreibung kaum thematisiert.

Wenn man sich nicht mehr versteht, ist es besser, sich zu trennen.

Richtig ist: Die Kinder leiden in jedem Fall unter einer Trennung! Die Journalistin Christine Brinck schrieb dazu bereits 1994 (SZ-Magazin Nr. 23 vom 10. 6. 1994) in einem herausfordernden Artikel, dass eine Scheidung auch für größere Kinder eine enorme Belastung sei und von den meisten traumatisch erlebt werde. Die Familien- und Jugendsoziologin Anneke Napp-Peters hat das in einer repräsentativen Langzeitstudie mit 150 Scheidungsfamilien belegt. Die meisten der 269 untersuchten Kinder litten unter Trennungsängsten, Depressionen und Schuldgefühlen. „Jedes 5. Kind reagierte auf die Trennung mit Sprachstörungen, Hautausschlag oder Magen-Darm-Störungen."

Die landläufige Meinung, es sei besser, den Kindern den Streit der Eltern durch eine Scheidung zu ersparen, wurde auch in der im Sommer 2000 in München vorgestellten Studie „Übergang zur Elternschaft" nicht bestätigt. Kinder begreifen, dass man unterschiedlicher Meinung sein kann und lieben beide Eltern.

Alle diese Studien zeigen, wie wichtig es ist, mit Konflikten richtig umzugehen und sich gegenseitig Fehler nachzusehen und zu vergeben. Oft kann es gut sein, professionelle Hilfe in Anspruch zu nehmen. Bei allem muss berücksichtigt werden, dass Frauen nicht Eigentum des Mannes sind und alles widerspruchslos ertragen müssen. Es kann Gründe geben, die eine Trennung rechtfertigen.

Der Ehrliche ist der Dumme.

Ja, man hat schon oft den Eindruck, dass das wirklich stimmt. Wer schummelt und betrügt, hat häufig scheinbare Vorteile, angefangen vom Spickzettel in der Schule bis hin zu Schwarzarbeit und Steuerhinterziehung. Das ist jedoch nur die eine Seite der Medaille. Drehen wir sie um, sehen wir die Angst davor, entdeckt zu werden, und bei größeren Betrügereien reichen die Folgen bis zu Schlaflosigkeit, Tablettenmissbrauch und vielem mehr. In den meisten Fällen sind Macht, Reichtum oder Ansehen die Motivation zur Unehrlichkeit. Die Menschen verlieren ihren inneren Frieden, und die Beziehungen zu anderen zerbrechen. Gibt es Mitwisser, werden Menschen erpressbar und abhängig. Letztlich gilt noch immer: Lügen haben kurze Beine.

Es gibt noch viele weitere Lügen, die uns z.B. weismachen wollen, andere seien schuld an unseren Lebensumständen, Gott kümmere sich nicht um unseren täglichen Kleinkram oder alles müsse sofort möglich sein und alles sei machbar. Wahrscheinlich können Sie diese Liste selbst noch ergänzen. Glauben wir nicht alles, was uns von den Medien aufgetischt wird, sondern gestalten wir bewusst und aktiv unser persönliches Leben in der Beziehung zu unserer Familie, zu Freunden, Kollegen und Kolleginnen. Wenn Sie den Eindruck haben, in diesem Lebensbereich etwas verbessern zu wollen, finden Sie heraus, wo Ihre Möglichkeiten liegen.

✎ GANZ KONKRET

Ich erlebe Freude und tanke auf im Kontakt mit

Warum?

Ich empfinde Anspannung im Kontakt mit

Warum?

Ich will den Kontakt erneuern zu

Ich will mehr Zeit investieren in die Beziehung zu

Mir scheint, ich sollte den Kontakt beenden zu

Weitere Maßnahmen zur Verbesserung meiner Lebensbalance

Es ist möglich, dass Sie sich über die vorletzte Zeile gewundert haben. Aber wenn wir unsere Lebenszeit aktiv gestalten wollen, wenn wir unsere Werte geklärt und klare Ziele formuliert haben, ist es wichtig, auch die „richtigen" Freunde und Bekannten zu haben. Das sind Menschen, mit denen wir offen reden können, wo die Beziehung von gegenseitiger Wertschätzung geprägt ist und uns stärkt. Leute aber, in deren Gegenwart wir unter Druck kommen oder uns nicht wohl fühlen, können unser Leben stark beeinträchtigen. Manchmal kennen wir den Grund, manchmal ist es aber auch nur ein ungutes Gefühl, das wir nicht erklären können, zum Beispiel, weil sie unsere persönlichen Grenzen überschreiten. Niemand verpflichtet uns zu Kontakten, die uns unangenehm sind. Wenn keine Klärung möglich ist, lassen Sie die Beziehung einschlafen oder ziehen Sie bewusst einen Schlussstrich.

Ein Mädchen, das nicht tanzen kann,
behauptet, die Kapelle könne nicht spielen.
Jüdisches Sprichwort

KÖRPER, GESUNDHEIT, FITNESS

GESUND UND TROTZDEM SCHMACKHAFT?

Ja, das ist möglich!

Wir verfügen über eine Auswahl an Nahrungsmitteln wie nur wenige Menschen in der Welt. Da ist es nicht schwer, schmackhaft und gesund zu kochen, auf viel Obst und frisches Gemüse zu achten und fetthaltige Speisen zu reduzieren. Durch die Globalisierung kommen noch viele Spezialitäten aus anderen Ländern hinzu, die es uns erleichtern, einen abwechslungsreichen Speisezettel zu gestalten. Wer gerne Zeit sparen will, kann gleich für mehrere Mahlzeiten kochen und einen Teil einfrieren. Auch hier lässt sich manches vereinfachen, sowohl beim Einkaufen als auch beim Kochen. Mehr dazu finden Sie im Kapitel Einkaufen und Kochen, S. 187.

GESUNDHEIT BEGINNT IN DER KINDHEIT

Umso erstaunlicher sind die alarmierenden Meldungen der Ärzte: Noch nie gab es so viele übergewichtige Kinder in Deutschland, verursacht nicht nur durch Bewegungsmangel, sondern auch durch falsche Ernährung. Da werden mehr Sportstunden gefordert, aber zu Hause sitzen die Kinder stundenlang mit Chipstüten vor dem Fernseher! Es fehlt ihnen damit nicht nur die gesunde Ernährung, sondern auch die

Kommunikation bei gemeinsamen Mahlzeiten und die Freude an einem schön gedeckten Tisch.

Auch für uns Erwachsene sollte Essen mehr sein als Nahrungsaufnahme. Eine Tischgemeinschaft bietet Zeit für Gespräche, für den Austausch über die Erlebnisse des Tages, für Ruhe und Entspannung. Es ist kein Zufall, dass in fast allen Kulturen die Einladung zum Essen eine besondere Ehre und ein Zeichen von Freundschaft ist. Ein bisschen ist diese Idee noch zu erkennen, wenn sich Geschäftspartner zu einem „Arbeitsessen" einladen. Aber im Grunde ist das auch schon ein Zugeständnis an den ständigen Zeitdruck, wenn wir meinen, auch beim Essen noch arbeiten zu müssen.

In einer Zeit, die von zunehmendem Druck, von Hetze und Zeitnot geprägt ist, gewinnen gemeinsame, gesunde Mahlzeiten besondere Bedeutung. Wenn die Zusammenhänge zwischen seelischem und körperlichem Wohlbefinden immer deutlicher werden, ist es kein Luxus, sondern Klugheit, in angemessenem Umfang unsere Gesundheit zu erhalten und zu fördern. Dazu gehört es auch, übermäßigen Konsum von Kaffee, Tee, Schokolade, Chips und anderen Genussmitteln zu reduzieren und sich von Nikotin, Tabletten, Drogen und anderen Suchtmitteln am besten ganz zu verabschieden.

Ein besonderes Problem ist die Arbeitssucht. Sie ist ein großes Hindernis auf dem Weg zur Lebensbalance. „Workaholics", wie man solche Menschen nennt, verlieren meistens den Blick für ihre Mitmenschen, ihre Umwelt und sehen immer nur das nächste Ziel in ihrer Arbeit. Die Arbeit ist für sie einerseits beflügelnd, andererseits sind sie darin gefangen und können sich oft nicht mehr selbst befreien. Professionelle Hilfe kann nötig sein, ehe die Familie zerbricht und die Gesundheit ruiniert ist.

VERBINDEN SIE DAS ANGENEHME MIT DEM NÜTZLICHEN

Eine Radtour mit den Kindern oder der ganzen Familie, ein Besuch im Schwimmbad, eine Wanderung oder ganz einfach ein Ballspiel verbinden Gesundheit und Geselligkeit auf ideale Weise. Erinnern Sie sich noch an „Räuber und Gendarm" oder an Ihre letzte Schnitzeljagd? „Wo ist denn jetzt das Schnitzel?", fragte einmal einer unserer jungen amerikanischen Feriengäste und stellte dann enttäuscht fest, dass es sich um Papierschnitzel handelte. Fitness fast umsonst bietet uns der Alltag (siehe S. 83).

FOREVER YOUNG?

Es ist ein Zeichen unserer Zeit, dass die Lebenserwartung steigt und immer mehr Menschen auch im Alter noch unternehmungslustig und weitgehend gesund sind. Verschiedenste Pillen verheißen zusätzlich ewige Jugend, aber trotzdem haben Arbeitnehmer über 40 schon Bedenken, die Stelle noch zu wechseln, und viele Unternehmen entlassen bewährte Mitarbeiter aus Altersgründen (um dann für teures Geld Unternehmensberater zu engagieren).

Und doch unterliegen wir bei allen gelungenen Veränderungen weiterhin unserem biologischen Rhythmus, sind geprägt durch unsere Persönlichkeit und unsere Veranlagung und stoßen auch an Grenzen, die wir am liebsten ignorieren würden. Wenn wir spüren, dass uns etwas mehr anstrengt als noch vor ein paar Jahren, kann ein bewusstes Training manche Entwicklungen verzögern, aber es ist auch entspannend, normale Alterungsprozesse gelassen zu akzeptieren, anstatt sie zu verdrängen.

Zu diesem Lebensbereich gehören neben gesunder Ernährung und Bewegung/Sport auch genügend Schlaf, der Urlaub, die Sexualität und der Wechsel von Anstrengung und Entspannung. Gönnen Sie sich nach einem anstrengenden Tag ganz bewusst Ruhe. Lassen Sie den Fernseher einmal aus und machen Sie stattdessen einen Abendspaziergang. Genießen Sie die Erholung bei schöner Musik. Stürzen Sie sich nicht aus einem vollen Arbeitstag in ein ebenso hektisches Abendprogramm, sondern erinnern Sie sich dankbar an die besten Momente des Tages.

EIN TAG ZUM TRÄUMEN

Kennen Sie die schöne Sitte eines „Dreamdays", eines Tages, der Ihnen ganz allein gehört? Ein Tag, an dem Sie Zeit finden zum Träumen, Ihre Ziele überdenken, Ihre Vision entwickeln und Ihr weiteres Vorgehen klären. Ein Tag, an dem Sie sich verwöhnen oder verwöhnen lassen, wirklich nicht zu erreichen sind und ganz viel Zeit haben. Ich bekomme ab und zu einen solchen Tag von meinen Kindern oder meinem Mann geschenkt und gehe dazu in ein wunderschönes Hotel mit Schwimmbad in unserer Nähe. Angefangen von der Massage am Morgen bis zu dem freiwilligen Entschluss, den Tag zu beenden, teile ich ihn ein, wie ich es möchte. Niemand will etwas von mir, niemand gibt mir plötzliche Aufträge – ich kann einfach nur genießen! Mit neuem Schwung – und vielen Ideen! – komme ich nach Hause, bin neu motiviert und bereit für alle Aufgaben.

Im Sinne proaktiver Lebensgestaltung (S. 38 Bereich **B** im Eisenhower-Diagramm) sollte es selbstverständlich werden, regelmäßige Vorsorgeuntersuchungen machen zu lassen. Etwa zwischen dem 35. und 40. Lebensjahr sollten Sie sich einmal jährlich einem Gesundheits-Check unterziehen und die Krebsvorsorge wahrnehmen. Mit rechtzeitig geplanten Terminen ersparen Sie sich lange Wartezeiten bei den Ärzten. Ich habe trotzdem immer etwas zum Lesen dabei, falls es doch einmal länger dauert.

Weitere konkrete Tipps, wie Sie bei der Hausarbeit gesundheitsgerecht arbeiten, und die Zusammenhänge zwischen Körperhaltung und Wohlbefinden, finden Sie z.B. im Kapitel Haushalt: Putzen und Aufräumen, S. 223.

✎ GANZ KONKRET

Hier achte ich bereits auf gesunde Lebensweise:

____

____

Das schadet meiner Gesundheit:

____

____

Das möchte ich ändern:

____

ab ______________ bis ______________

Ich bekomme immer/meistens/nie genügend Schlaf (Zutreffendes unterstreichen)

Davon bin ich abhängig:

____

Diese Gewohnheit will ich ablegen ______________________
bis ______________________________

Das will ich noch für meine Gesundheit tun

____

____

Warte nie, bis du Zeit hast.
Deutsches Sprichwort

SINN, KULTUR, WELTANSCHAUUNG

Es wurde bereits mehrfach gezeigt, wie eng die einzelnen Lebensbereiche miteinander verbunden sind. Seelische Bedrückung kann sich in körperlichen Beschwerden äußern. Ein Friseurbesuch, nach dem wir uns gut fühlen, kann uns neue Motivation für unsere Arbeit geben.

Deshalb ist es kein Wunder, dass Menschen, die den Sinn ihres Lebens kennen, meistens auch zielorientierter sind, ausdauernder und engagierter. Wer sich nicht selbst zum Maß aller Dinge macht, sondern weiß, dass sein Leben in der Hand Gottes ist, kann gelassener auf Veränderung reagieren, aus diesem Wissen Kraft für den Alltag gewinnen und mit Krisen besser fertig werden.

Keineswegs herrscht heute noch eine weitgehend einheitliche Meinung darüber, was denn der Sinn unseres Lebens sei. Während früher in Deutschland und im Grunde in ganz Europa der christliche Glaube die Basis für die Gestaltung des gesellschaftlichen und privaten Lebens war, stehen nun andere Religionen daneben. Fernöstliche Riten, heidnische Zeremonien, okkulte Praktiken bis hin zum Satanismus sollen das entstandene Vakuum füllen. Jeder muss jetzt selbst den Sinn seines Lebens bestimmen, und viele Menschen suchen verzweifelt nach Orientierung.

Sinn bedeutet, dass Ihr Leben ein Ziel hat, dem Sie Ihre Aktivitäten unterordnen. Sinn hat mit Werten zu tun und ist deshalb oft ein „heißes Eisen" in unserer Gesellschaft. Wo finden Sie Orientierung und Sinn? Wonach können Sie Ihr Verhalten ausrichten? Was gibt Ihnen Halt?

GEGEN STRESS HILFT SINN

Der Psychotherapeut Dr. Ulrich Giesekus weist darauf hin (idea-Spektrum Nr. 27/2002, S. 22), dass laut „ärztezeitung-online" für die Entstehung stressbedingter Störungen die beruflichen Rahmenbedingungen viel entscheidender sind als die eigentliche Arbeitslast. Das überraschende Ergebnis ist, dass nicht die Berufe mit den längsten Arbeitszeiten am ehesten zu Stress führen, sondern die Art der Arbeit entscheidet. Wem seine Arbeit minderwertig erscheint, wer immer für andere springen soll und dafür meist wenig Dank bekommt, ist nach diesen Untersuchungen anfälliger für wirkliche Stresssymptome, z.B. Pförtner, Reinigungskräfte, Köche, Altenpfleger. Wer dagegen weiß, warum er arbeitet, was der Sinn seines Lebens ist und bewusst sein Leben entsprechend gestaltet, ist – auch wenn er viel leisten muss – weniger gefährdet durch negativen Stress.

Als ob wir die Zeit töten könnten,
ohne die Ewigkeit zu verletzen.
Henry David Thoreau

Wenn Sie wissen, wozu Sie leben, wenn Sie klare Ziele haben und Ihr Leben bewusst auf diese Ziele ausrichten, wird sich das wie ein roter Faden durch Ihre Entscheidungen, Ihre Zeiteinteilung und Ihren Alltag ziehen. Sie werden aktiv Menschen und Gelegenheiten suchen, die Ihnen bei der Verwirklichung Ihrer Ziele helfen und Sie weiterbringen und werden keine Zeit haben für alles, was Sie von Ihren Zielen abhält. Sie selbst entscheiden, wie Sie Ihre Lebenszeit verbringen. Die Zeit vergeht, Sie können sie nicht anhalten, aber Sie können sie aktiv gestalten!

AKTIV ABSCHALTEN

- Gönnen Sie sich ab und zu Stille, ruhige Minuten oder Stunden, zur Entspannung und Besinnung.
- Nutzen Sie die Möglichkeiten, Menschen in Aktion zu erleben, z.B. in einem Konzert, im Theater, bei einem Fußball- oder Tennisspiel. Selbst regionale Wettkämpfe, wie bei uns im Bayerischen Wald die Prämierung der stärksten Zugpferde, können spannende Erlebnisse sein, die unsere Motivation anregen. Es ist schon ein Unterschied, ob ich im Fernsehen einem Geiger „auf die Finger schaue" oder ihn tatsächlich im Konzertsaal erlebe, ob ich im Radio eine Literatursendung höre oder dem Autor bei einer Lesung selbst gegenübersitze.

- Entscheiden Sie sich ab und zu gegen das Fernsehen, und nutzen Sie die Zeit für Gespräche, zum Musikhören, für ein gutes Buch oder ein gemütliches Essen mit der Familie und mit Freunden.
- Schalten Sie manchmal Ihr Handy ab. Sie müssen nicht immer erreichbar sein, und der Anrufbeantworter ist ja auch noch da.
- Suchen Sie die Nähe von Menschen, die ein Vorbild für Sie sind.
- Orientieren Sie sich, wie viele erfolgreiche Menschen vor Ihnen, an der Bibel, dem Lebens- und Zeitmanagementbuch Gottes.
- Helfen Sie anderen, ihr volles Potenzial zu erreichen, ihre Begabungen zu entwickeln und ihre Berufung zu finden.
- Engagieren Sie sich über Ihre persönlichen Belange hinaus für die Familie, den Freundeskreis, Ihre Mitarbeiter/innen und Kollegen, Ihre Stadt und die Gesellschaft. Sie werden erleben, dass Sie nicht nur die Gebende sind, sondern manche schlummernde Begabung erwacht und Sie selbst dadurch beschenkt werden.

Der kulturelle und sinngebende Bereich ist deshalb ein so wichtiges Mobileteil, weil bei einer Vernachlässigung schnell die Leistungsfäigkeit und persönliche Motivation nachlassen. Wie anfangs bereits gesagt, geht es nicht darum, die vier Teile des Mobiles völlig gleich zu gestalten, d.h. die 100 % in vier gleiche Teile zu je 25 % aufzuteilen. Balance bedeutet, dass jedes Teil so bedacht wird, dass unser Leben ausbalanciert ist, das Mobile sich leicht und frei bewegen kann. Ein Theaterbesuch von wenigen Stunden kann uns für eine ganze Arbeitswoche Schwung geben. Das gute Ergebnis eines Gesundheits-Checks gibt uns besondere Energie, ein fröhlicher Familienabend zeigt uns, dass wir unsere Lebensprioritäten richtig gesetzt haben. Die persönliche Stille Zeit im Gespräch mit Gott gibt uns Kraft für den Alltag. So können wir durch bewusste Lebensgestaltung unserem Leben zwar nicht mehr Zeit, aber doch mehr Sinn und Qualität geben.

DER 7. TAG – SOGAR GOTT HAT SICH AUSGERUHT!

Wir müssen nicht die Welt neu erschaffen, aber wir tun doch vieles, was uns anstrengt und ermüdet. Unsere vollen Terminkalender können uns eine Zeit lang die Illusion geben, wie wichtig alles ist, aber irgendwann stellt sich jede Frau die Frage nach dem Sinn Ihrer Tätigkeit und Ihres Lebens. Wenn Sie im Lauf der Lektüre schon gelernt haben, nicht mehr alle Termine bereitwillig einzutragen, sondern sie gemäß Ihren Lebenszielen zu überprüfen, dann sollten Sie bei Sonntagsterminen besonders skeptisch sein.

Gott ruhte am siebten Tag. Nicht weil er gestresst war, sondern weil er sein Werk anschaute und sich darüber freute. Die Sabbatruhe in Israel ist eine sehr familienfreundliche Einrichtung. Die Familien treffen sich im Freien zum gemeinsamen Essen – die Hausfrau hat vorgekocht und diesen Tag auch frei – man macht Spaziergänge mit den Kindern, anstatt im Stau zu stehen. Es ist ein Tag der Gemeinschaft und der Dankbarkeit für die zurückliegende Woche. Wenn Sie sich einmal Zeit nehmen, in einem Wochenrückblick zu sehen, was Sie alles geschafft haben, werden Sie wahrscheinlich staunen. Wir sehen so oft nur, was wir nicht so hingekriegt haben, wie wir es uns wünschten und vergessen darüber die vielen Dinge, die uns gelungen sind oder die sich scheinbar von alleine erledigt haben. Nehmen Sie dem Wochenende die Hektik, indem Sie den Sonntag wirklich zur Erholung nutzen. Ein guter Auftakt ist der Besuch eines Gottesdienstes, der Ihnen Gelegenheit gibt, dem zu danken, der Sie mit all Ihren Begabungen geschaffen hat. Gott dürfen Sie auch alle Probleme nennen. Er freut sich sogar, wenn Sie ihm Ihre Angst vor der kommenden Woche bringen. Er möchte ja jede von uns begleiten. Bei ihm können wir uns die nötige Energie für alle Aufgaben kostenlos abholen. Wir können ein echtes „Schnäppchen" machen, sogar mit Garantie über unseren Tod hinaus!

Deshalb: Nutzen Sie den Sonntag, um Ihr Mobile auszubalancieren. Und falls Sie sonntags arbeiten müssen, kann es auch ein anderer Tag sein, an dem Sie sich Ruhe gönnen und Ihr Terminkalender möglichst frei bleibt.

✎ GANZ KONKRET

Der Sinn meines Lebens ist

Das tue ich dafür regelmäßig

Das vermeide ich nach Möglichkeit

Das nehme ich mir konkret vor

bis

Dazu ergreife ich folgende Maßnahmen

bis

Wer kann mich auf diesem Weg unterstützen?

Ihr Mobile bleibt in Balance, wenn Sie bewusst die Aktivitäten für die einzelnen Lebensbereiche planen. Was können Sie in der nächsten Woche dafür tun? Kommt in Ihrer Planung jeder Bereich innerhalb einer Woche mindestens ein Mal vor? Planen Sie diese Aktivitäten als festen Termin und tragen Sie alles in Ihren Terminkalender ein, sonst könnten Sie der Aufschieberitis zum Opfer fallen. Denken Sie daran: Proaktive Lebensgestaltung im **B)**Bereich bewahrt Sie vor zu vielen drängenden Anforderungen im **A)**Bereich (s. Eisenhower-Diagramm S. 38).

✎ GANZ KONKRET

Das will ich in den nächsten Wochen tun:

1. Für Leistung, Beruf, Karriere

2. Für Familie, Kontakte, Freunde

3. Für Körper, Gesundheit, Fitness

4. Für Sinn, Kultur, Weltanschauung

LEBENSROLLEN

Möglicherweise ist Ihnen beim Nachdenken über Ihre Aktivitäten in den einzelnen Lebensbereichen aufgefallen, dass Sie eigentlich viel zu vielen verschiedenen Aufgaben gerecht werden sollen. Jede von uns hat ja mehrere Verantwortungsbereiche. Man bezeichnet sie auch als Lebensrollen oder Lebenshüte. Dabei hat es sich gezeigt, dass wir über längere Zeit etwa sieben solche Rollen gut bewältigen können, wenn es deutlich mehr sind, ist Zeitdruck vorprogrammiert. Unsere Lebensrollen lassen sich ebenfalls in die vier Mobile-Bereiche einordnen. Bei der Wochenplanung hilft es uns, wenn wir uns unserer Rollen bewusst sind und darauf achten, dass jede „zu ihrem Recht" kommt. Die Balance entsteht auch hier nicht durch eine völlig gleiche Zeitaufteilung, sondern dadurch, dass jede Rolle angemessen bedacht wird. Vordrucke, die Ihnen helfen, eine ausbalancierte Woche zu planen, finden Sie bei tempus. Zunächst legen Sie Ihre Lebensrollen fest und planen dann die Aktivitäten.

✎ GANZ KONKRET

Meine Lebensrollen **Aktivitäten**

1.
2.
3.
4.
5.
6.
7.

Sollten Ihnen diese sieben Zeilen nicht reichen, schreiben Sie Ihre weiteren Lebensrollen auf:

8.
9.
10.

Wenn Sie nun Ihre Liste anschauen, besonders wenn Sie mehr als sieben Lebensrollen haben, fragen Sie sich doch einmal, ob das wirklich alles noch wichtig für Sie ist. Manchmal behalten wir Rollen aus einer zurückliegenden Zeit, obwohl wir unsere Lebensziele inzwischen neu festgelegt haben. Eine alte Vereinsmitgliedschaft, ein „Kaffeekränzchen", wo wir eigentlich nur noch hingehen, weil wir den Absprung nicht finden, ein Volkshochschulkurs, den wir nur noch mitmachen, weil er sonst möglicherweise gestrichen würde. Vielleicht geht es anderen dort auch so?

Je klarer Sie Ihre Aktivitäten nach Ihren Werten und Ihren Zielen ausrichten, desto beschwingter, erfüllter und sinnvoller wird Ihr Leben. Lassen Sie Ihr Mobile schweben!

AUF EINEN BLICK:

- Versuchen Sie das Gleichgewicht in Ihren Lebensbereichen zu finden.
- Welche konkreten Ziele haben Sie langfristig gesehen für sich selbst?
- Wenn Sie möchten, vervollkommnen Sie Ihre Fähigkeiten.
- Suchen Sie sich eine Stelle, die Ihren Neigungen und Ihrem Zeitrahmen entspricht.
- Leeren Sie Ihren Schreibtisch.
- Termine gerecht und mit Pufferzeiten zu planen, erleichtert die Arbeit.
- Achten Sie auf Ihre Gesundheit und suchen Sie sich ein Betätigungsfeld für die körperliche Bewegung.

ALLROUND-BERUF HAUSFRAU

Ist unser Beruf nicht unser Leben?

Wer hat eigentlich einstmals die Unterscheidungen zwischen Freizeit, Familie und Beruf festgelegt?

Stellen Sie sich unsere Vorfahren vor: Eine Horde von Erwachsenen und Kindern lebt in Hütten und zieht durch die Wälder. Gab es damals einen Beruf? Sicher! Jeder Mann, jede Frau und jedes Kind nahm nach besten Kräften seine Aufgabe in der Gruppe wahr, um das Überleben der Allgemeinheit – und damit auch für sich selbst – zu sichern.

Daran hat sich bis heute eigentlich nichts geändert. Es sind die gleichen Menschen auf derselben Erde. Jeder in der Familie nimmt seine Aufgaben wahr. Der Unterschied besteht in der räumlichen Trennung, in der Bezahlung des „Brötchenverdieners", in der Schonung der Kinder, in der Herabwürdigung des Putzfrauendaseins. Unser Problem ist die unterschiedliche gesellschaftliche Anerkennung für bestimmte Tätigkeiten.

Gehören Sie auch zu den „Nur-Hausfrauen"? Wir wissen alle, dass das Wort *NUR* hier eine infame Untertreibung ist. Selbst die Unfallkassen haben dies inzwischen erkannt und bezahlen je nach Fähigkeit der ausgefallenen Hausfrau unterschiedliche, aber anerkennbare Beträge für eine Ersatzkraft. Die Herren der Schöpfung haben nämlich festgestellt, dass zu Hause nichts passiert, wenn man tagsüber in die Arbeit geht. Die Hemden bügeln sich nicht von alleine und auch die Butter marschiert nicht selbstständig in den Kühlschrank.

Setzen Sie doch einmal eine Liste Ihrer Tätigkeiten auf. Was würde es kosten, wenn Ihre Familie diese Tätigkeiten „zukaufen" müsste?

Beruf:	**Stunden/Tag**	**Euro/Stunde**	**Summe in Euro**
Köchin/Bäckerin			
Bedienung			
Waschfrau/Bügelfrau			
Putzfrau/Klofrau			
Ärztin/Heilpraktikerin			
Lehrerin/Lektorin			
Fremdsprachensekretärin			
Auskunftsbüro			
Buchhalterin			
Bankangestellte			
Modeberaterin			
Schneiderin			
Friseurin			
Gärtnerin			
Mechanikerin			
Reisebüro			
Veranstaltungsbüro			
Chauffeuse			
Alleinunterhalterin			
Fotografin			
Kindermädchen			
Seelsorgerin			
Nachtportier			
Bettgenossin			
Ergänzen Sie selbst:			

Und zu all dem gönnen Sie sich noch den Luxus eines „richtigen Berufes"?

Was sind denn diese Tätigkeiten? Auch nichts anderes als Berufe.

Wir „Hausfrauen" haben einen gehobenen Managerposten mit mehreren Mitarbeitern zu bekleiden. Nach dem Sprichwort: „Man wächst an seinen Aufgaben!" schaffen wir es auch immer wieder, der Sache gerecht zu werden. In der Industrie würde man Sie auf viele Seminare und Fortbildungen schicken, um für diese Aufgabe gerüstet zu sein.

Sehen Sie alle Ihre Aufgaben als Ihren Beruf/Ihre Berufung. In diesem Sinne gelten die in diesem Kapitel vorgeschlagenen Lösungen und Wege gleichermaßen in der Familie, in der Freizeit und im „Beruf". Denn Sie leben *ein* Leben – *Ihr* Leben. Und Sie können es nur ein einziges Mal leben.

Fangen Sie heute damit an. *Nehmen Sie Ihr Leben in die Hand.* Lassen Sie nicht alles einfach passieren, so dass Sie dann atemlos den Geschehnissen hinterherhecheln müssen.

Die Lebensspanne
ist dieselbe,
ob man sie lachend
oder weinend
verbringt.
Japanische Weisheit

Entscheiden Sie sich für Ihren Weg. George Bernhard Shaw hat dazu Folgendes gesagt: „Man gibt immer den Verhältnissen die Schuld für das, was man ist. Ich glaube nicht an die Verhältnisse. Diejenigen, die in der Welt vorankommen, gehen hin und suchen sich die Verhältnisse, die sie wollen, und wenn sie sie nicht finden können, schaffen sie sie selbst."

Zugegebenermaßen eine gewagte Theorie, aber im tiefsten Inneren fühlen wir, dass er Recht hat.

DAS WOLLTE ICH SCHON IMMER TUN! – DIE RICHTIGE STELLE FINDEN

Jeder nutze die Talente, die er hat.
Die Wälder wären sehr still,
wenn nur die begabtesten Vögel sängen.
Henry van Dyke

Viele Frauen „funktionieren" prima. Sie sind selten krank, haben alles im Griff, bewältigen selbst noch überraschende zusätzliche Aufgaben – und stellen ihre eigenen Belange immer wieder zurück. Als Hausfrauen halten sie das Haus sauber, stellen pünktlich ein gutes Essen auf den Tisch, zaubern die saubere Wäsche in den Schrank – und haben als Chauffeusen einen zeitintensiven Zweitberuf. Oder ist es der Dritt- oder Viertberuf?

Dabei bekommen sie relativ wenig Anerkennung, kaum Dank und erst recht kein Geld. Sie sind ja „nur" Hausfrau! Alle Bemühungen durch Euphemismen wie „Familienfrau" oder gar „Familienmanagerin" das Ansehen dieses Jobs aufzubessern, werden eher belächelt als ernst genommen. Deshalb können wir auch bei der guten eingeführten Bezeichnung bleiben: Ich bin Hausfrau.

Nun mal das Positive: Ich kann mir die Arbeit einteilen, sie erledigen, wann es mir passt. Die Gefahr, dass ein Berg Bügelwäsche verschwindet, ist denkbar gering, also kann ich sie auch mal liegen lassen. **Ich bestimme, wann ich etwas tue und wie ich die verschiedenen Aufgaben einteile.** Diese Vorteile hat eine berufstätige Frau außerhalb des Hauses selten. Insofern sollten wir uns über den vielseitigen Hausfrauenberuf freuen, der uns viele Fähigkeiten entwickeln lässt, von denen wir vielleicht zunächst nichts ahnten.

Hausfrauen oder berufstätige Frauen, die wegen der Kindern eine längere Pause einlegen, entwickeln aus der alltäglichen Praxis mit Kindern, Partner und Haushalt vielerlei Kompetenzen, die im Berufsalltag gesuchte Qualifikationen sind: Verantwortung, Organisationstalent, Verlässlichkeit, Fleiß, Kreativität und anderes mehr. Sie können Streit schlichten, sich durchsetzen, verzichten, andere anleiten und ergebnisorientiert arbeiten. Sie sind Psychologin, Krankenschwester und Beraterin.

Man könnte diese Aufzählung fast endlos fortsetzen. Hier wird deutlich, dass „nur" Hausfrau zu sein ein breites Spektrum an Tätigkeiten umfasst. Dass man ihre Arbeit in der Gesellschaft nur wenig achtet und wertschätzt, führt dazu, dass immer mehr Frauen außerhalb des Hauses berufstätig sein wollen. Es ist heute selbstverständlich, dass auch Mädchen eine Berufsausbildung machen. Daher ist es nur zu verständlich, dass sie dann gerne auch in dem erlernten Beruf arbeiten wollen – oder müssen, wenn es die finanzielle Situation erfordert. Obwohl es Kindern sicher gut tut, wenn die Mutter viel Zeit für sie hat, ist doch inzwischen nachgewiesen, dass Kinder auch mit einer anderen ständigen Bezugsperson keine Probleme haben. Viel wichtiger ist, dass alle, die auf ein Kind Einfluss nehmen, sich einig sind, wie es erzogen werden soll, welche Grenzen und Regeln einzuhalten sind. Mütter, die arbeiten oder gerne wieder arbeiten wollen, brauchen daher auch kein schlechtes Gewissen zu haben.

Sagen Sie sich:

- Ich darf eigene Interessen haben.
- Ich muss nicht die perfekte Mutter sein.
- Ich darf Wünsche haben auch bezüglich meiner Tätigkeit.
- Ich darf einfach ich selbst sein.

Hinsichtlich der Vereinbarkeit von Tätigkeit außerhalb des Hauses und Familie kann es verschiedene Möglichkeiten geben. In jedem Fall gilt: Treten Sie selbstbewusst auf, sehen Sie das großartige Potenzial an Fähigkeiten, über das Sie durch Ihre Hausfrauentätigkeit verfügen. Haben Sie sich z.B. schon einmal als „Event-Managerin" gesehen oder als Buchhalterin?

Beurteilen Sie zunächst Ihre Situation, wenn Sie etwas ändern möchten.

1. Sie sind berufstätig und möchten gerne ein Kind. Die Frage ist, wie lange Sie pausieren und wie Sie sich mit Ihrem Arbeitgeber absprechen.
2. Sie haben von der Möglichkeit der Erziehungszeit Gebrauch gemacht und möchten nun nach längstens drei Jahren wieder in den Beruf einsteigen. Hier steht die Frage der Organisation Ihres Haushaltes im Vordergrund.
3. Sie waren mehrere Jahre um der Kinder willen zu Hause. Nun sehen Sie die Zeit gekommen, wieder eine Arbeitsstelle außerhalb des Hauses zu suchen. Es stellt sich die Frage, ob Sie in Ihren früheren Beruf wieder einsteigen oder vielleicht mit den inzwischen gewonnenen Kompetenzen etwas anderes suchen.
4. Sie haben wieder mehr freie Zeit und möchten nach längerer Familienpause neue Aufgaben übernehmen, aber kein festes Arbeitsverhältnis eingehen. Wenn Sie nicht auf ein Einkommen angewiesen

sind und die Bindung an feste Arbeitszeiten scheuen, gibt es vielerlei wichtige und befriedigende Aufgaben im ehrenamtlichen Bereich.

Deshalb ist es zunächst wichtig, dass Sie sich grundsätzlich entscheiden:

✎ GANZ KONKRET

Ich möchte zunächst ganz aufhören und Erziehungszeit in Anspruch nehmen bis ______

Ich möchte ab (Datum) ______ Stunden pro Woche arbeiten.

Ich suche eine bezahlte ganztägige Arbeit

______

Ich möchte gerne Teilzeit arbeiten

______

Ich möchte in meinem früheren Beruf arbeiten als

______

Ich könnte mir auch etwas vorstellen im Bereich

______

Ich würde mich gerne ehrenamtlich engagieren als/bei

______

Ich möchte langfristig Folgendes erreichen bis

______

Damit sind Sie sich über wesentliche Fragen klar geworden.

Alles hat seine Zeit.
Der Prediger Salomo 3,1

Wie könnte es aussehen?

1) Schwangerschaft ist keine Krankheit! Sie fühlen sich fit und möchten nach der Entbindung bald wieder arbeiten.

Es ist ganz wichtig, dass Ihr Arbeitgeber von Ihnen persönlich über die Schwangerschaft informiert wird. Er sollte es nicht von jemand anderem erfahren. Ehe Sie ihn aber informieren, ist es gut, schon ein Konzept zu haben, wie Sie sich Ihre weitere Mitarbeit bis zum Mutterschaftsurlaub und die Zeit danach vorstellen. Je detaillierter Ihre Pläne sind, z.B. über die mögliche Vertretung oder die Delegation von

Arbeiten, desto besser! So signalisieren Sie gleich, dass Sie weiterhin im Sinne der Firma denken, dass Sie wirklich an weiterer Mitarbeit Interesse haben und Ihre Schwangerschaft nicht alles über den Haufen wirft. Bei den Vertretungsvorschlägen sollten Sie an Personen denken, die keine Konkurrentinnen sind, wenn Sie eine längere Pause möchten. Sollten Sie allerdings gleich nach dem gesetzlichen Mutterschutz von acht Wochen wieder arbeiten wollen, können Sie auch Lösungen vorschlagen, wie Ihre Arbeit aufgeteilt und die Zeit ohne große Umorganisation „überbrückt" werden kann. Dazu ist es sinnvoll, Ihre Arbeit in die einzelnen Arbeitsgänge aufzuschlüsseln und über einige Zeit aufzuschreiben, was Sie alles tun. Dann können Sie auch konkret vorschlagen, wer Sie vertreten bzw. etwas übernehmen könnte. Halten Sie auch während des Mutterschaftsurlaubs Kontakt mit der Firma und lassen Sie die Personalabteilung und den Betriebsrat wissen, dass Sie nicht allzu lange pausieren möchten. Mit der Änderung des Bundeserziehungsgeldgesetzes (BErzGG) zum 1. 1. 2001 wurde die Meldefrist für den Erziehungsurlaub von vier auf sechs Wochen verlängert. Wenn Sie also direkt nach der Mutterschaftsfrist von 8 Wochen in den Erziehungsurlaub wechseln wollen, müssen Sie zwei Wochen nach der Geburt den Antrag dafür stellen.

Sprechen Sie von Ihren Plänen, wenn Sie schon genau wissen, dass Sie bald wieder arbeiten möchten, aber seien Sie sich bewusst, dass Sie erst nach der Geburt des Kindes endgültig über den weiteren Weg entscheiden können.

Leben heißt, Menschen und Dinge umarmen
und wieder loslassen, dass sie grünen und blühen
vor Gottes Angesicht.
Phil Bosmans

2) Die Erziehungszeit liegt hinter Ihnen – auf zu neuen Ufern!

Sie sind als Vollzeit-Hausfrau gut zurechtgekommen. Deshalb erscheint es Ihnen auch möglich, nun wieder berufstätig zu werden. Möglicherweise gibt es eine Teilzeitstelle, die Ihnen den Einstieg erleichtert oder – noch besser – flexible Arbeitszeiten und Telearbeitsplätze. Die wichtigste Frage wird sein, wie Sie die Betreuung des Kindes/der Kinder und Ihren Haushalt organisieren, um die nötige Zeit „freischaufeln".

Die jungen, gut ausgebildeten Mütter sind eine Ressource, auf die unsere Wirtschaft nicht mehr verzichten kann. Deshalb müssen auch ziemlich bald weitere Möglichkeiten geschaffen werden, die es jungen Frauen mit Kindern erleichtern, in den Beruf zurückzukehren. Wenn Sie alles alleine organisieren müssen, ist es zunächst mühsam. Vielleicht gibt es in Ihrer Nähe aber auch andere Mütter, mit denen Sie sich in der Betreuung abwechseln oder zumindest aushelfen können. Möglichkeiten lassen sich bestimmt finden, und wenn Ihnen Ihre Berufstätigkeit wichtig ist und Freude macht, kann auch ruhig ein guter Teil Ihres Geldes in die Kinderbetreuung investiert werden. Sie schaffen ja dadurch die Grundlage für Ihre weitere Karriere.

Lassen Sie Ihren Arbeitgeber wissen, dass Sie zu Hause alles gut organisiert haben, und sprechen Sie Ihre Arbeitszeit möglichst genau ab, um konkret die Betreuungszeiten planen zu können.

Es ist in jedem Fall gut, den Kontakt zu Ihren Kollegen und dem Arbeitgeber nicht einschlafen zu lassen, wenn Sie gerne wieder Ihren alten Arbeitsplatz bekommen möchten. Manchmal ist es möglich, ab und zu als Aushilfe einzuspringen. In der Erziehungszeit können nach der Änderung des BErzGG (Bundeserziehungsgeldgesetz) zum 1. 1. 2001 beide Eltern gleichzeitig Erziehungsurlaub beantragen und in dieser Zeit jeweils bis zu 30 Stunden wöchentlich arbeiten, ohne dass der Anspruch auf Erziehungsgeld beeinträchtigt wird. Das gilt für alle nach diesem Datum geborenen Kinder, für ältere Kinder sind es 19 Wochenstunden. Neu ist, dass sogar ein Rechtsanspruch auf diese Teilzeitarbeit besteht, wenn Ihr Arbeitgeber mehr als 15 Arbeitnehmer beschäftigt. Ablehnen kann er es nur aus „dringenden betrieblichen Gründen". Neu ist auch seit dem 1. 1. 2001, dass der Erziehungsurlaub nicht mehr auf die ersten drei Lebensjahre Ihres Kindes befristet ist. Sie können das dritte Jahr auch in eine andere Zeit bis zum 8. Lebensjahr verlegen. Auch das gilt für Vater und Mutter, und der Arbeitgeber kann es auch hier nur aus dringenden betrieblichen Gründen verweigern.

Weitere Informationen: www.teilzeit-info.de oder kostenloses Infotelefon: 0800-151 51 53

Wenn du loslässt,
hast du zwei Hände frei.
Chinesisches Sprichwort

3) Sie waren mehrere Jahre nicht berufstätig – jetzt haben Sie neue Chancen!

Nur 23 % aller Frauen kehren nach der Erziehungszeit oder mehreren Jahren zu Hause in ihren ursprünglichen Beruf zurück. Das ist nicht verwunderlich, wenn man bedenkt, wie viele zusätzliche Qualifikationen eine Frau durch mehrere Jahre Haushaltsarbeit und Kindererziehung erwirbt. Sie haben Fähigkeiten entdeckt und entwickelt, von denen Sie früher nichts ahnten! Vielleicht haben Sie ein Hobby so ausgebaut, dass es durchaus Grundlage für eine Berufstätigkeit oder Selbstständigkeit sein könnte. So ist die wichtigste Frage zunächst, ob Sie wieder in Ihrem früheren Beruf arbeiten möchten oder sich neu orientieren wollen. Zur Vorbereitung können Sie einen Wiedereinstiegskurs besuchen, in dem Sie richtig fit gemacht werden. Solche Kurse gibt es über das Arbeitsamt, oft in Zusammenarbeit mit der Volkshochschule, auch ganz speziell für Frauen nach der Kinderpause. Machen Sie sich Ihre Qualifikationen bewusst. Viele Fähigkeiten, die für Sie selbstverständlich sind, werden am Arbeitsplatz gesucht: Flexibiliät, Organisationstalent, Streitschlichtung, Ausdauer, Selbstdisziplin. Seien Sie nicht zu bescheiden, wenn Sie sich bewerben. Es muss deutlich werden, dass Sie einen besonderen Nutzen für Ihren Arbeitgeber bieten. Aus Sicht der Arbeitgeber ist es ja auch ein Vorteil, dass Sie die Babyphase abgeschlossen haben und deswegen nicht mehr ausfallen.

Was wäre denn Ihr Traumjob?

Was würden Sie am liebsten tun, wenn weder Geld noch Ausbildung eine Rolle spielten? Ich habe in meinen Seminaren die Frauen immer wieder ermutigt, nicht gleich aufzugeben, wenn sie einen konkreten, aber fast unerfüllbaren Berufswunsch hatten. Es gibt vielerlei Möglichkeiten, sich weiterzubilden oder eine ganz neue Ausbildung zu machen. Sogar an den Universitäten sieht man immer häufiger ältere Studierende, die sich – manchmal erst im Ruhestand – ihren eigentlichen Berufswunsch erfüllen. Die Geschichte von der Traum-Journalistin auf Seite 111 zeigt, dass es gar nicht so unmöglich ist. Schreiben Sie am besten alles auf, was Ihnen einfällt. Schriftlichkeit zwingt zu Genauigkeit und hilft zu erkennen, was Sie wirklich wollen. Lassen Sie sich nicht anstecken von denen, die ständig über ihre Arbeit jammern und immer nur ans Wochenende denken. *Arbeit ist etwas Großartiges, wenn wir das tun, was wir wirklich wollen*, was wir können und was unseren Begabungen entspricht. Dann arbeiten wir motiviert, mit Freude und erleben „Flow", die Begeisterung, die uns fast die Zeit vergessen lässt.

4) Arbeit gibt's genug! Sie wollen etwas Interessantes tun, sich aber nicht anfeste Arbeitszeiten binden? Ehrenamtliche werden immer gesucht!

Unsere Gesellschaft lebt davon, dass Menschen sich über ihr privates Leben hinaus für andere einsetzen und unentgeltlich ihre Zeit, ihre Phantasie und ihr Können zur Verfügung stellen. Hier sind die Arbeitsgebiete so vielfältig, dass eine Aufzählung unmöglich ist. Schulen, Verbände, Vereine, Bürgerinitiativen, Kirchengemeinden, ... alle suchen nach Menschen, die sich engagieren. Erst ganz allmählich spüren wir ja in unserer Gesellschaft, welche Auswirkungen es hat, wenn immer mehr Menschen vor allem an sich selber denken. Wer sich über die eigenen Belange hinaus engagiert, wird merken, dass er dabei nicht nur gibt, sondern auch sehr viel gewinnt. Es ist nicht auf dem Konto zu erkennen, aber sehr wohl in einer Zufriedenheit und dem Wissen, am richtigen Platz zu sein. Dass man dabei neben Zeit und Energie oft auch noch einiges Geld einsetzt, verliert an Bedeutung, wenn man den Eindruck hat, etwas wirklich Sinnvolles zu tun. Wenn Sie also nicht darauf angewiesen sind, durch Ihre neue Tätigkeit zum Lebensunterhalt der Familie beizutragen, finden Sie sicher eine ehrenamtliche Arbeit, die genau auf Sie zugeschnitten ist. Sie müssen nur Ihre Bereitschaft signalisieren!

Der Herr ist für mich,
ich werde mich nicht fürchten.
Was könnte ein Mensch mir tun?
Psalm 118,6

KEINE ANGST VOR LAMPENFIEBER! – ÜBERZEUGEND AUFTRETEN

Lampenfieber? – Kenn ich nicht!

Mit dieser Überschrift werden sich wohl die wenigsten unserer Leserinnen identifizieren. Fast jeder Mensch kennt dieses mulmige Gefühl, das sich sehr unterschiedlich äußern kann. Typische Begleiterscheinungen sind feuchte Hände, Herzrasen, ein „Frosch im Hals", ein trockener Mund und zittrige Knie oder Hände.

Wie in vielen anderen Bereichen ist der erste Schritt zur Veränderung das Eingeständnis: Ja, ich habe Lampenfieber!

Aber das soll sich ab sofort ändern.

Diese Veränderung kann sogar so weit gehen, dass Sie in Zukunft Ihr Lampenfieber als Energieschub vor einer großen Aufgabe nutzen können.

Lampenfieber hat meistens zwei Ursachen:

1. Die Angst vor dem Urteil anderer Menschen.

   Wenn Sie allein arbeiten, singen oder sich in normalem Sprechtempo auf eine Präsentation vorbereiten, werden Sie wahrscheinlich kein

Lampenfieber haben. Aber vor Ihren Kolleginnen und vor allem dem Chef wollen Sie doch einen besonders guten Eindruck machen!

2. Die Angst vor dem Versagen.

Wir kennen das schon aus der Schule. Es scheint mir fast, dass sie hier erst entsteht, denn vorher sind Kinder meistens recht unbefangen und neigen eher dazu „sich zu produzieren". Wer wegen einer „dummen" Antwort ausgelacht wurde oder mit einer abfälligen oder auch nur ironischen Bemerkung des Lehrers bedacht wurde, möchte das natürlich nicht noch einmal erleben.

Da wir uns bewusst sind, dass wir nicht alles können oder wissen, haben wir Angst vor der Blamage – obwohl ja die anderen auch nicht perfekt sind! Wir möchten am liebsten „im Boden versinken", wenn uns ein Fehler unterläuft. Und weil jede Angst wächst, wenn man sie füttert, malen wir uns aus, wie wir auf dem Weg zum Rednerpult stolpern, wie wir uns versprechen oder gar einen völligen Aussetzer haben.

Nehmen Sie Ihr Lampenfieber ins Visier!

✎ GANZ KONKRET

Ich erinnere mich an eine bestimmte Situation, in der ich mich fürchterlich blamierte

____

____

In dieser Situation bekomme ich heute noch Lampenfieber

____

____

Ich spüre dann

____

____

Ich habe Angst davor, dass Folgendes eintreten könnte

____

____

In den meisten Fällen ist die Angst unbegründet. Sie sind noch nie auf dem Weg zum Rednerpult gestolpert. Jedes Mal haben Sie Ihre Präsentation vorgetragen, ohne dabei einen plötzlichen Black-out zu haben oder ständig den Faden zu verlieren.

Machen Sie sich das bewusst!

Vielleicht erinnern Sie sich sogar an eine Situation, in der Sie Ihre Aufgabe bravourös erledigt haben, wo Sie ganz besonders erfolgreich waren. Als Sie danach lobend angesprochen wurden, was war Ihr Empfinden? Wie war Ihre Reaktion?

Wahrscheinlich haben Sie sich aufgerichtet, den Kopf gehoben und Ihren Gesprächspartnern selbstbewusst und froh für ihr Lob gedankt. Wenn sich unsere Seele aufrichtet, drücken wir das durch unsere Körperhaltung aus. Und das funktioniert auch umgekehrt! Wenn wir uns aufrichten, tief durchatmen, den Kopf hoch halten, dann bekommen wir oft auch Zuversicht und fühlen uns sicherer. Das können wir nutzen!

- Sitzen oder stehen Sie aufrecht.
- Atmen Sie ruhig durch.
- Lassen Sie den „Kopf nicht hängen".
- Stehen Sie „mit beiden Beinen fest auf dem Boden", leicht auseinander gestellt
- Belasten Sie beide Füße gleichmäßig, dann stehen Sie sicher und wippen nicht nervös hin und her.
- Vergessen Sie nicht, ruhig durchzuatmen, bevor Sie mit dem Sprechen beginnen. Das gibt Ihrer Stimme Kraft und Ruhe.
- Geben Sie „der Angst im Nacken" keine Chance!

Es ist immer gut zu wissen, wer die Zuhörer sind. Versuchen Sie, bereits vorher möglichst genau zu erfahren, wer anwesend sein wird. Sind es Leute, die sich mit dem Thema auskennen? Sind es ältere oder jüngere Menschen? Ihre Vorgesetzten? Freunde? Familie? Je mehr Sie über Ihr Publikum wissen, desto besser können Sie in Ihrer Präsentation darauf eingehen. Solche Informationen nehmen Ihnen die Angst, dass plötzlich etwas Unvorhergesehenes geschieht und senken dadurch das Lampenfieber.

Es kann auch helfen, wenn Sie sich bewusst machen, dass die Symptome des Lampenfiebers ursprünglich ein sinnvoller und wichtiger Schutz waren und keineswegs so unnötig, wie sie uns heute erscheinen.

Bei Gefahr war es wichtig, schnell zu entkommen oder ausdauernd zu kämpfen. Da bewirkte der erhöhte Adrenalinspiegel größere Leistungsfähigkeit, der schnellere Puls versorgte die Muskulatur mit mehr Sauerstoff. Das Zittern dagegen bewahrte wie die Lockerung bei der Gymnastik den Kämpfer vor Muskelverkrampfungen. Der ausbrechende

Schweiß kühlte durch die Verdunstung den Körper bei großer Anstrengung und die Verhärtung des Oberkörpers schützte die inneren Organe. Es hat also alles einen guten Grund! Sie sind also „ganz normal", wenn Sie Aufregung oder Lampenfieber spüren.

Aber weil wir ja meistens nicht in Nahkampf- oder Fluchtsituationen sind, dürfen wir etwas gegen die ursprünglich sinnvollen Reaktionen unseres Körpers unternehmen.

In der Regel gilt: Wir nehmen uns selbst wesentlich genauer wahr als die anderen! Das heißt, in den meisten Fällen ist für die Zuhörer unser Lampenfieber kaum erkennbar. Sie sehen nicht, was wir spüren: dass uns die Knie zittern. Halten Sie sich bei einem Vortrag einfach am Pult fest, wenn Sie das Gefühl haben, dass Sie gleich umfallen! Meistens hört das Zittern nach den ersten Sätzen auf, dann können Sie die Hände wieder frei benutzen.

Wenn Sie unter einem trockenen Mund leiden, vergewissern Sie sich, dass ein Glas Wasser bereitgestellt ist. Wahrscheinlich brauchen Sie es dann gar nicht.

ERST MAL LUFT HOLEN?

Wenn Sie leicht stottern vor Aufregung, atmen Sie ruhig durch. Probieren Sie es vorher aus: Atmen Sie ein paar Mal doppelt so lange aus, wie Sie einatmen. Spüren Sie, wie Sie ruhig werden? Sprechen Sie bewusst langsam, ohne Hetze, mit Pausen, die Ihnen lang erscheinen. Oft sind das genau die Pausen, die den Zuhörern helfen, Ihre Gedanken mitzudenken. Einatmen = Anspannen, Ausatmen = Entspannen. Sprechen Sie beim Ausatmen.

Ein Tipp dazu: Setzen Sie sich auf den Boden mit einem angezogenen Knie und umfassen es mit den Armen. Nun schaukeln Sie vor und zurück und sprechen dabei immer, wenn Sie vorschaukeln und ausatmen. Dann zurückschwingen und einatmen, ohne zu sprechen. Versuchen Sie es doch jetzt gleich mal, es ist eine gute Entspannungsübung, auch wenn Sie gerade keine Präsentation vor sich haben. Atmen Sie ganz ruhig ein, nicht hektisch oder mit Anstrengung. Meistens holt man zu viel Luft, die uns dann zu schaffen macht.

ÜBERZEUGEND DURCH TRAINING

Kurz vor dem Auftritt ist es zu spät für ein Stimmtraining. Aber wenn Ihnen häufig die Stimme wegbleibt, wenn Sie sich oft versprechen, kann es hilfreich sein, ab und zu in aller Ruhe „professionelle" Sprechübungen zu machen. Das gibt Ihnen ein Gefühl für Ihre Stimmlage und Ihre Sprechgeschwindigkeit und dadurch Sicherheit bei Ihrem Auftritt. Es „stimmt" dann eben alles.

Hohe Stimmlagen erscheinen uns oft aufgeregt und unsicher, bei sonoren, tiefen Tönen empfinden wir eher Gelassenheit und Kompetenz. Am sichersten wirken Sie, wenn Sie sich im Bereich des unteren und mittleren Drittels Ihrer persönlichen Stimmlage bewegen, man nennt das die „Indifferenzlage". Probieren Sie es mal aus:

Lockern Sie zunächst Ihren Unterkiefer, lassen Sie ihn locker nach unten und nach vorne hängen. Die Zunge liegt ganz entspannt weit vorn im Unterkiefer. Nun sagen Sie – mit möglichst wenig Luft – ein laaaanges „A". Nach etwa 10 bis 15 Sekunden hören Sie einen Ton, der in etwa Ihre Indifferenzlage trifft.

Der Stimmbildner Emil Fröschel empfiehlt die folgende Übung: Denken Sie an irgendetwas, was Sie besonders gerne essen. Nun kauen Sie mit einem wohligen, lang gezogenen „hmmm" mit lockerem Kiefer genüsslich brummend Ihre Lieblingsspeise. Auch hierbei nähern Sie sich Ihrer Indifferenzlage.

DAS WICHTIGSTE: GUTE VORBEREITUNG!

Egal, was kommt: Sicherheit gewinnen Sie am besten dadurch, dass Sie sich wirklich gut vorbereiten. Dann können Sie sich sagen: Was soll mir schon passieren? Ich kenne mich doch aus! Ich werde die meisten Fragen souverän beantworten können. Zur Vorbereitung gehört nicht nur die kompetente inhaltliche Vorbereitung, sondern auch die Vertrautheit mit der Umgebung.

Beantworten Sie sich deshalb vorher folgende Fragen:

✎ GANZ KONKRET

Wo findet mein Auftritt statt?

____

Wer sind die Zuhörer/Zuschauer?

____

Wie viele Menschen werden erwartet?

____

Wie groß ist der Raum?

____

Gibt es ein Mikrofon?

Welche technischen Geräte brauche ich?

Overhead-Projektor/Leinwand/Beamer/ Flipchart/Pinnwand/ Moderatorenkoffer

Wie ist die Beleuchtung?

Sehe ich mein Publikum oder spreche ich ins Dunkle?

Ist ein Glas Wasser bereitgestellt?

Von woher trete ich auf die Bühne/an das Pult?

Ich spreche freistehend. Wo lege ich meine Unterlagen hin?

Sonstige Fragen, die Sie persönlich vorher abklären:

So schaffen Sie es!

Und nun sagen Sie sich: „Ich habe alles getan, was ich konnte. Es wird schon klappen! (Nicht: Es wird schon schief gehen!) Keiner wird mir den Kopf abreißen. Im Grunde ist ja niemand so kritisch wie ich selbst. Und auf Zwischenrufe oder Störungen werde ich gelassen reagieren. Ich werde tief durchatmen und die Situation im Griff haben."

AUFGABENVERTEILUNG UND ORGANISATION

WAS SIE AUCH TUN – DELEGATION HILFT

Das Erste, was ein Manager lernen muss, ist zu delegieren. Wenn Sie alles mit Zähnen und Klauen verteidigen und alle Tätigkeiten selbst durchführen wollen, wird es irgendwann ein Problem geben.

„Delegieren Sie mehr an Ihre Mitarbeiter,
als Sie diesen zutrauen.
Wenn es zu viel war,
werden Sie es schon erfahren."
Kim Pickin & Nicky Singer

Suchen Sie Helfer: Überlegen Sie, ob zu Gunsten Ihrer außerhäuslichen Tätigkeiten eine innerhäusliche an Dritte abgegeben werden könnte. Gehen Sie dazu noch einmal die Tätigkeitsliste zu Anfang dieses Kapitels durch (Seite 142) und schreiben Sie rechts daneben, wer dafür in Frage käme (Partner, Oma, Kind, Bügelservice, Kollegin ...).

Es ist sinnvoll, sich für die beruflichen Anforderungen eine ähnliche Liste aufzustellen und zu entscheiden, welche Tätigkeiten dort delegiert werden müssen, damit Sie mit Ihrer Arbeitszeit besser zurechtkommen.

„Berufliche" Tätigkeit	Stunden/Tag	Abgeben an/Teilen mit

Verlassen Sie Ihren Thron und mischen Sie sich unters Volk. Gerade wenn Sie berufstätig sind. Sie werden viele Talente und Fähigkeiten bei Ihren Mitmenschen finden. Tun Sie sich mit den anderen zusammen. Jeder sollte das tun, was er am besten kann, aber alles andere kann man lernen. Es ist am einfachsten, wenn Sie die anderen Menschen als Menschen akzeptieren.

Siehst du bei einem Menschen
einen kleinen Fehler,
so erinnere dich sogleich,
dass du deren noch viel mehr
und oft weit größere hast.
Koreanische Weisheit

Sie fördern die Motivation, wenn Sie Ihre „Mitarbeiter" zu Hause und in der Firma loben. Motivierte Mitarbeiter sind zufriedene Mitarbeiter und wertvolle Helfer.

Wenn jeder Fehler angemerkt wird,
hört jeder Umgang auf.
Indischer Spruch

Wer anerkennt,
was er bei anderen an Gutem findet,
der fördert sie im Guten.
Mong Dsi

AUCH HIER GILT: „NEIN" SAGEN

Sie müssen nicht unersetzlich sein. Sie werden um Ihrer selbst willen geliebt und nicht wegen Ihrer Englischkenntnisse oder Ihrer Backkünste. Haben Sie Mut, geben Sie Verantwortung ab. Ihre Tochter kann allein den Koffer fürs Landschulheim packen, und Ihre Kollegin wird Sie umso mehr schätzen, wenn Sie ihr die tieferen Geheimnisse der Tabellenkalkulation erklären. Vielleicht lernen Sie ein neues Gefühl kennen. Ihre Freundin wird Sie auch besuchen, wenn Sie keine Torte gebacken haben, und Sie werden mehr Zeit füreinander haben.

Halten Sie sich an die Grundlagen des Zeitmanagements, im Privatleben wie in der Firma. Sagen Sie beruflich und privat an den richtigen Stellen: **„NEIN"** (s.S. 48).

ARBEITSABLÄUFE RATIONALISIEREN

GUT GEPLANT IST HALB ERLEDIGT!

Im Grundlagenkapitel zum Zeitmanagement (siehe Seite 67) sind die wichtigsten Punkte schon angesprochen worden. Setzen Sie Prioritäten (80/20-Regel). Legen Sie Ziele fest und gliedern Sie Ihre Aufgaben. Fangen Sie noch heute mit der Umsetzung an.

Plane das Schwierige, solange es noch leicht ist;
tue das Große, solange es noch klein ist.
Alle Schwierigkeiten auf Erden entstehen aus Leichtem,
alles Große auf Erden entsteht aus Kleinem.
Laotse

Berücksichtigen Sie bei Ihren Planungen auch rechtzeitig die unangenehmen Aufgaben. Wenn Sie niemanden finden, der den Vertrag der neuen Hausratsversicherung durchliest, dann müssen Sie es selbst erledigen.

Unangenehm heißt, für *Sie* unangenehm. Ein Versicherungsangestellter würde dies für eine Routinetätigkeit halten und hätte vielleicht größere Angst davor, ein Baby zu wickeln. Alles ist relativ. Das Leben wird angenehmer, wenn man seine Einstellung zu bestimmten Aufgaben relativiert.

Benutzen Sie Ihr Zeitplanbuch oder das Karteikartensystem, um rechtzeitig an diese Aufgaben erinnert zu werden. Warten Sie nicht, bis es zu spät ist.

Ein guter Vorsatz ist es, *eine „unangenehme" Tat pro Tag* umzusetzen. Erledigen Sie diese möglichst gleich vormittags, dann haben Sie für den Rest des Tages ein gutes Gefühl. Wenn Sie es auf später verschieben, schleppen Sie es die ganze Zeit mit sich herum und vertagen es dann zu guter Letzt doch wieder auf morgen.

Rufen Sie den grässlichen Kunden oder die schwierige Großtante einfach sofort an. Was soll schon passieren? Morgen wird es auch nicht anders sein!

Fähigkeiten:

Wenn Sie viel am Computer arbeiten müssen, lernen Sie, mit zehn Fingern zu schreiben. Die Mühe lohnt sich. Sie können dann schreiben, während Sie am Computer Korrektur lesen, und Sie können erheblich schneller tippen. Ich möchte ja nicht übertreiben, aber Sie werden ohne Anstrengung Ihre Arbeitsgeschwindigkeit um mindestens 30 % verbessern.

Welche zusätzlichen Fertigkeiten würden Ihnen helfen, Ihr Leben besser zu meistern:

Wo können Sie entsprechende Kenntnisse erwerben? Finden Sie es heraus. Sprechen Sie es mit Chef und Partner durch und buchen Sie das Seminar. Wenn Sie es nicht buchen, kommen Sie nie hin.

ABLAGE JA – ABER NIE WIEDER STAPEL!

Jedes Stück Papier, das in Ihr Haus oder ins Büro kommt, muss beurteilt und versorgt werden. Werfen Sie Werbung schon auf dem Weg vom Briefkasten zum Schreibtisch in den Müll.

Schaffen Sie sich eine *übersichtlich beschriftete Ablage* an. Auch andere Mitarbeiter oder Ihr Mann wollen die Verträge wieder finden. Ordner mit Registern oder Hängemappen bieten sich an. Ordner sind vor allem für die langfristige Lagerung wichtiger Dinge von Vorteil. Mappensysteme eher für den schnellen Zugriff. Egal für welches System oder welche Kombination Sie sich entscheiden, benutzen Sie es konsequent und erweitern Sie es bei Bedarf sofort. Schreiben Sie die Inhalte ausführlich auf den Ordnerrücken. So finden Sie Unterlagen auch unter Zeitdruck schnell wieder.

Es lohnt sich, für den täglichen Gebrauch ein robustes, stabiles (und schönes) System anzuschaffen. Lassen Sie sich im Fachhandel beraten. Die Firma Mappei bietet kostenlose Beratung vor Ort, bei Ihnen zu Hause oder im Büro (s. Literatur).

Selbstverständlich gilt dies ebenso für die Datenverwaltung im Computer. Halten Sie ein striktes System mit einer logischen Nummerierung ein. Am besten beginnen Sie jetzt sofort damit.

Legen Sie keine Zwischenablage an. Die unterschriebene Rückantwort eines Vertrages kommt sofort in den entsprechenden Ordner, evtl. mit einem neuen Trennblatt, damit Sie sie schnell wiederfinden. Die Bankauszüge ebenso. Haben Sie keinen entsprechenden Ordner, dann legen Sie sofort einen an, und ab diesem Moment haben alle Unterlagen ihren festen Platz (siehe auch Ordnung am Arbeitsplatz, S.57).

Warten Sie nicht auf den Tag, an dem Sie die alten Verträge Ihres Vorgängers neu sortieren oder die Schublade im Wohnzimmer in Angriff nehmen. Fangen Sie heute mit einem sauberen System an.

Wenn Sie die Post bearbeiten, kommt jedes Stück Papier sofort an den richtigen Ort. Lesen Sie es einmal durch, und entscheiden Sie dann die Dringlichkeit und die weitere Vorgehensweise. Selbiges gilt für Emails. Rufen Sie diese ein- oder zweimal am Tag zu einem festen Zeitpunkt ab und bearbeiten Sie sie dann auch sofort. Nur einfach mal reinschauen ist Zeitverschwendung und macht keinen Sinn.

Rechnungen kann man entweder sofort bezahlen oder sie zur Bearbeitung einmal in der Woche (privat ist einmal im Monat ausreichend) sammeln. In dieser Mappe sind ausschließlich Rechnungen. Vermerken Sie in Ihrem Kalender den Bearbeitungstermin.

Das konsequente Abschaffen der Stapelwirtschaft in jedem Bereich, hat mir die größte Effizienz eingebracht.

DA BIN ICH KNALLHART! – TERMINE EINHALTEN

Versuchen Sie, Ihre Arbeitszeiten so zu legen, dass Sie Haushalt und Familie trotzdem betreuen können, ohne sich selbst vollkommen zu verausgaben. Vielleicht führen Sie mit Ihrem Vorgesetzten ein ernsthaftes Gespräch. Sie bringen gute Leistungen, dann muss es doch möglich sein, 10 Minuten früher zu gehen, um rechtzeitig am Kindergarten zu sein. Arbeiten Sie die Zeit zu einem anderen Zeitpunkt nach. Wenn Sie zu Hause oder freiberuflich arbeiten, wird dies „einfacher" sein, aber umso mehr Disziplin von Ihnen fordern.

Seien Sie hart in Ihrer Terminplanung. Schreiben Sie in Ihren Kalender oder Ihr Terminplanbuch auch die Termine Ihrer Kinder und Ihres Partners. Die Termine mit Ihrem Sohn sollten Ihnen genauso wichtig sein wie die Sitzung des Technikausschusses in der Firma. Sagen Sie:

„Der 17. Mai geht bei mir nicht, da habe ich einen anderen Termin." Ich habe immer wieder erlebt, wie sich dann doch plötzlich ein Ausweichdatum finden ließ.

Früher habe ich Vereinbarungen mit den Kindern immer wieder verschoben und eigentlich hat es mir niemand gedankt. Die Kinder haben zähneknirschend verzichtet, und ich habe mich in der Hektik überschlagen. Natürlich wird es auch heute noch manchmal eng, aber ich plane mit erheblich mehr *Pufferzeit* und das tut den Kunden, den Kindern und mir gut.

Verplanen Sie weder sich noch die Kinder vollständig. Schränken Sie die festen Termine ein, dann haben Sie mehr Freiraum bei anderen Terminentscheidungen. Ihr Sohn muss nicht gleichzeitig in die Musikschule, in den Schwimmkurs und zum Bogenschießen. Wenn es schon sein muss, dann machen Sie erst das eine und ein halbes Jahr später das andere.

Bei Termin-Überschneidungen bietet sich die *Zusammenarbeit mit anderen Müttern* an. Oder bezahlen Sie eine Tagesmutter, dann sind Sie keine Gegenleistung schuldig. Es dauert seine Zeit, gleichgesinnte Mütter zu finden, aber es lohnt sich. Da diese Mütter auch arbeiten, trifft man sie nicht morgens um 9 Uhr beim Kaffeeklatsch, sondern an der Tür des Kindergartens oder vor der Schule.

Sprechen Sie mit ihnen, wenn Sie Vereinbarungen für Ihre Kinder treffen. Fragen Sie Ihre Kinder: „Du, arbeitet Jennys Mama auch?" So habe ich im Laufe der Jahre einen kleinen Bekanntenkreis aufgebaut, auf den ich mich verlassen kann. Wir haben einen professionellen Umgang miteinander. Wer Hilfe braucht, ruft an. Wer keine Zeit hat, sagt „Nein" und niemand ist böse.

Sagen Sie Ihren Kindern von klein auf, dass Sie heute am Schreibtisch bleiben müssen. In Abhängigkeit vom Alter stellen Sie einen Wecker. „Wenn er läutet, bin ich wieder für dich da." Dann spielen Sie 10 Minuten konzentriert mit dem Kind – die Gedanken nicht abschweifen lassen –, dann wieder den Wecker stellen. Wenn das Kind weiß, dass Sie nach einer bestimmten Zeit wirklich für es Zeit haben, wird es aufhören ständig zu drängeln. Die Zeiträume werden immer länger werden, je älter die Kinder sind.

Es kann einer so klug sein, wie er will;
wenn er nicht die rechte Zeit trifft,
bringt er nichts fertig.
Lü Bu We

GESUNDHEITSFREUNDLICHE KÖRPERHALTUNG

Je nach Tätigkeit, die Sie verrichten, werden unterschiedliche Anforderungen an Ihre körperlichen Leistungen gestellt werden. Arbeiten mit Krafteinsatz finden Sie im Garten-Kapitel (siehe Seite 235) beschrieben und Arbeiten mit Körpereinsatz ohne große Kraftanstrengungen im Kapitel zum Thema Putzen (siehe Seite 223).Da viele von uns Tätigkeiten am Schreibtisch ausführen, möchte ich hier auf das Thema Sitzarbeitsplatz eingehen.

SO SITZEN SIE RICHTIG

Beim Stehen wie beim Sitzen kommt es auf Ihre Körpergröße an, Ihre Beinlänge, Ihre Armlänge. Passen Sie den Arbeitsplatz Ihrem Körper an und lassen Sie sich nicht verbiegen.

Zu empfehlende Sitzposition:

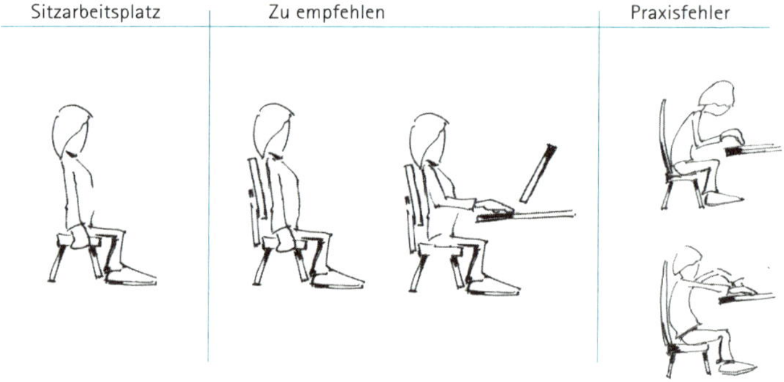

- Den Rücken in der natürlichen S-Form gerade anlehnen. Dazu benötigen Sie eine passende, in der Höhe verstellbare Rückenlehne und im Auto wahrscheinlich ein Lordosekissen. (Dies ist ein weiches Schaumgummikissen, welches Sie sich in den Lendenwirbelsäulenbereich legen, um beim Sitzen nicht mit dem Rücken durchzuhängen.)
- Sitzen Sie aufrecht. Lehnen Sie sich an. Gerade, aber nicht verkrampft. Die Schultern ruhen mittig auf dem Brustkorb, auch wenn Sie schreiben.
- Die Hüfte ist leicht nach vorne gekippt, um die Lendenwirbelsäule zu entlasten.

- Die Oberschenkel liegen ganz auf einer bequemen Sitzfläche auf. Die Oberschenkel fallen mit einem leichten Winkel nach vorne ab. Die Kniekehlen werden nicht gedrückt. Zur positiven Unterstützung gibt es „Keilkissen" zum Unterlegen. Die Sitzposition ist zu Beginn ungewohnt, aber man gewöhnt sich schnell an die bessere Haltung und der Rücken dankt es Ihnen.
- Im Auto ist es nahezu unmöglich, diesen offenen Winkel in der Hüfte zu erreichen. Steigen Sie immer wieder aus und vertreten Sie sich die Beine.
- Die Füße können so aufgestellt werden, dass die Oberschenkel leicht auf der Sitzfläche aufliegen. Die Füße stehen hüftbreit auseinander, ebenso die Knie. Schlagen Sie die Beine nicht übereinander, sonst kommt es zu einer Überdehnung der Hüftinnenbänder und zu Hüftschmerzen.
- Zur Entlastung können Sie immer wieder mit der Wirbelsäule spielen. Lassen Sie sie in Wellen an der Rückenlehne hoch- und runtergleiten. Die Bandscheiben werden nur mit Nährstoffen versorgt, wenn sie bewegt werden. Also gönnen Sie sich das Vergnügen. Je öfter, desto besser. Man kann sich auch mit den Händen an die Hüfte fassen und das Becken vor- und zurückzukippen. Verstellen Sie im Auto ab und zu leicht die Winkel von Sitzfläche zu Rückenlehne.

COMPUTERARBEIT OHNE REUE

Wie Sie Ihren Computer-Arbeitsplatz richtig gestalten:

1. Größtmögliche Blickdistanz zum Bildschirm
2. Lichtreflexe und Blendung vermeiden
3. Die richtige Raumbeleuchtung

Wie Sie Ihren Körper am Computer richtig einsetzen:

4. Die richtige Körperhaltung, richtiger Sitzwinkel
5. Abwechseln zwischen Sitzen und Stehen
6. Regelmäßig atmen und entspannen

Wie Sie Ihre Augen am Computer richtig einsetzen:

7. Alle drei bis fünf Sekunden blinzeln
8. Nicht nur auf den Bildschirm starren
9. Häufig in die Ferne schauen

KÖRPER UND SEELE IN EINKLANG BRINGEN

Denken Sie vor allem daran, dass unser Körper für keine einzige Körperhaltung auf Dauer geschaffen ist. Wir könnten weder acht Stunden gesund sitzen noch sollten wir acht Stunden auf der Stelle stehen, auch wenn uns das manchmal abverlangt wird. Ist durch Ihre Tätigkeit eine bestimmte Körperhaltung unvermeidlich, so suchen Sie sich in der restlichen Zeit einen entsprechenden Ausgleich.

In vielen Büchern werden dann ausgedehnte Spaziergänge empfohlen oder eine Stunde Entspannungsgymnastik am Tag. Leider finde ich diese Zeit oft nicht. Wenn ich vom Außendienst zurückkomme, dann warten hungrige Kinder und die Wäsche auf mich. Wenn ich Glück habe, schaffe ich abends noch zehn Minuten Rückengymnastik, wenn ich wieder Schmerzen habe. Meistens bin ich viel zu müde und falle einfach nur noch ins Bett.

Suchen Sie Ihren Ausgleich auch in Alltagstätigkeiten: Schon auf dem Nachhauseweg stellen Sie sich innerlich auf den Ansturm zu Hause ein, bewegen Sie den Rücken beim Autofahren, machen Sie lange Schritte beim Einkaufen. So wie im Kapitel „Gesundheitsfreundliche Körperhaltung" beschrieben (Seite 83). Im Buch von Gert und Marlen von Kunhardt, „Minutentraining", finden Sie noch viele weitere Anregungen.

Es bekommt dem Körper und der Seele, wenn man nach anstrengenden, hektischen Tagen oder Terminen entsprechende Pausen einplant. Halten Sie sich diese Zeiten bewusst frei.

Ein indianisches Sprichwort sagt: Nach einem schnellen Ritt warte einen Tag, bis die Seele nachkommt.

Auf Dauer ist es sinnvoll, wenn Sie sich eine Ausgleichs-„Sportart" zulegen. Tun Sie etwas, beim dem Sie Ihren Körper bewegen. Selbstverständlich sollte auch Ihre Seele einmal baumeln können. Aber das wird nur wirklich funktionieren, wenn Sie auch Ihrem Körper etwas gönnen. Der Mensch braucht beides, nur dann ist er im Gleichgewicht. Eines ohne das andere geht auf Dauer nicht gut. (Siehe auch Kapitel „Lebens-Balance", Seite 33.) Die körperliche Betätigung wird Ihre Muskeln stetig aufbauen, und Sie werden den Alltag besser durchstehen.

Entscheiden Sie sich entsprechend Ihrem Typ, ob Sie etwas für sich alleine tun wollen und machen Sie einmal die Woche einen Termin mit sich selbst. Oder sind Sie eher ein geselliger Mensch, dann suchen Sie sich eine Gruppe. Egal ob Sie walken, laufen, schwimmen, Basketball spielen, Gymnastik oder Karate machen wollen, suchen Sie sich etwas in Ihrer Nähe und fangen Sie einfach an. Sie müssen auch beim ersten

Übungstag nicht im neuesten Trainingsoutfit erscheinen. Gehen Sie einfach hin.

Die Gruppe hat gerade bei einem Neuanfang den Vorteil, dass ein fester Termin besteht und dass die anderen auf Sie warten. Suchen Sie sich Gleichgesinnte, die Verständnis für Ihre Situation haben.

Treffen Sie noch heute eine Entscheidung, und fangen Sie an. Rufen Sie bei der Volkshochschule oder im Sportverein an und fragen Sie nach entsprechenden Angeboten.

- Ich bin eher ein Einzelgänger: ☐
- Ich bin gern in einer Gruppe: ☐
- Meine bevorzugte Bewegungsart wäre:

  ____

- Auch vorstellen könnte ich mir:

  ____

- Ich fange mit dem Training am ______________________ an.

Nehmen Sie sich nicht zu viel vor. Vergleichen Sie sich nicht mit den anderen. Sie tun es ganz alleine für sich. Fangen Sie gemütlich an und bleiben Sie dabei. Schütteln Sie die eingeimpften Zwänge unserer Leistungsgesellschaft ab. Weshalb muss immer alles schneller, höher, besser, weiter sein? Es reicht vollkommen aus, wenn Sie es einfach tun.

2. FAMILIE

Mit all eurer Wissenschaft,
könnt Ihr erklären,
wie und wann dieses Licht in die Seele kommt?
H. D. Thoreau

AUF EINEN BLICK:

- Jedes Individuum ist eine eigene Persönlichkeit mit speziellen Vorlieben und Fähigkeiten. Wo liegen die Stärken Ihres Nachwuchses?
- Eine gute Planung rettet schon das halbe Fest. Nehmen Sie Hilfe an und delegieren Sie.
- Eine Familie lässt sich nicht rationalisieren. Großzügige Pufferzeiten entspannen die Situation.
- Jede Rückenbelastung, die Sie vermeiden können, sollten Sie unterlassen. Es werden noch genügend Situationen auftreten, wo Sie nichts anderes tun können, als Ihr Kind hochzunehmen.
- Erziehen heißt in allen Bereichen: Gehen Sie mit gutem Beispiel voran.

KEINER LEBT NUR FÜR SICH

JETZT WIRD'S ERNST! – SCHULE UND AUSBILDUNG

Es gibt erfülltes Leben
trotz vieler unerfüllter Wünsche.
Dietrich Bonhoeffer

Zunächst ist alles noch ziemlich einfach: Nach dem Kindergarten geht Ihr Kind meistens in die Grundschule, zu der es durch die Lage Ihrer Wohnung gehört. Nur im Ausnahmefall werden Sie aus bestimmten Gründen die Aufnahme in eine andere Schule beantragen. Wenn Sie entscheiden wollen, ob eine Schule die richtige für Ihr Kind ist, können folgende Kriterien helfen:

- Welchen Eindruck macht das Schulgebäude? Auch die scheußlichen Betonflachbauten aus den 70er Jahren können kreative Lehrer und Schüler freundlich und fantasievoll gestalten. Sauberkeit hat nur bedingt mit dem Alter des Gebäudes zu tun.
- Werde ich als Fremde begrüßt und nach meinen Anliegen gefragt oder gar nicht wahrgenommen? Fühle ich mich willkommen geheißen oder eher als Eindringling?
- Gibt es Informationen für alle in Schaukästen, z.B. vom Elternbeirat, von der Schulleitung, in weiterführenden Schulen auch von den Schülern?
- Einen guten Eindruck bekommen Sie in der großen Pause. Wie gehen die Kinder miteinander um, wie die Lehrkräfte mit den Kindern?

So können Sie einen Eindruck vom „Schulklima" bekommen. Was Sie zunächst kaum beurteilen können, ist allerdings der für den Schulerfolg so wichtige Faktor Unterrichtsqualität. Die derzeitige Bildungsreform bringt viele Neuerungen und Veränderungen. Inwieweit sie durch neue Lehrpläne und die Fortbildung der Lehrkräfte dann auch wirklich in die Praxis umgesetzt werden, wird sich zeigen. Als Eltern sollten wir in jedem Fall den Kontakt zur Schule pflegen, nicht nur bei Problemen, sondern auch durch Anerkennung und Wertschätzung. Es hilft den Kindern, wenn Eltern und Schule „an einem Strang ziehen", d.h. Eltern und Lehrer sich gegenseitig unterstützen und im Vertrauen auf die gegenseitigen Kompetenzen zusammenarbeiten.

Bis zum 10. Lebensjahr erkennt man bei vielen Kindern schon persönliche Begabungen, Vorlieben und auch, ob sie gerne lernen oder sich eher schwer tun. Machen Sie sich im Hinblick auf den späteren Lebenserfolg eines bewusst: Entscheidend ist, dass ein Mensch sich seinen Begabungen entsprechend entwickeln darf und gefördert, aber auch gefordert wird. Richten Sie sich bei der Schullaufbahnentscheidung nicht nach Freunden Ihres Kindes und deren Eltern, sondern wirklich nach Ihrem Kind. Finden Sie heraus, was ihm Freude macht, welche Pläne es hat und wie viel Anstrengung es in die Schule investieren möchte. Es gibt nicht nur unterschiedliche Schularten, sondern auch innerhalb der Schularten verschieden geprägte Schulen. Nicht für jedes Kind ist das Gymnasium die „beste" Schule. Jahrelange Quälereien mit ständigen Versagensängsten und stundenlangen Hausaufgaben, die täglich die Stimmung in der Familie belasten, sind sicher kein erstrebenswerter Zustand. Es gibt verschiedene Wege zu einem erfüllenden, qualifizierten Beruf. Und sollte Ihr Kind wirklich zu denen gehören, bei denen „der Knoten erst später platzt", dann gibt es immer Wege der schulischen Weiterbildung. Bereits heute kommen über 30 % der Studenten nicht mehr über den herkömmlichen Weg des Abiturs am Gymnasium!

KRITERIEN FÜR DIE SCHULLAUFBAHNENTSCHEIDUNG

✎ GANZ KONKRET

Was kann Ihr Kind besonders gut?

~~Alx~~ MALEN DICHTEN

Was macht ihm Mühe?

Lesen + Schreiben + Ordnung

Geht es überwiegend „gerne" in die Schule?

o.k.

Erledigt es die Hausaufgaben selbstständig?

Nein

Fällt ihm das Lernen leicht?

ja

Welche Fächer liebt es besonders?

Musik Kunst Sport Reli

Welche Fächer mag es gar nicht?

Liest es gerne?

[illegible]

Rechnet es gerne?

[illegible]

Welche Hobbys hat es?

Chor Tröte

Womit beschäftigt es sich sonst in der Freizeit?

Backen Singen + Tanzen

Hier finden Sie einen Test, mit dem Sie und Ihr Kind unabhängig voneinander die Stärken erkennen können.

WO LIEGEN MEINE STÄRKEN?

Erfolg motiviert. Deshalb zunächst zwei grundsätzliche Fragen:

Was kann ich besonders gut?

Was tue ich besonders gern?

Nun die einzelnen Bereiche:

Organisation

Ich kann meine Zeit einteilen (z.B. bei Schul- und Hausaufgaben):
ja ☐ vielleicht ☐ nein ☐

Bevor ich etwas beginne, überlege ich mir die einzelnen Schritte:
ja ☐ vielleicht ☐ nein ☐

Unter Zeitdruck gerate ich nicht in Panik:
ja ☐ vielleicht ☐ nein ☐

Ich kann überlegt und schnell entscheiden:
ja ☐ vielleicht ☐ nein ☐

Ich vergesse keine Termine und komme nicht zu spät:
ja ☐ vielleicht ☐ nein ☐

Gruppenverhalten

Ich arbeite gerne in einer Gruppe:
ja ☐ vielleicht ☐ nein ☐

Ich arbeite lieber alleine:
ja ☐ vielleicht ☐ nein ☐

Ich lerne gerne neue Leute kennen:
ja ☐ vielleicht ☐ nein ☐

Selbstverständlich helfe ich anderen gern.

Ich setze mich für meine Freunde/Klassenkameraden ein:
ja ☐ vielleicht ☐ nein ☐

Begabung

A. Ich zeichne und male gerne:
ja ☐ vielleicht ☐ nein ☐

B. Ich komme mit Mathematik-Aufgaben gut zurecht:
ja ☐ vielleicht ☐ nein ☐

C. Ich lese gern und verstehe Texte schnell:
ja ☐ vielleicht ☐ nein ☐

D. Bei Problemen fallen mir verschiedene Lösungswege ein:
ja ☐ vielleicht ☐ nein ☐

E. Ich kann praktisch arbeiten und habe viele Ideen:
ja ☐ vielleicht ☐ nein ☐

Freizeitbereich

Bei Wind und Wetter draußen zu sein, macht mir nichts aus:
ja ☐ vielleicht ☐ nein ☐

Ich brauche viel Bewegung:
ja ☐ vielleicht ☐ nein ☐

Ich finde vieles interessant und strenge mich dafür gerne an:
ja ☐ vielleicht ☐ nein ☐

Für mein Hobby brauche ich viel Zeit:
ja ☐ vielleicht ☐ nein ☐

Am liebsten tue ich in meiner Freizeit gar nichts:
ja ☐ vielleicht ☐ nein ☐

Arbeitsweise

Ich kann rasch und zügig arbeiten:
ja ☐ vielleicht ☐ nein ☐

Schriftliche Arbeiten fertige ich übersichtlich an:
ja ☐ vielleicht ☐ nein ☐

Ich arbeite meistens selbstständig und brauche kaum Hilfe:
ja ☐ vielleicht ☐ nein ☐

Ich kann länger konzentriert bei einer Sache bleiben:
ja ☐ vielleicht ☐ nein ☐

Ich kann Wichtiges von Unwichtigem unterscheiden:
ja ☐ vielleicht ☐ nein ☐

Anhand der Antworten sehen Sie deutlich, wo die Stärken Ihres Kindes liegen und können die Schule suchen, die dazu passt.

Die meisten Schulen haben einen „Tag der offenen Tür", an dem Sie Informationen und einen Einblick in das Angebot der Schule bekommen. Wenn sich auch die meisten Schulen an einem solchen Tag natürlich besonders vielseitig und positiv darstellen, können Sie doch einen Überblick bekommen und erkennen, ob diese Schule für Ihr Kind geeignet ist. Einen weiteren Schulweg können Sie in Kauf nehmen, wenn dadurch die Begabungen Ihres Kindes besser gefördert werden. Das ist besonders wichtig bei handwerklich oder künstlerisch begabten Kindern und Jugendlichen, da unser Schulwesen meist noch ausgesprochen kopflastig ist. Entscheidend für den Lernerfolg ist aber nicht allein die Unterrichtsqualität, sondern auch das Schulklima, d.h. der tägliche Umgang miteinander. Viele Schulen haben eigene „Schulvereinbarungen" oder „Schulverträge" formuliert, die in wenigen Punkten zusammenfassen, welche Werte und Ziele die Schule hat und welche Regeln gelten sollen. In den Niederlanden hat man schon seit Jahren gute Erfahrungen mit solchen Vereinbarungen gemacht. Wenn sie von allen Beteiligten (Schülern, Lehrern, Eltern, Personal) unterschrieben und innerhalb und außerhalb der Schule beherzigt werden, ändert sich das Schulklima eindeutig. Es gibt weniger Aggression, mehr Toleranz, Rücksichtnahme und Respekt. In der entspannteren Atmosphäre wird erfolgreicher gearbeitet, weil sich jeder wohl fühlt. Erkundigen Sie sich ruhig, ob es eine solche Vereinbarung an der Schule Ihrer Wahl gibt.

Entscheidend für den Schulerfolg und dafür, dass Ihr Kind sich nicht durch seine Schulzeit quält, sind aber Sie als Eltern. Erwarten Sie bitte nicht von der Schule, dass sie Ihr Kind erzieht, d.h. alles ausgleicht, was Sie vielleicht im Elternhaus versäumen, oder gar die Probleme löst, die durch Ihre Familiensituation entstehen. Wir als Eltern haben die Kinder sechs Jahre lang zu Hause, ehe sie ein Lehrer überhaupt beeinflussen kann. Mit sechs Jahren sind aber die Weichen in der Erziehung weitgehend gestellt, wichtige Prägungen durch Ihr Vorbild bereits geschehen. Eine tolle Chance, die Kinder positiv zu beeinflussen! Wenn Sie diese Zeit nutzen, ihr Interesse wecken, dann können Sie sich später viel Mühe in der Schulzeit ersparen. Aber: Ständig fernsehende Eltern werden nur selten lesende Kinder haben. Es zählt eben immer noch mehr, was wir tun, als das, was wir sagen.

Wichtig ist für Ihr Kind auf jeden Fall, dass Sie es nicht unter Druck bringen, damit es so wird, wie Sie es sich vorstellen. Es ist erschreckend, wenn Eltern schon am Ende des ersten Schuljahres wissen wollen, ob das Kind wohl für das Gymnasium geeignet sei. Geben Sie seiner persönlichen Entwicklung Raum, unterstützen Sie, wo es gewünscht und nötig ist, aber von zusätzlichem Leistungsdruck ist dringend abzuraten. Nachhilfe ist nur dort angebracht, wo durch Krankheit oder vorübergehende Faulheit Lücken entstanden sind, die in absehbarer Zeit zu schließen sind. Jahrelange Nachhilfe, um überhaupt den Stoff zu bewältigen, ist eine falsche Investition. Während sich Ihr Kind so vielleicht auch bis zum Abitur quält, können sich seine wirklichen Begabungen wahrscheinlich nicht entfalten. Was Ihnen zunächst „abwegig" erscheint, kann für Ihr Kind gerade der Weg zu einem erfüllten, erfolgreichen Leben sein. Das Wort von Dietrich Bonhoeffer am Beginn dieses Kapitels bezieht sich also vor allem darauf, dass Sie nicht Ihre Vorstellung und Ziele auf Ihr Kind übertragen.

Auch bei späteren Schulentscheidungen sollte immer die Persönlichkeitsentwicklung Ihres Kindes im Vordergrund stehen und nicht Prestigedenken oder eigene Wünsche.

Unsere fünf Kinder sind völlig unterschiedlich. Sie haben ganz verschiedene Begabungen und Vorlieben. Es ist spannend, sie durch ihre Kinder- und Jugendzeit unterstützend zu begleiten und sie zu beraten, aber letztlich sollen sie selbst entscheiden, ob und welches Instrument sie spielen, welche Wahlfächer sie belegen, welche Praktika sie in den Ferien machen, ob sie ein Schuljahr im Ausland verbringen oder nicht. Auch bei der Berufswahl möchten wir nur beratend helfen, aber viel Raum für eigene Vorstellungen und Wege lassen. Gott hat die Vielfalt nicht geschaffen, damit wir dann alle über einen Kamm scheren!

Es ist bei den Jugendlichen nicht anders als bei uns: Am besten arbeiten wir, wenn uns die Aufgabe Freude macht, wenn wir das Gefühl haben, es zu schaffen und Erfolg zu haben. Dass das Thema lebenslanges Lernen von vielen Menschen als belastend empfunden wird, hängt wahrscheinlich damit zusammen, dass vielen in der Schule das Lernen verleidet wird. Denn als Kinder haben wir alle schnell und problemlos gelernt: vieles nebenbei und durch Erfahrung. Wir waren neugierig und liebten Herausforderungen. Erst in der Schule bekommt das Lernen den Beigeschmack von Druck oder Langeweile. Dabei sind Bildung und Erziehung ja nicht allein Aufgabe der Schule, sondern vorrangig die Aufgabe der Eltern. Sie können ganz wesentlich dazu beitragen, dass Ihr Kind eine positive Haltung zum Lernen bekommt. Museen sind heutzutage nicht mehr langweilig! Gehen Sie ab und zu – nur nicht zu lange – in ein Museum, auch wenn die Kinder noch nicht in der Schule sind. Schauen Sie gezielt ein paar interessante Sachen an und beenden Sie den Besuch, ehe das Kind müde und gelangweilt ist.

Zeigen Sie ihm in einer Kunstausstellung vielleicht nur zwei, drei Bilder, über die Sie zu Hause nochmals sprechen. Wenn Sie eine Kirche besichtigen, müssen Sie nicht jedes Detail anschauen. Aber den Unterschied von romanischen, gotischen und barocken Kirchen können auch Vorschulkinder schon anhand der unterschiedlichen Bögen erkennen.

Wir schauten einmal mit unseren Kindern Rubensbilder an. Sehr nachdenklich blieb unser sechsjähriger Sohn vor einem großen Gemälde stehen und sagte etwas abfällig: „Hätten sich auch was anziehen können, bevor der Maler kam." Rubens erkennen sie seitdem alle auf Anhieb!

Unsere jüngste Tochter erinnert sich besonders gut an eine bestimmte Kirche in Italien: „Das ist die Kirche mit dem Fußboden aus Grabsteinen!" Während mein Mann mit den anderen Kindern die Kirche anschaute, lief ich mit ihr ganz langsam von Grabplatte zu Grabplatte und wir entzifferten die römischen Zahlen. Am Ende hatten wir zwar nicht die ganze Kirche gesehen, aber bei römischen Zahlen macht ihr niemand mehr etwas vor!

AUFGABENVERTEILUNG UND ORGANISATION

KINDER HABEN IMMER ZEIT

Ich kannte eine Mutter, die jeden Morgen zu spät in den Kindergarten kam. In aller Hektik versuchte sie das Kind abzugeben – was natürlich nicht funktionierte – und dann verließ sie gänzlich entnervt den Ort des Geschehens, um zur Arbeit zu fahren. „Ich bin schon wieder viel zu spät dran!" Es war jeden Morgen dasselbe Szenario.

Es gibt Möglichkeiten aus dieser Situation herauszukommen.

- Sie stehen entsprechend früher auf, auch wenn es Ihnen schwer fällt. Vielleicht probieren Sie das gleich morgen früh einmal aus: Stellen Sie den Wecker zehn Minuten früher als sonst, und wecken Sie auch das Kind zehn Minuten früher. Übermorgen machen Sie 15 Minuten daraus. Planen Sie keine neuen Tätigkeiten ein, und Sie können die „Zeitvermehrung" genießen.
- Sie verlegen sämtliche Erledigungen und Entscheidungen, bei denen dies möglich ist, auf den Vorabend.
  Frühstück vorbereiten, Auto packen, Unterlagen für die Arbeit zusammenstellen, Kleidung für sich und die Kinder rauslegen. Praktisch ist ein Haarschnitt, mit dem man schon am Vortag/Vorabend duschen kann. In ganz wichtigen Fällen habe ich die Kinder abends in den Leggins und T-Shirts ins Bett gelegt, in denen ich sie am nächsten Morgen in den Kindergarten geschickt habe.

Die schlimmste Erinnerung bezüglich Kleidungsauswahl habe ich an eine Vier-Stunden-Diskussion (8 bis 12 Uhr) mit unserer Vierjährigen und eigentlich sehr zugänglichen Tochter. Thema war: Man geht nicht im Schlafanzug in den Kindergarten! Weshalb eigentlich nicht? Am Tag darauf habe ich sie dann im Schlafanzug hingehen lassen. Die Erzieherin hat es souverän aufgenommen. Scheint nicht das erste Mal vorgekommen zu sein. Lea hat es kein zweites Mal probiert.

Zwei Jahre später: das gleiche Spiel mit unserer zweiten Tochter. Diese ist von Natur aus mit einem gesunden Eigensinn ausgestattet, und in diesem Alter lebte Sie das in allen Spielarten aus. Bei ihr habe ich nach einer Stunde aufgegeben zu diskutieren und sie im Schlafanzug ziehen lassen. Sophie ist noch mehrmals im Schlafanzug gegangen und dann

nie wieder. Kinder sind eben unterschiedlich.
Hinterher überlegt man sich: „Was ist eigentlich so schlimm daran, wenn ein Kind im Schlafanzug in den Kindergarten gehen will? Der Unterschied zwischen Leggins mit T-Shirt und einem flotten Schlafanzug geht doch objektiv gesehen gegen null. Eltern sind manchmal fürchterliche Prinzipienreiter. Und was auch klar zu erkennen ist, die „Zweiten" haben es leichter, denn auch Eltern sind lernfähig.

Inzwischen ist unsere Familie ein eingespieltes Team (die schwierige Anlaufphase lohnt sich). Wir stehen so großzügig auf, dass wir uns alle zusammen fertig machen und frühstücken können. Jeder bricht auf, wenn es an der Zeit ist. Wer als Letzter aus dem Haus oder an den Schreibtisch muss, hat noch Zeit etwas zu erledigen. Manchmal bleibt noch Muße für ein kurzes Gespräch oder ein paar Minuten Lesen.

Auch wenn Sie zu den Nachteulen gehören und schwer aus den Federn kommen, sollten Sie sich morgens die notwendige Zeit nehmen. Leider müssen auch Sie pünktlich im Geschäft sein und die morgendliche Aufwachphase wird weniger hart, wenn Sie diese nicht noch mit Hektik kombinieren müssen.

PUFFERZEITEN

Bauen Sie Zeitpuffer ein, wenn Sie zu einem bestimmten Zeitpunkt ankommen möchten. Zählen Sie den notwendigen Zeitaufwand zusammen.

Zeitbedarf für das allmorgendliche Ritual eines Schulkindes (Idealfall)

	5 Minuten wecken und wach werden
	+ 10 Minuten anziehen
	+ 15 Minuten Frühstücken
	+ 5 Minuten Zähne putzen
	+ 10 Minuten Toilette gehen
	+ 7 Minuten Vesper richten
	+ 8 Minuten Schuhe und Mantel anziehen
	+ 5 Minuten für Gespräche
Ergebnis	= 1 Stunde und 5 Minuten

Es ist sinnvoll in Abhängigkeit vom Alter der Kinder ca. 25 % Zeitzuschlag zu geben. Dies bedeutet, die Kinder sollten um 6.10 Uhr (spätestens 6.25 Uhr) aufstehen, wenn sie um 7.30 Uhr das Haus verlassen müssen. Schon allein nach Adam Riese wird es in weniger Zeit nicht zu schaffen sein.

Wenn Sie gerade ein Kind in der „Trotzphase" haben (positiv sehen: es ist eine Selbstfindungsphase), dann geben Sie ihm die Zeit sich zu finden. Sie können es sowieso nicht ändern. Kalkulieren Sie die Zeit ein, die Sie benötigen werden, um Ihr Kind von den anstehenden Dingen zu überzeugen. Auch wenn man es nicht glauben mag, diese Phase geht tatsächlich vorbei (sie kann aber länger dauern).

Beachten Sie dabei die verschiedenen Persönlichkeitsprofile (DISG), wie Sie im Grundlagenkapitel zum Zeitmanagement (Seite 18) beschrieben sind.

Jahre später, als ich in einem tempus-Seminar saß, gingen mir tausend Lichter auf. Wir haben eine stetige und gewissenhafte Tochter. Hervorragende Eigenschaften, wenn man damit umzugehen weiß. Das bedeutet für mich im Klartext: Ich muss alle Aktionen immer vorher ankündigen. Sie hasst Überraschungen (egal ob positiv oder negativ) und sie stellt sehr hohe Anforderungen an sich selbst und die Qualität ihrer Arbeitserledigung (und nimmt sich dabei oft zu viel vor). Die damalige Trotzphase war zum Teil einfach deshalb so intensiv, weil sie es nicht mochte, überrascht zu werden. Eine schwierige Situation bei einer dominant-initiativen berufstätigen Mutter. Armes Kind!

Nein, es geht hier nicht um Schubladendenken. Aber dort, wo es eine Hilfe im Umgang der Menschen miteinander gibt, sind für mich Anregungen immer willkommen. (Siehe dazu im Literaturverzeichnis: Ch. Boyd, Was für Eltern braucht mein Kind?)

Wer von uns ist reif genug,
um Kinder zu haben,
bevor sie da sind?
Der Wert einer Ehe liegt nicht darin,
dass Erwachsene Kinder hervorbringen,
sondern dass aus Kindern Erwachsene werden.
Peter de Vries

KINDER WOLLEN HELFEN – LASSEN SIE ES ZU!

Nehmen Sie Kindern nicht alles ab. Sie sind von Natur aus neugierig und wollen alles lernen: Tischdecken, Gemüse waschen, Wäsche zusammenlegen, Rasenmähen ... Wenn wir ihnen die Möglichkeiten nicht eröffnen, wie sollen sie es dann lernen? Nehmen Sie die angebotene Hilfe immer in irgendeiner Form an, und lassen Sie das Kind spüren, dass es willkommen ist und die geleistete Arbeit zufriedenstellend ausfällt. Ich habe es mir zur Gewohnheit gemacht, bei allen

Hausarbeiten die ganz einfachen Dinge erst am Schluss zu erledigen. Kommt zwischendurch ein Kind herein und fragt, dann ist immer eine Kleinigkeit zu tun.

Bleiben Sie gelassen, wenn die kindlichen Gehversuche nicht gleich professionellen Charakter haben.

Der erste Kuchen von Kati (Barbaras Tochter) entstand folgendermaßen: Kati war damals etwa drei Jahre alt. Als Barbara in die Küche kam, stand Kati auf einem Hocker und arbeitete genau dort, wo auch Barbara immer Kuchen bäckt. Sie hatte den Topf mit dem Schnittlauch, der auf dem Fensterbrett stand, umgedreht, die Erde ordentlich auseinander gezogen, in die Mitte ein Ei geschlagen und Zucker dazu gemischt. Nun war sie dabei, alles zu einem „Teig" zusammenzukneten. Die Küche sah entsprechend aus! Barbara musste lachen! Kati hat sich zu einer hervorragenden Köchin entwickelt.

Sicher erinnern Sie sich an ähnliche „Taten", die Sie selbst als Kind vollbracht haben.

Es hinterlässt bei den Kindern einen verzerrten Eindruck der Realität, wenn man den ganzen Tag mit ihnen spielt und alle Hausarbeit und Berufsarbeit nachholt, wenn sie abends im Bett sind. Ich kenne mehrere Mütter, die dies so handhaben. Diese Frauen gehen moralisch auf dem Zahnfleisch, da sie sich ständig aufopfern, und es schwingt immer ein gewisses Selbstmitleid in ihrer Stimme, da sie sich ausgenutzt vorkommen. Irgendwann werden diese Kinder aufwachen und entsetzt feststellen, dass ihnen niemand mehr die Schuhe hinterher trägt.

Jede Stunde,
die Sie vor Mitternacht ins Bett gehen,
bringt Ihnen doppelte Energie.

Anders ist es, wenn Sie als Mutter zu den so genannten „Nachteulen" gehören und Ihre gute Arbeitsphase erst anfängt, wenn alle anderen im Bett sind. Dann ist es an Ihnen dafür zu sorgen, dass Sie Ihre Erholungsphasen tagsüber bekommen und Sie selbst als solche wahrnehmen. Sie dürfen nicht jammern, dass sie jede Nacht bis um 23.00 Uhr oder länger am Schreibtisch sitzen, wenn Sie mittags im Schwimmbad waren.

Ähnlich ist es mit vielen Lehrern, die am Sonntagnachmittag ihre Vorbereitungen für die folgende Woche treffen. Es ist Ihre eigene Verantwortung, wie Sie Ihre Zeit einteilen und wann Sie Zeit mit den Kindern und der Familie verbringen.

Auch ich habe montagmorgens Termine zu absolvieren und arbeite trotzdem am Wochenende nicht (früher war dies oft der Fall).

Gerade wenn Sie die Möglichkeit haben, sich Ihre Arbeitszeit selbst einzuteilen, dann übernehmen Sie selbst aktiv die Verantwortung für Ihre Zeiteinteilung.

Stören Sie Überstunden oder bestimmte Arbeitszeitmuster in Ihrer Firma sehr, dann ist es an der Zeit darüber nachzudenken und Änderungen zu planen.

Belohnen Sie nicht ständig alles. Stellen Sie die Dinge so dar, wie sie sind: als Selbstverständlichkeit. Die Kinder gewöhnen sich an das Selbstverständliche und tun es genauso, wie Sie selbst es auch tun. Wenn Sie heute fürs Schuheaufräumen ein Bonbon versprechen, schenken Sie Ihrem 18-Jährigen dann Ihr Auto, wenn er den Müll rausträgt?

Die Methode, Leckerbissen für die Ausführung
von Kunststücken bereitzuhalten,
eignet sich vielleicht für die Dressur von Tieren;
es ist aber äußert zweifelhaft, ob sie die richtige ist,
um die zukünftige Generation
von Denkern und Problemlösern heranzuziehen.
Kathy Tyler

In Abhängigkeit vom Alter der Kinder können bestimmte „Dienste" (keine Strafen!) eingerichtet werden. Eine andere Möglichkeit ist es, die Mithilfe nicht an Tätigkeiten, sondern mit einem Zeitrahmen festzulegen. Zum Beispiel jedes Kind hilft täglich eine halbe Stunde in Haus und Garten. Nur für wirkliche Sonderleistungen gibt es eine Vergütung, um das Taschengeld aufzubessern.

WAS KÖNNEN WIR ZUSAMMEN TUN? – GEMEINSAME INTERESSEN VERBINDEN

Wenn Sie gemeinsam mit den Kindern bestimmte Tätigkeiten oder Hobbys verfolgen wollen, dann empfiehlt es sich, sie so früh wie möglich einzubeziehen. Auch, wenn es für Sie als Eltern am Anfang Stress bedeutet.

- Wollen Sie einen Haushalt führen? Zeigen Sie dem Baby, dass es selbst wichtig ist, dass aber manchmal andere Dinge – wie der Haushalt – vorgehen. Nehmen Sie es ins Tragetuch oder in die Rückentrage, dann kann es alles sehen, und Sie haben trotzdem die Hände frei zum Karottenschälen. Oder lassen Sie es in der Küche spielen bzw. mithelfen.

- Das Gleiche gilt für die Arbeit. Durch meine Heimarbeit hatte ich die Möglichkeit, das Baby in die Arbeitszeit zu integrieren. Das Kind hat geschlafen und ich habe gearbeitet, ist es aufgewacht, dann habe ich mich mit ihm beschäftigt. Zum Teil einfach durch Sprechen, zum Teil durch Kuscheln oder Spielen. Mit den längeren Wachphasen lernte es automatisch, dass ich zwar da war, aber manchmal am Schreibtisch sitzen blieb. Selbstverständlich hatte es bald seinen eigenen Schreibtisch und „arbeitete" auch.

- Verreisen Sie gerne? Dann nehmen Sie das Baby mit. Es wird sich von Anfang an daran gewöhnen und später in jeder Umgebung schlafen. Sie werden lachen, aber wir haben schon mit den ganz kleinen Babys geredet und ihnen erklärt, was wir heute vorhaben und wo wir hinfahren. (Wir waren viel unterwegs.) Man darf die Kinder nie unterschätzen, auch wenn sie selbst noch nicht sprechen können, sie verstehen viel mehr, als man ihnen zutraut.

- Haben Sie ein Hobby? Lassen Sie das Kind schon als Baby teilhaben, vielleicht schaut es Ihnen aus der Rückentrage über die Schulter oder es sitzt am Rand und schläft oder spielt. Fangen Sie minutenweise an und dehnen Sie dann langsam die Zeitintervalle aus.

Wie alt muss Ihr Kind werden, damit Sie wieder mit Ihrem Hobby anfangen können? 18 oder 22? Haben Sie Mut zu Ideen und setzen Sie diese um.

Vielleicht finden Sie gemeinsam neue Hobbys? Unternehmen Sie Dinge wie Radfahren oder schwimmen gehen. Das tut Ihrer Gesundheit auch gut, und Sie können mit den Kindern zusammen sein.

Nun werden Sie sagen, ich habe es nicht so gemacht. Jetzt sitze ich hier und mein Dreijähriger akzeptiert keinen Babysitter. Oder mein Achtjähriger schläft nur bei uns zu Hause. Dann ist das doch die Chance, mit etwas Neuem anzufangen. Gehen Sie behutsam vor, denn alles braucht seine Zeit. Bereiten Sie das Kind vor und beziehen Sie es in die Planung mit ein. Arbeiten Sie sich in Stufen an das Ziel heran. Erzwingen Sie nichts, seien Sie geduldig, aber konsequent. Starten Sie die Offensive mit Fantasie, und stellen Sie sich auf anstrengende Situationen ein, aber vielleicht läuft wider Erwarten auch alles reibungslos. Warten Sie bis zum nächsten Versuch aber kein halbes Jahr, sonst ist der Effekt wieder verflogen.

Notieren Sie im Folgenden Ihr vordringlichstes Ziel. Was engt Sie ein? Wo fühlen Sie sich eingesperrt und zurückgesetzt nur wegen der Kinder?

Das möchte ich ändern:

Mein erster Schritt zum Ziel:

Den ersten Anlauf
dazu nehme ich am:

„Der Mensch ist ein Gewohnheitstier." So ist es nicht nur bei den Kindern, sondern auch bei uns. Wir brauchen alle unsere Zeit, um uns zu ändern. Aber wir sind alle dazu fähig dazuzulernen, unabhängig vom Alter. Wer nichts mehr lernen kann oder will, ist eigentlich schon ein Stück weit gestorben.

Die Hauptaufgabe des Lebens besteht darin,
sich selbst auf die Welt zu bringen.
Erich Fromm

Dieser Prozess dauert über unsere gesamte Lebensspanne an. Wir werden nie am Ende angekommen sein. Wir werden nicht eines Tages sagen können: Ab heute sind wir perfekt.

Wir haben Ziele. Wir arbeiten darauf zu. Aber eigentlich ist es der Weg dorthin, der das Leben ausmacht. Schlussendlich ist der Weg das Ziel.

So geben Sie sich, Ihrem Partner und den Kindern die Chance, ihren Weg zu finden und zu gehen. Arbeiten Sie daran, dass es ein gemeinsamer Weg ist. Tauschen Sie sich miteinander aus. Achten Sie die Eigenständigkeit jedes Einzelnen. (Weitere Literatur: Th. Gordon. Die neue Familienkonferenz)

FESTE FEIERN – WARUM KOMMT WEIHNACHTEN IMMER SO PLÖTZLICH?

Es gibt wohl wenige Dinge, die so gemeinschaftsfördernd sind wie die gemeinsame Vorbereitung eines Festes. Das gilt für persönliche Geburtstagsfeiern ebenso wie für Firmenjubiläen, für Vereinsfeste oder Gemeindefeste. Einen besonderen Platz nehmen die christlichen Feste im Jahreslauf ein, die noch immer gesellschaftliche Feiertage sind, obwohl immer weniger Menschen wirklich geistliche Inhalte damit verbinden. Man hat fast den Eindruck, je unwichtiger die eigentlichen Anlässe werden, desto wichtiger wird das ganze Drumherum. Da wird Christi Himmelfahrt schnell zum Vatertag. Der Einzelhandel dankt es uns! Als ich neulich mit meiner Friseurin darüber ins Gespräch kam, meinte sie, von der Himmelfahrt Jesu noch nie etwas gehört zu haben. (Dabei hat jedes Kind doch mindestens neun Jahre lang zwei Wochenstunden Religionsunterricht!) Ähnlich schockierende Aussagen zu Weihnachten machten im Jahr 2002 in der Adventszeit Schlagzeilen.

Die Schenkerei hat längst den eigentlichen Sinn verdrängt. Da kann es sogar passieren, dass eine so großartige Aktion wie „Weihnachten im Schuhkarton"[4] als „aggressive Mission" verunglimpft wird, weil das Verständnis für die erfahrbare Liebe Jesu durch ein solches persönlich gepacktes Päckchen völlig abhanden gekommen ist.[5] Ich erinnere mich noch an die Aktionen vor Weihnachten in meinen ersten Schuljahren. Wie begeistert waren wir, anhand von Adressenlisten Pakete für Familien in der „Ostzone" zu packen. Seife, Zahnpasta, Backzutaten, alles Mögliche schleppten wir in die Schule, packten es mit Begeisterung in Weihnachtspapier, schrieben sorgfältig die erforderliche lange Liste und außen drauf „Geschenksendung – keine Handelsware!" Natürlich in Rot und dick unterstrichen! Wir stellten uns vor, wie das Paket ausgepackt wird, welche Freude es in die Familie bringt, allein schon deswegen, weil wir an sie gedacht haben. Im Grunde wurden wir dabei mindestens genauso beschenkt. Und wir konnten verstehen, dass Gott an Weihnachten der Menschheit seinen Sohn schenkte, damit wir seine Liebe zu uns überhaupt begreifen können. Ähnliches geschieht, wenn Menschen aus einem Schuhkarton ein überraschendes Weihnachtspäckchen für ein Kind machen, das sonst wenig zu lachen hat. Wer daran Anstoß nimmt, hat wenig von Weihnachten verstanden und schenkt wohl nur aus Pflichtgefühl ... Jesus selbst hat ja überall zunächst die existenziellen Nöte der Menschen gestillt, ehe er zu ih-

[4] Geschenke der Hoffnung e.V., E-Mail: info@geschenke-der-hoffnung.org, www.geschenke-der-hoffnung.org

[5] Süddeutsche Zeitung vom 2. Mai 2003

nen predigte. Betrieb er damit aggressive Mission? Ob bei uns noch viel Weihnachtsstimmung wäre, wenn wir einmal ganz aufs Schenken verzichten? Es wäre ein Experiment wert, besonders für diejenigen, die sich über „Weihnachtsstress" beklagen.

Wem Weihnachten wirklich wichtig ist, der fängt rechtzeitig mit den Vorbereitungen an. Es kommt nicht auf die Größe der Geschenke an, denn im Grunde haben wir ja alles, was wir brauchen (und noch viel, viel mehr, ja meistens viel zu viel)! Besonders schön ist die Vorweihnachtszeit mit Kindern, wenn es uns gelingt, ein bisschen Geheimniskrämerei im Haus zu verbreiten. Wenn gemeinsam gesungen oder musiziert wird ... oder ist das alles so abwegig, weil wir doch eine moderne Gesellschaft sind? Schenken Sie sich doch mal Zeit! Zeit für Gespräche, Zeit zum Spielen, Zeit für einen Kinobesuch, ein Konzert, eine Tasse Tee am Adventskranz. Oder Sie nehmen sich vor, wieder einmal Geschenke selber zu machen und entdecken dabei neue Basteltechniken. Gerade weil wir in einer Überflussgesellschaft leben, in der es alles zu kaufen gibt, gewinnen selbst gemachte Geschenke an Wert. Sie haben früher viel gestrickt? Warum versuchen Sie es nicht wieder einmal? Es muss ja nicht gleich der Riesenpullover mit dem komplizierten Zopfmuster sein. Ein Schal, passend zum Mantel oder der schicken Winterjacke, ist immer willkommen! Kennen Sie schon die lustige neue Sockenwolle, die Sie einfach Knäuel um Knäuel verstricken, und das Muster ergibt sich von selbst? Da wird das Stricken richtig spannend! Und natürlich kann man damit nicht nur Socken stricken.

Bäckerinnen haben es leicht, denn ein selbst gemachter Kuchen oder Stollen und Weihnachtsgebäck machen jedem eine Freude. Backen Sie „auf Verdacht" und überraschen Sie in der Vorweihnachtszeit Menschen, die überhaupt nicht damit rechnen. So ähnlich hat es ja Gott damals auch mit den Hirten in Bethlehem gemacht!

Ich habe vor vielen Jahren ein liniertes DIN-A4-Schulheft angelegt, in das ich alle Geschenke eintrage. So habe ich die Übersicht über mehrere Jahre und kann jederzeit nachschauen, wer wann was zu Weihnachten und zum Geburtstag bekommen hat. Ich habe dazu einfach die Familie meines Mannes und unsere Kinder mit den jeweiligen Geburtstagen auf die Innenseite des ersten Blattes an den Rand geschrieben und auf die Innenseite des letzten Blattes an den Rand meine Familie, unsere Patenkinder und Freunde, denen ich etwas schenken möchte. Weihnachten und Geburtstag eines Jahres stehen jeweils auf einer Seite, also bei aufgeschlagenem Heft liegt das ganze Jahr für alle Personen vor mir. Die inneren Seiten sind alle um die Namensliste gekürzt worden, so dass ich die Namen immer sehe.

Außerdem enthält mein Heft weitere Rubriken:

Mögliche Geschenke

Dort trage ich immer ein, wenn ich von einem Wunsch eines Verwandten oder Freundes erfahre. Wenn mein Sohn z.B. sagt, dass er „bald mal" ein neues Nagelnecessaire braucht, dann schreibe ich es auf und schenke es ihm bei Gelegenheit. Das kann, aber muss nicht, sein Geburtstag oder Weihnachten sein. Ich messe mir auch mal einen Esstisch aus, wenn ich zu Besuch bin (meine Handspanne ist genau 20 cm), und schreibe mir die Maße des Tisches auf, um evtl. eine passende Tischdecke zu verschenken. Früher habe ich auch manchmal meine Patenkinder „vermessen", um ihnen Pullover zu stricken.

Weihnachtspost

Hier trage ich einfach untereinander die Namen der Leute ein, denen ich einen Weihnachtsgruß schicke. Und ich schreibe dazu, ob mit Familienfoto oder ohne. Bedenken Sie: Sie müssen niemandem schreiben, es ist Ihre Entscheidung, Sie tun es freiwillig! Außerdem freut man sich ja auch über einen Gruß, der nicht exakt am 24. Dezember ins Haus flattert. Ehe Sie unter Druck kommen, schreiben Sie lieber noch einige Grüße in der Ruhe der Weihnachtsfeiertage. Manche Leute halten gar nichts von Weihnachtspost. Ich halte es auch für sehr sinnvoll, dass Firmen das Geld für die Grußkarten, das Porto und die Kundengeschenke sparen und sinnvoll spenden. Aber für mich ist Weihnachten ein Anlass, auch denen zu schreiben, die mir wichtig sind, mit denen sich aber im Verlauf des Jahres kein persönlicher Kontakt ergab. So hören wir wenigstens einmal voneinander.

W 1999, W 2000, W 2001

In diese Rubrik trage ich fortlaufend ein, was ich jemandem schenke, der nicht in meiner Familienliste steht. So kann ich erstens genau nachschauen, was ich geschenkt habe, werde aber auch an Menschen erinnert, denen ich wirklich gerne etwas schenke, die aber nicht in meiner Liste stehen. Auch Geschenke während des Jahres trage ich hier mit dem Vermerk G 2001 (für Geburtstag im Jahr 2001) oder H 2002 (Hochzeit im Jahr 2002) ein.

STRESSIGE ADVENTSZEIT?

Vielleicht haben Sie den Eindruck, dass das ein ziemlicher Aufwand ist. Aber es klingt viel komplizierter, wenn man es aufschreiben will. Warum ich diese Liste nicht in meinem Zeitplanbuch führe? Weil ich die

Liste nicht ständig brauche, Geschenke fast immer zu Hause verpacke und das Heft dort gleich zur Hand habe. Im Zeitplanbuch wäre es selten gebrauchter Ballast, da genügt der Geburtstagskalender.

Ich habe auch eine große Schachtel, in der ich das ganze Jahr über Geschenke für bestimmte Menschen sammele. Vor Weihnachten muss ich sie nur noch einpacken und ins Heft eintragen. In dem Moment, wo ein Geschenk verpackt ist, muss es auch einen Aufkleber oder einen Anhänger bekommen mit dem Namen der Beschenkten. So schaffe ich es oft, ab Ende November bei verschiedenen Gelegenheiten in der Familie schon vor Weihnachten die Geschenke zu verteilen, so dass ich gar nicht viel mit der Post schicken muss.

Für wen ich kein wirklich passendes Geschenk finde, der kriegt nichts außer einem persönlichen Gruß. Andererseits warte ich auch oft nicht bis Weihnachten, wenn ich ein richtig gutes Geschenk habe, sondern verschenke es eben mitten im Jahr. Wenn ich etwas wirkliches Sinnvolles finde, verschenke ich es auch mehrfach. Es macht mir richtig Spaß, gerade Menschen etwas zu schenken, die wirklich überrascht sind, weil ich ihnen doch nichts „schenken muss". Und genau darum tue ich es so gerne. Mein Heft hilft mir dabei, jederzeit den Überblick zu haben. Wäre das auch für Sie ein Weg zu mehr Gelassenheit und vorweihnachtlicher Freude?

Eine Alternative zum „Geschenke-Heft" ist eine Excel-Datei im Computer. (Vielleicht auch eine gute Gelegenheit sich in die Tabellenkalkulation einzuarbeiten.) Hier lässt sich die Liste der Beschenkten am linken Rand immer sichtbar im Feld halten, während man durch die letzten Jahre scrollt. Jedes Tabellenblatt entspricht einer der oben genannten Rubriken.

Bei Weihnachten ist der Termin kein Problem, aber um keine Geburtstagstermine zu verpassen, übertrage ich diese immer gleich im Januar in meinen Zeitplaner, denn dort schaue ich täglich rein. Es ist aber auch gut möglich, einen immerwährenden Geburtstagskalender anzulegen, man darf nur nicht vergessen rechtzeitig nachzulesen.

ENDLICH IST WEIHNACHTEN!

Die Gestaltung des Weihnachtsabends selbst kann sehr unterschiedlich sein. Interessiert es Sie, wie wir es machen?

Weihnachten bei Barbara

Bei uns gibt es ganz feste Rituale, an denen niemand rütteln möchte: Nach dem gemeinsamen Gottesdienst singen die Kinder in der Küche zum letzten Mal am Adventskranz, während wir Eltern im Weihnachtszimmer die Kerzen anzünden. Und obwohl die Kinder nun erwachsen sind, kommen sie, nachdem das Glöckchen geklingelt hat, mit dem Lied „Ihr Kinderlein, kommet!" ins Weihnachtszimmer. Das jüngste Kind zuerst, dann die anderen dem Alter nach. Schwiegerkinder werden dem jeweiligen Kind zugeordnet. Wir stellen uns an die Krippe und singen noch einige Lieder, dann setzen wir uns, damit mein Mann aus einer alten Bibel die Weihnachtsgeschichte nach Lukas 2 liest, die wir ja vorher auch schon im Gottesdienst gehört haben. Aber man kann ja gar nicht zu oft diese wunderbare Geschichte hören! Nun darf sich jeder ein Lied wünschen, dann kommt der lang erwartete Moment: Geschenke auspacken.

Beginnend bei dem jüngsten Kind gehen alle gemeinsam zu dessen Tisch und schauen zu, assistieren und freuen sich mit, was sich Großeltern und Paten alles überlegt haben. Als die Kinder kleiner waren, schrieb ich alles auf, damit auch bei den Dankesbriefen niemand vergessen wurde. Heute sorgen die Kinder selbst dafür. Während die Kinder auspacken, lege ich schon „heimlich" das eine oder andere schöne Papier zusammen und wickele Bänder auf. Dadurch lässt sich das Chaos auch bei fünf Kindern einigermaßen in Schach halten.

Der Geschenktisch der Eltern – seit Jahren auf dem Klavier – füllt sich dadurch, dass uns die Kinder ihre Geschenke überreichen. Ich staune immer, auf welch gute Ideen sie kommen und besonders auch, wie liebevoll sie es verpacken! So komme ich dann zu meinem faulen Tag im Hotelschwimmbad oder meine Mokkatässchen-Sammlung wird ergänzt. Marzipan darf nicht fehlen! Patenkinder-Gemälde und eine Riesendose Vanillekipferl, die heimlich für meinen Mann gebacken wurden. Und dann wird es einfach nur gemütlich. Jeder beschäftigt sich mit seinen neuen Sachen, zeigt sie den anderen, liest Post, die neuen Bücher werden angeschaut, ein neues Gesellschaftsspiel ausprobiert – bis irgendwann jemand sagt: „Ich hab' Hunger."

Alle Kerzen am Baum und im Weihnachtszimmer werden gelöscht, nur die Krippenlichter und die Kerzen auf dem Esstisch brennen dann noch. (Kerzen sollten nie unbeobachtet brennen!)

Beim Weihnachtsessen sind wir einfallslos: Es gibt am Heiligen Abend immer roten Heringssalat mit Toast. Er lässt sich gut vorbereiten und steht dann bei Bedarf schnell auf dem Tisch. Nach den Weihnachtsplätzchen freut sich jeder über etwas Saures, und für die Hausfrau macht es nicht viel Arbeit. Eigentlich merkwürdig: Obwohl wir uns jedes Mal mit Begeisterung auf den Heringssalat stürzen, sind wir noch nie auf die Idee gekommen, an einem anderen Tag im Jahr roten Heringssalat zu essen.

Wahrscheinlich gibt es bei Ihnen auch gewisse Rituale im Zusammenhang mit Weihnachten. Gestalten Sie diese Tage so, wie Sie es am entspannendsten finden. Vielleicht fühlen Sie sich mit elektrischen Kerzen wohler? Viele Familien haben auch ein traditionelles Essen am 1. Weihnachtstag. Solche Gewohnheiten stammen aus der Zeit, als alles noch nicht so hektisch war, und sie passen deshalb gut zu der Tendenz, zu vereinfachen und dem Leben mehr Qualität zu geben. Das Wichtigste in diesen Tagen: Schenken Sie sich Zeit!

Falls Sie sich nicht daran erinnern, fragen Sie doch einmal Ihre Eltern oder die Großeltern, wie sie früher Weihnachten gefeiert haben. Wirklich gefeiert, denn das Leben war sonst ja viel bescheidener – und dadurch der Weihnachtsgeschichte viel näher.

Weihnachten bei Renate

24.12.: 16.00 Uhr zu Hause Teetrinken, Christbaum anzünden, singen, auspacken; 17.30 Uhr zu Oma Nr. 1 fahren: Plätzchen essen, Christbaum anzünden, singen, auspacken; 18.30 Uhr 100 Meter weiter fahren, dort wohnte Oma Nr. 2: Nachtessen, Singen, Weihnachtsgeschichte vorlesen, auspacken ... die Erwachsenen haben endlos geredet und ich bin irgendwann auf einem Sessel eingeschlafen.

Heutzutage ist es etwas anders, da die Eltern meines Mannes leider verstorben sind, ist es nicht notwendig, dass wir mit den Kindern umziehen. Wir fahren 230 km und bleiben dann an Ort und Stelle. Manchmal wünsche ich mir allerdings, wir könnten einfach bei uns zu Hause bleiben und gemütlich feiern. Aber meine Mutter besteht auf der Tradition, dass alle ihre Kinder bei ihr zu Hause sind. Mein Bruder ist mit seinen Kindern und seiner Frau also wieder am Wandern, wie eh und je.

Es ist verständlich, dass Eltern alle ihre Kinder an Weihnachten gerne um sich haben wollen, aber Kinder sind nun einmal nicht teilbar und gründen eigene Familien. Mein Mann und ich haben uns fest vorgenommen, unsere Kinder niemals zu diesem Termin zu zwingen.

Am zweiten Weihnachtsfeiertag findet auch heute noch das Treffen aller Verwandten meines Vater statt. Ich liebe dieses Fest. Denn endlich sind alle Termine vorbei. Jedes Jahr wird es reihum von einer anderen Familie veranstaltet. Jeder bringt Plätzchen und etwas zu Trinken mit, damit der Gastgeber nicht allzu viel Arbeit hat, denn bei 30 bis 50 Personen bleibt noch genug zum Vorbereiten. Alle die ein Instrument spielen können, bringen es mit. Das gibt ein tolles improvisiertes Orchester, und wir singen begeistert alle Weihnachtslieder, auf die wir Lust haben. Alle Kinder, Tanten und Omas sind da, vom Jüngsten bis zum Ältesten. Es gibt keine Geschenke. Dieses Treffen ist nur zum

Plaudern, Austauschen und gemütlichen Zusammensitzen. Es gibt eine Kleinigkeit zum Essen, die nicht viel Arbeit macht. Und dann geht jeder wieder seiner Wege bis nächstes Jahr. Ich kann mich noch erinnern, wie mein Mann das erste Mal mit dabei war, und er wurde wie alle „Neuen" herzlich aufgenommen.

Jede Familie hat ihre eigenen Traditionen.

▶ Wie sieht Ihr Weihnachtsfest aus?

▶ Wie und mit wem würden Sie es gerne verbringen?

▶ Möchten Sie langfristig etwas umstellen?

Veränderungen im engsten Familienkreis sind meist ein schwieriges Unterfangen, denn man möchte niemanden verletzen. Trotzdem kommt irgendwann der Tag, an dem man ein bisschen an sich selbst und seine Familie denken darf.

MAN MUSS DIE FESTE FEIERN, WIE SIE FALLEN – ODER ANLÄSSE SCHAFFEN!

Nach diesen weihnachtlichen Gedanken zurück zur Vorbereitung anderer Feste. Wie intensiv Sie sich damit beschäftigen und wann Sie beginnen, hängt natürlich vom Anlass, von der Art des Festes und der Zahl der geladenen Gäste ab. Man kann im kleinen Kreis mit einem köstlichen Essen an einem festlich gedeckten Tisch sehr schön feiern, aber es ist auch etwas Herrliches, mit vielen guten Freunden, Verwandten und Gästen aller Altersstufen ein großes Gartenfest zu veranstalten. In jedem Fall machen die Vorbereitungen viel Freude, wenn man rechtzeitig damit beginnt.

Zuerst muss feststehen:

- der Anlass
- der Termin
- der Umfang, also die ungefähre Zahl der Gäste
- danach richtet sich der Ort, z.B. zu Hause oder in einem Lokal (oder man macht es umgekehrt: Man möchte an einem bestimmten Ort feiern und stellt die Gästeliste entsprechend zusammen)
- Art und Zeitpunkt der Einladungen mit Rückmeldung bis zu einem bestimmen Termin

- Gestaltung der Einladung, Versand

Wenn Ihnen die Listenschreiberei nicht so liegt, kann hier vielleicht eine Mind Map helfen, eine grafisch gestaltete Karte, die Sie nach Belieben und Notwendigkeit ergänzen können.

Sie schreiben den Anlass in die Mitte und verästeln von dort aus alle anfallenden Aufgaben und was Sie bedenken müssen.

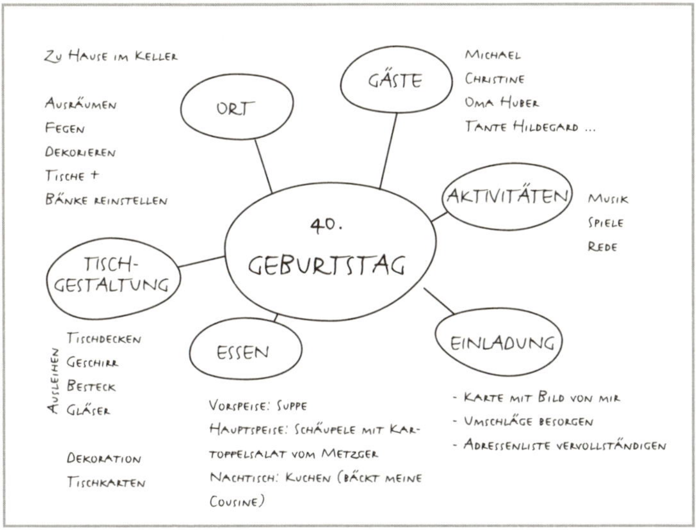

Und nun beginnt die spannende Zeit: Wer kommt, wer sagt ab, wer braucht ein Nachtquartier? Haben wir jemanden vergessen?

Die Anspannung lässt nach, wenn die ersten Zusagen ankommen, aber nun beginnt die anstrengende Phase. Wappnen Sie sich mit viel Geduld. Meistens klappt nicht alles ganz so, wie wir es uns ausgedacht haben. Aber wenn es anders läuft, ist es noch lange nicht schief gegangen! Je mehr Helfer Sie haben, desto besser. Verteilen Sie die anfallenden Aufgaben so, dass jeder tut, was er am besten kann und deshalb gerne tut. Checken Sie noch mal:

- Ist das Lokal reserviert?
- Haben alle Gäste eine Anfahrtsskizze?
- Muss jemand am Bahnhof abgeholt werden?
- Sind die Übernachtungen klar?
- Wann gibt es welche Speisen?

- Wer kümmert sich um Getränke?
- Wer schreibt Tischkarten?
- Gibt es eine Tischordnung? Wer macht sie?
- Wo wird sie ausgehängt?
- Wer macht die Tischdekoration?

Außerdem muss geklärt sein:

- Wer begrüßt die Gäste, hält die Tischrede?
- Brauchen bestimmte Gäste besondere Aufmerksamkeit?
- Gibt es weitere Beiträge?
- Wie geht es nach dem Essen weiter?
- Wird getanzt? Wo?
- Wer kümmert sich um die Musik?
- Bis wann soll das Fest dauern?
- Wie kommen die Gäste nach Hause? (Vor allem bei Jugendlichen zu klären)
- Was muss sofort noch aufgeräumt werden?
- Was muss am nächsten Tag nach einem gemütlichen Frühstück noch getan werden?
- Wer macht was?

Die Liste ist sicher nicht vollständig, es gibt ja auch so viele schöne Gründe, ein Fest zu feiern. Ergänzen Sie sie nur gleich, wenn Sie eben beim Lesen etwas vermisst haben! Am meisten Freude macht die Vorbereitung, wenn viele Ideen berücksichtigt werden und auch die Kinder ihre Vorstellungen verwirklicht sehen.

Auf ganz besondere Feste wie z.B. eine Hochzeit möchte ich hier nicht näher eingehen. Die Planung ist sehr individuell, auf jeden Fall sollen Sie die Wünsche des Hochzeitspaares z.B. bei der Gästeliste über Ihre eigenen stellen. Es gibt im Fachhandel Bücher und Zeitschriften zu diesem Thema, in denen Sie sehr gute Anregungen finden, die Sie dann für diese Hochzeit abwandeln können.

Das Grundmuster ist immer ähnlich

Was im Privatleben gilt, lässt sich auch auf Firmenjubiläen, Vereins- und Gemeindefeste übertragen. Beziehen Sie viele mit ein, und verteilen Sie die Aufgaben je nach den Stärken der Mitarbeiter. Ab und zu sollte man sich bei den Helfern nach dem Stand der Dinge erkundigen. Das oberste Gebot ist dabei immer: Fangen Sie frühzeitig an, planen Sie mit Pufferzeit, denn es kommt meistens noch genug Unvorhergesehenes.

Wobei unvorhergesehene Dinge, Änderungen oder fehlende Einzelheiten – solange es keine ganz wichtigen Dinge betrifft – oft nur für den Organisator ein Problem darstellen. Da er meistens der Einzige ist, der den genauen Ablaufplan kennt, fällt es den anderen Gästen gar nicht weiter auf.

Bei der Vorbereitung eines Festes, wie auch bei der Vorbereitung zum Verreisen (siehe Kapitel Reisen Seite 243) ist immer etwas Nervosität und Hektik mit im Spiel. Achten Sie in der Vorbereitungsphase darauf, sich nicht zu übernehmen. Mit genügend Puffer kann man ab und zu verschnaufen und ist, wenn das Fest beginnt, nicht körperlich und geistig völlig geschafft. Organisieren Sie sich Ihr Fest.

Und nun viel Spaß beim Feiern! Genießen Sie auch Ihr eigenes Fest, lassen Sie sich von der guten Laune der vielen netten Gäste anstecken.

ARBEITSABLÄUFE RATIONALISIEREN

GUT VORBEREITET FEIERT AUCH DIE HAUSFRAU

Es liegt an Ihnen, wie Sie die Aufgaben verteilen und wem Sie die Aufgaben übergeben.

Von Vorteil ist auch bei kleineren Festen die Inanspruchnahme von Profis. Leihen Sie Tischdecken, Bestecke und Messer aus, auch wenn es nur eine Feier bei Ihnen zu Hause wird. Fragen Sie den Lieferanten für das kalte Buffet, ob er diese Dinge nicht gleich mitorganisieren kann. Rationelles Delegieren vereinfacht Ihnen den Überblick. Lassen Sie nicht den Metzger das Fleisch bringen, den Party-Service die Salate und den Wäschedienst die Tischtücher. Je mehr Sie unter einen Hut bringen, desto einfacher.

Wenn Sie die Dinge persönlicher gestalten möchten und deshalb viel eigene Arbeit einbringen müssen, dann ist die rechtzeitige Planung der wichtigste Punkt. Rezepte heraussuchen und eventuell Probekochen. Einkaufsliste schreiben, Einkaufstermin festsetzen, und dann kommt der Tag, an dem Sie sich in die Küche stellen. Es empfiehlt sich, ein Menü zusammenzustellen, das Sie schon ein bis zwei Tage vorher vorbereiten können, so dass am eigentlichen Festtag weniger Arbeit ansteht. Es entspannt die Situation, wenn Sie Hilfe annehmen.

All die Kleinigkeiten, die auch erledigt sein wollen, lassen sich am besten in einer Checkliste zusammenfassen. Die Tischkarten kaufen oder selbst gestalten können Sie schon drei Monate vorher, aber warten Sie mit der Beschriftung, bis Sie wirklich wissen, wer kommt. Gleiches gilt für die Tischordnung, sonst müssen Sie sie vielleicht mühsam wieder umstellen. Blumenschmuck, Kerzen und Servietten sollen aufeinander abgestimmt sein. Tischschmuck können Sie morgens einkaufen, aber fragen Sie vorher Ihren Floristen, ob es im Januar wirklich lachsfarbene Gerbera dazu gibt. Zur rationellen Vorbereitung eines Festes gehört eine gute Planung, um Doppelarbeit zu vermeiden. Das heißt auch – wie oben schon beschrieben –, besprechen Sie die Einzelheiten mit dem Glücklichen, für den Sie planen. Es hilft nichts, wenn Sie Gurken einkaufen und Ihr Kind wünscht sich sehnlichst Kartoffelsalat.

Viele Dinge kann man – wie bei einer Reise auch – vor dem eigentlichen Fest parat legen, das spart am Festtag viel Zeit und man vergisst nichts. Zum Beispiel können Sie für ein Geburtstagsfest die Luftballons und Luftschlangen mit den gefalteten Servietten, den Kerzen und den eingepackten Geschenken für die Gäste in einen Karton im Keller legen. So kann Ihr Kind es nicht sehen, und Sie haben alles schnell zur Hand. Ähnliches gilt für haltbare Dinge, die Sie zum Kochen und Backen kaufen. Kuchenglasur und Zuckerstreusel kaufen Sie schon lange vorher und legen Sie zu den Backzutaten in der Küche.

Aktivitäten, die während des Festes notwendig sind, sollten Sie wenn möglich mit anderen teilen. Sprechen Sie gute Freunde auch während des Festes an: „Kannst du mir schnell helfen, die Teller reinzubringen?" Auch beim Kindergeburtstag helfen die kleinen Gäste gerne kochen und/oder decken.

Sobald das Fest im Gange ist, entspannen Sie ein wenig. Wenn nicht innerlich, so doch zumindest äußerlich. Es ist für die Gäste schwierig, ein Fest zu genießen, wenn die Gastgeberin wie ein aufgescheuchtes Huhn durch die Gegend hetzt und keine Minute am Tisch sitzen bleibt.

Bei einem Fest rationalisieren wir das Drumherum, denn dann können wir die Party selbst mitfeiern.

MENSCHEN SIND KEINE MASCHINEN

Wie beim Fest, so ist es auch im Familienleben. Zu Recht werden Sie ausrufen, dass Sie doch Ihre Kinder und den Umgang mit ihnen nicht rationalisieren können. In diesem Sinne stimme ich Ihnen vollkommen zu, niemand sollte das versuchen. Seien Sie großzügig mit Liebe und Geduld. Arbeiten Sie kontinuierlich an Ihren Zielen.

Rationalisieren können Sie allerdings Ihr eigenes Leben um die Kinder herum. So wie beim Fest die Vor- und Nacharbeiten. Rationalisieren bedeutet eben nicht Hektik und Stress verbreiten, sondern gerade zu vermeiden. Gehen Sie mit gutem Beispiel und einem wohl organisierten (nicht über-organisierten) Tagesrhythmus voran. Die Kinder werden das automatisch in ihr eigenes Leben integrieren. Es sollte dennoch immer Freiraum für spontane Aktivitäten bleiben.

GESUNDHEITSFREUNDLICHE KÖRPERHALTUNG

SCHWANGERSCHAFT IST KEINE KRANKHEIT

Jede Schwangerschaft ist eine zusätzliche Belastung für Ihre Wirbelsäule, auch wenn Ihnen der Hormonhaushalt teilweise etwas anderes vorgaukelt.

Gut wäre ein Muskeltraining schon vor der Schwangerschaft. Der Körper muss stabilisiert werden. Haben Sie vorher schon eine Sportart gemacht, so betreiben Sie diese mit Rücksicht auf die Schwangerschaft, solange Sie sich dabei wohl fühlen, ruhig weiter. Sie sind nur schwanger und nicht krank. Haben Sie noch kein Bewegungshobby, dann ist der Beginn der Schwangerschaft eine gute Gelegenheit, damit anzufangen. Ich meine damit nicht, nur einmal in der Woche zur Geburtsvorbereitung zu gehen. Suchen Sie sich etwas aus, was Muskeln aufbaut und ein bisschen Kondition verleiht. Wo Sie Freude finden und länger dabeibleiben können. Sie werden es zum Zeitpunkt der Geburt und später sehr begrüßen.

Überanstrengen Sie sich nicht, hören Sie auf Ihren Körper. Es wird Tage geben, da macht es Ihnen Spaß, Sie fühlen sich zum Bäume ausreißen, und es gibt Momente, da macht man besser Pause. Je besser Ihre körperliche Verfassung ist, desto besser starten Sie in die neue Lebensphase mit dem Baby.

Des Weiteren ist es sinnvoll sich mit Entspannungstechniken vertraut zu machen. Lernen Sie es – wenn Sie möchten – in der Gruppe oder zu Hause aus dem Buch. Auch wenn Sie es nur in Ansätzen beherrschen, wird es Ihnen eine wertvolle Hilfe sein.

DAS BABY IST DA – EINE GEWICHTIGE AUFGABE

Gewichtig im doppelten Sinne. Ein neuer Mensch, der nun hilflos auf Sie angewiesen ist. Aber gewichtig auch im physikalischen Sinne. Solange das Baby noch ganz klein ist, wiegt es sehr wenig. Sie selbst werden in den ersten Wochen nach der Geburt sowieso an Gewicht verlieren. So lässt sich das Baby noch gut tragen, das Gesamtgewicht bleibt gleich. Aber dann fängt es an zu wachsen. Mein Mann sagte immer scherzhaft: Babys sind wie dynamische Hanteln. Immer wenn man sich gerade an die neue Größe und das neue Gewicht gewöhnt hat, wachsen sie wieder weiter.

Da es immer wieder Zeiten geben wird, wo Ihnen nichts anderes übrig bleibt, als das unglückliche Baby herumzutragen, ist es wichtig, dass Sie sich in der restlichen Zeit möglichst rückenschonend bewegen.

Vermeiden Sie von Anfang an alle Bewegungen, die Ihren Rücken belasten.

Ganz kleine Babys bewegen sich noch nicht von der Stelle. Legen Sie es in einen Korb oder das Kinderwagenoberteil. Stellen Sie ihn (standfest!) auf den Tisch. In dieser Höhe können Sie das Kind viel besser aufnehmen, ohne sich bücken zu müssen. Oder stellen Sie das Ganze auf den Boden und knien Sie sich davor. Dann haben auch die älteren Geschwister gefahrlosen Zugang zum Baby. Vermeiden Sie die „Aufbewahrung" Ihres Kindes in halber Höhe.

WICKELN

Bauen Sie sich einen Wickeltisch, der hoch genug ist. Tischoberkante = Ellenbogenhöhe, wenn die Oberarme senkrecht herunterhängen. Bewahren Sie alle Wickelutensilien und die Kleidung zum Umziehen so auf, dass Sie sich nicht bücken müssen. Benutzen Sie einen Mülleimer mit Tretvorrichtung, so dass Sie diesen mit dem Fuß öffnen können. Es ist von großem Vorteil, wenn der Wickeltisch sich in einem Raum mit fließendem Wasser befindet.

Sie werden Ihr Kind wickeln, bis es mindestens 2 Jahre alt ist – oder länger (bei Jungs). Ein Kind ist mit 24 Monaten im Durchschnitt 87 cm groß. Ein Wickeltisch „von der Stange" misst etwa 70 x 55 cm. Damit ist er viel zu klein, um dieses lebhafte Menschenkind in eine Windel zu verfrachten. Pro Kind werden Sie mindestens 3650-mal die Windeln wechseln.

BABYS TRAGEN

Oft hört das Baby nur auf zu weinen, wenn es eine Bewegung spürt. Setzt man sich hin oder legt es ab, fängt es wieder an zu jammern. Also werden auch Sie Ihr Baby herumtragen, ob Sie wollen/können oder nicht.

Kleine Babys kann man gut parallel vor dem Bauch herumtragen oder sich über die Schulter legen. Wechseln Sie immer wieder die Seite und achten Sie darauf trotzdem im ganzen Körper gerade zu bleiben.

Alternativ bietet sich die Benutzung eines großen Sitzballes an. Wenn Sie diesen mit wenig Luft aufpumpen, dann kann man darauf bequem hoch und runter schwingen. Unsere Kinder haben dies akzeptiert und für mich war es eine große Entlastung, nicht stehen oder herumgehen zu müssen.

Das Tragen im Babysafe ist eine sehr ungünstige körperliche Belastung. Benutzen Sie den Babysafe zum Anschnallen im Auto, zum sicheren Platzieren des Kindes, aber nicht zum Transport.

Sollte es mal schnell gehen, habe ich mir das Kind mit dem Tragetuch umgebunden. Etwas Übungssache, aber unheimlich praktisch. Das Tuch passt in jede Tasche und wiegt nicht viel. Sie können es immer zur Hand haben. Mit dem Baby im Tuch sind Sie sehr flexibel. Enge Gänge, Treppen, Menschenmengen..., das sind alles keine Hindernisse.

Testen Sie zuerst zu Hause, ob Ihre Tragetechnik stimmt, und dann nichts wie ab in die weite Welt. Orthopäden warnen davor, die kleinen ungefestigten Wirbelsäulen zu lange im Tuch zu tragen. Das sollen Sie auch nicht. Es geht ja nicht darum 8 Stunden in den Alpen zu wandern, sondern nur kurz was zu erledigen.

STILLEN

Beim Stillen ist das entspannte Sitzen am schwierigsten und am wichtigsten, da man mit dem Vorgang an sich noch nicht vertraut ist. Eine gute Position dazu ist Sitzen im Bett. Bauen Sie sich so viele Kissen in den Rücken, dass Sie sich bequem aufrecht anlehnen können. Dann stellen Sie die Knie leicht an und legen sich ein weiteres Kissen in den Schoß. Darauf legen Sie das Neugeborene. Idealerweise liegt es jetzt so hoch, dass es genau an Ihre Brust kommt, ohne dass Sie es mit den Armen in die Höhe halten müssen.

Entspannen Sie den Schultergürtel. Denken Sie an einen Wasserfall und stellen Sie sich vor, wie sich die Schleusen öffnen und die Milch fließt. Beim ersten Kind werden Sie Ruhe und Übung brauchen, bis es klappt, aber dann werden Sie alle Vorteile des Stillens für sich haben.

Holen Sie zum Stillen immer das Kind zu sich nach oben. Beugen Sie nicht Rücken und Nacken, um die Brust zum Mund des Kindes zu bekommen. Kind zur Brust - Nicht: Brust zum Kind.

Wenn Sie auf einem Stuhl sitzend stillen müssen, dann schlagen Sie die Beine übereinander (hier ausnahmsweise gestattet) oder stellen Sie die Füße auf einen Hocker. Zu Hause habe ich immer im Bett oder auf der Couch gestillt. Es ist viel einfacher, wenn man die Beine dabei höher legen kann.

GRÖSSERE BABYS TRAGEN

Für Menschen mit Rückenleiden ist die Zeit, bis das Baby etwa ein dreiviertel bis ein gutes Jahr alt ist, am anstrengendsten. Das Kind wiegt schon beachtliche zehn Kilo, lernt gerade laufen, muss aber immer noch überall getragen werden. Es schläft weniger, ist sehr agil, will überall mit hin und alles sehen. Es zieht sich an Ihnen hoch und macht Ihnen mit Gesten und Wortbruchteilen klar: „Hoch!" Ich will da hoch, Mami! Benutzen Sie den Kinderwagen und lassen Sie das Kind drin sitzen – soweit dies machbar ist. Wenn es nicht anders geht, benutzen Sie eine Rückentrage, dann ist das Gewicht gleichmäßig verteilt und Sie haben die Hände frei. Vermeiden Sie ein ständiges Hoch und Runter.

Oft genug werden Sie um das Hochheben des Kindes nicht herumkommen. Gehen Sie in die Knie, stabilisieren Sie Ihren ganzen Köper (es folgt Schwerarbeit!) und geben Sie dem Kind das Kommando zum Hochheben. Zum Beispiel „Hau – Hopp!" Das lang gezogene „Hau" zeigt dem Kind an, Achtung, es geht los, und das kurze „Hopp" ist das Kommando für den Start in die Höhe.

Wenn Sie schon das Kind herumtragen, dann immer mit gleichmäßiger Belastung von Hüfte und Beinen. Vermeiden Sie auf alle Fälle den so genannten Hüftsitz, bei welchem Sie das Kind auf einer – meist der linken – Hüfte sitzen haben und mit der rechten Hand arbeiten. Dies führt zu Hüftschrägstellungen. Ich habe in der Orthopädie eine Frau kennen gelernt, die auf Grund dessen starke Schmerzen und schwere Schäden an den Knochen hatte.

Wenn es nicht anders geht und Sie die Hausarbeit erledigen wollen, dann setzen Sie das Kind in eine Rückentrage.

Bitte lassen Sie sich nicht zum Sklaven Ihres Kindes machen. Es gewöhnt sich auch daran, zu Ihren Füßen zu spielen, statt getragen zu werden.

Die Geduld nicht zu verlieren,
auch wenn es unmöglich scheint,
das ist Geduld.
Japanisches Sprichwort

Bemitleiden Sie sich nicht selbst. Ihr Kind hat zwar seinen eigenen unverwechselbaren Charakter, aber es liegt an Ihnen, als erwachsene, vernünftig denkende Frau, wie sich dieses Kind in der Partnerschaft mit Ihnen verhält.

KLEINKINDER – PERSÖNLICHKEITEN AUF EIGENEN BEINEN

Wenn die Kinder laufen gelernt haben, dann ist für Sie die schwierigste Zeit überstanden. Natürlich rennen sie jetzt in alle Richtungen davon, aber Sie müssen sie nicht mehr tragen.

Fangen Sie schon im Krabbelalter an, diese Phase vorzubereiten. Wenn Sie das Kind rufen, dann muss es klar unterscheiden können, ob es lebenswichtig ist zurückzukommen oder ob es nur ums Vorlesen geht. Laufen Sie ihm nie hinterher und „fangen es ein". Kinder lieben dieses Spiel und betreiben es bis zum Exzess. Schauen Sie einmal anderen Eltern und Kindern zu. Obwohl das Einfangen das Kind vor einem Sturz von der Mauer bewahrt hat, lacht das Kind. Die Mutter lacht mit, und der Ernst der Situation ist verkannt. Das Kind krabbelt wieder auf die Mauer zu, die Mutter fängt es wieder ein ...

Fahren Sie von Anfang an eine ganz, ganz klare – für das Kind verständliche – Linie. Spätestens wenn Sie zwei Kinder haben, die sehr nahe beieinander liegen, wird diese Übereinkunft noch wertvoller für Sie werden.

Es ist eine starke Belastung für den Rücken, ein Kind aus dem Laufen heraus hochzuheben. Sollten Sie hinterhergelaufen sein, so nehmen Sie es an der Hand. Gehen kann es selbst.

Und was sollen Sie machen, wenn das Kind partout nicht will, in der bekannten „Trotzphase"? Lassen Sie es toben. Planen Sie Zeit ein. Da ich das Kind teilweise wirklich nicht hochheben konnte, blieb mir nichts anderes übrig, als daneben zu stehen und abzuwarten. Bei gefährlichen Situationen habe ich es einfach nur an der Stelle festgehalten und vernünftig den Sachverhalt erklärt, bis es sich beruhigt hatte.

Ich habe Kinder kennen gelernt, die zügig auf eine viel befahrene Straße zu gerannt sind und sich nach dem Rufen ihrer Mutter nicht einmal umgedreht haben. Lassen Sie es nicht so weit kommen. Achten Sie unbedingt darauf, sich hier mit Ihrem Partner und den Großeltern abzustimmen. Halten sich die Großeltern nicht an diese lebensnotwendige Regel, dann schränken Sie in dieser heißen Phase den Kontakt mit diesen Personen ein.

Jede Minute, die Sie ab dem ersten Lebenstag in Ihr Kind investieren, wird Ihnen später die vielfache Freude bereiten. Unterschätzen Sie die Wirkung nie. Der Aufwand lohnt sich.

Ich meine damit nicht, dass Sie mit ihm stundenlang am Boden sitzen und spielen – dies sollte zwar auch sein –, sondern: Lehren Sie es einen partnerschaftlichen Umgang. Gesundes Selbstvertrauen auf der einen Seite, aber auch Respekt vor dem anderen Individuum und der Natur. Dies wird sich in allen Situationen als gutes Handwerkszeug erweisen.

KLETTERKÜNSTE NUTZEN

Ein weiterer Vorteil der verbesserten Motorik sind die immer ausgefeilteren Kletterkünste. Nutzen Sie dies aus. Ich habe viel zu spät festgestellt, dass Lea schon alleine ins Auto und in den Kindersitz steigen konnte.

Oft reicht es aus, den Kindern genau zu zeigen, wo sie die Füße platzieren und wo Sie sich mit den Händen festhalten können, um sich hochzuziehen. Dann genügt es, wenn Sie vielleicht mit der Hand am Po noch etwas schieben und schon ist der Kleine da, wo er hin sollte/wollte.

Lassen Sie die Kinder auch hochsteigen, bevor Sie sie auf den Arm nehmen.

WO SCHLÄFT DAS KIND?

Es geht hier nicht um das Elternbett oder ein eigenes Bett, sondern um die Art des Kinderbettes. Direkt gesagt, brauchen Sie kein Kinderbett. Kinderbetten sind sehr rückenunfreundlich. Kinderbetten haben nur den Sinn, ein Kind in seinem Bett einzusperren, wobei es trotzdem bald lernen wird, über die Brüstung zu klettern. Sollten Sie für diese kurze Zeit (2-3 Monate) ein Kinderbett nutzen wollen, dann bitten Sie immer das Kind, sich erst am Gitter hochzuziehen und sich hinzustellen, dann nehmen Sie es nach dem „Hau-Hopp"-Verfahren heraus. Wir haben unser Kind für diese kurze Übergangszeit im Reisebett untergebracht.

Besser sind Kinderbetten für behinderte Kinder, dort lässt sich ein ganzes Seitenteil wegklappen und Sie können richtig in das Bett hinein zu dem Kind. Diese „Gitterbetten" gibt es in verschiedenen Größen, auch mit einem aufklappbaren Gitter.

SCHULE MACHT KLUG – BEWEGUNG HÄLT GESUND

Hier sind wir eine Stufe weiter. Inzwischen sind die Kinder so schwer geworden, dass Sie sie beim besten Willen nicht mehr hochnehmen können. Meine persönliche Schallgrenze sind 22 kg. Wenn Ihr Kind korpulenter ist, dann war wahrscheinlich schon vor der Einschulung Ende mit dem Hochnehmen und Tragen, obwohl auch Kinder in diesem Alter sich noch gerne zum Kuscheln tragen lassen.

Gesundheitsfreundliche Körperhaltung bezieht sich bei Schulkindern auf die Kinder selbst. Sie als Eltern tragen die Verantwortung für die Entwicklung. Nicht nur Füttern und Hausaufgaben beaufsichtigen, sondern auch die körperliche Entwicklung fördern.

Achten Sie bei den Kindern auf ein möglichst geringes Schulranzengewicht. Packen Sie jeden Tag nach den Hausaufgaben den Ranzen nur für den nächsten Tag. Clevere Lehrer verlangen nicht, dass alle Bücher ständig hin und her getragen werden. Nach der Einschulung werden Sie vielleicht die ersten Wochen mit dem Kind den Schulweg zusammen gehen, oder es geht in einer Gruppe mit anderen Eltern und Freunden. Wenn ich selbst dabei bin, dann trage ich auch gerne mal den Ranzen. Selbstverständlich soll es den Ranzen selbst tragen lernen, aber auch die Muskeln eines Kindes brauchen Zeit sich zu entwickeln. Also helfe ich am Anfang mit. Später trägt es ihn sowieso selbst.

Achten Sie bei Schulkindern dringend auf Bewegung und Ausgleich. Gerade wenn Sie eingeschult werden, vollzieht das Knochenlängenwachstum einen Hauptschub. Wird dann die Muskulatur nicht gleichzeitig entsprechend entwickelt, dann kommt es automatisch zu Haltungsschäden. (Wie in vielen medizinischen Untersuchungen bei tausenden von Grundschulkindern nachgewiesen.)

Wir haben von JAKO-O das dreieckige Klettergerüst gekauft (Adresse: siehe Anhang). Nicht ganz billig, aber unschlagbar. Es hängt an der Wohnzimmerdecke an einem stabilen Haken. Wenn unsere beiden aus der Schule kommen (inzwischen 7 und 9 Jahre alt), dann stürzen Sie sich auf dieses Teil und klettern immer noch darin herum wie die Affen, bis das Mittagessen fertig ist. Lassen Sie es sich von Oma oder Tante zum nächsten Geburtstag schenken. Ähnlich praktisch – aber platzintensiver – ist ein kleines Trampolin. Schaffen Sie Bewegungsfreiräume. Ein Hochbett zum Klettern, eine Matratze zum Hüpfen, Inlineskates zum Fahren ... Ebenso der Garten: Befestigen Sie einen Balken aus dem Baumarkt zum Balancieren, ein Schaukelgerüst zum Hochsteigen, an der Schaukelaufhängung oben noch zwei Ringe ...

JUGENDLICHE SIND STARK UND COOL

Dieses Alter hat den Vorteil, dass der Nachwuchs inzwischen selbst gute Körperkräfte entwickelt hat. Meistern Sie schwere Lasten gemeinsam.

Achten Sie mit darauf, dass sich gerade die jungen Männer nicht übernehmen. Es liegt in der Natur der Sache, dass sie ihre Kräfte messen wollen.

Ich habe damals bei uns zu Hause immer in unserer Gärtnerei mitgeholfen. Es hat mir viel Spaß gemacht und es war eine gute Gelegenheit, sich das Taschengeld zu verdienen. Aber ich habe ohne Rücksicht auf Verluste Kisten geschleppt und Erde geschaufelt. Mit 18 Jahren

– knapp vor dem Abitur – hatte ich dann meine ersten massiven Bandscheibenprobleme. Mir zogen die Schmerzen das Bein hinunter bis in die Fersen. Diagnose „Scheuermann". Es gehört sicher auch Veranlagung dazu, aber zu körperlicher Belastung muss die Muskulatur passen, dann ist nahezu alles möglich.

Später in meiner Gärtner-Lehre habe ich auch 50 Kilo schwere Düngersäcke geschleppt. Aber ich hatte meine Rückenschulkurse hinter mir, und habe jeden Abend Ausgleichsgymnastik gemacht. Meine Muskulatur damals war entsprechend gut entwickelt.

Wir als Eltern können in dieser Phase der Entwicklung oft nur noch beratende Funktion einnehmen. Aber auch diese ist wichtig.

In vielen Betrieben und bei vielen Ausbildungen wird viel zu wenig auf die Körperhaltungen geachtet. Irgendein Stuhl, irgendeine Arbeitshöhe. Die Auszubildenden haben keine Ahnung, was zu ihnen passen würde und meist auch keine Möglichkeit, es zu beeinflussen. Nicht einmal in der Berufsschule steht die richtige Körperhaltung auf dem Lehrplan.

Es kann, je nach jugendlichem Temperament, schwierig sein, bestimmte Dinge auf der Vernunftebene anzusprechen. Eine gute Chance besteht darin, sinnvolle Dinge einfach zu unterstützen. Wenn Sie mit gutem Beispiel vorangehen, werden viele Dinge wieder als selbstverständlich erscheinen. Geben Sie ein gutes Beispiel zu Hause oder im Betrieb. Ernähren Sie sich ausgeglichen, vielleicht wird es angenommen. Gesund heißt nicht ungenießbar. Ein neues Fahrrad macht mehr Sinn als ein neues Auto. Fahren Sie Rad und tragen Sie einen Helm dabei.

Suchen Sie sich eine gemeinsame Sportart, das ist einfacher, als wenn Sie erst Ihren Sohn in die eine Halle fahren müssen, und Sie selbst fahren in die andere. Bei uns im Training ist eine Mutter mit ihrem 11-jährigen Sohn und ihrer 14-jährigen Tochter.

Seien Sie gerecht zu sich und den anderen. Seien Sie fair Ihrem eigenen Körper gegenüber. Gönnen Sie ihm Pausen und Bewegung, Arbeit und Entspannung, dann werden Sie ausgeglichener und geduldiger. Gehen Sie mit gutem Beispiel voran. Stehen Sie hinter dieser Lebenseinstellung. Sie sind es selbst. Es ist nichts Aufgesetztes, und Ihre Kinder werden es in ihr eigenes Leben mitnehmen.

3. HAUSHALT

EINKAUFEN UND KOCHEN

Lassen Sie gute Laune zu.
Sie können sich selbst wunderbar fühlen,
indem Sie ganz einfach beschließen,
sich wunderbar zu fühlen.
Erlauben Sie sich gute Laune – hier und jetzt.
Paul Wilson

AUF EINEN BLICK:

- Was für ein „Kochtyp" sind Sie? Eher spontan und kreativ oder halten Sie sich an Rezepte und Routine? Beides hat seine Vorteile. Gestalten Sie Rezeptauswahl und Einkauf entsprechend.
- Es lohnt sich, die Kinder einzuweisen, denn sie werden selbstständig Aufgaben übernehmen.
- Achten Sie bei allen anfallenden Arbeiten auf den Arbeitsablauf. Jeder Zentimeter, den Sie weniger laufen müssen, ist gewonnene Freizeit.
- Wählen Sie eine ausgewogene Ernährungsweise, denn es ist die Grundlage Ihrer Energie, aber haben Sie kein schlechtes Gewissen, einfach einmal auf Fertiggerichte zurückzugreifen.

KOCHEN, KOCHEN, KOCHEN ...

Wenn man von Küchenarbeit spricht, denkt die Hausfrau als erstes ans Kochen und Geschirrabspülen. Zu Recht, denn dies sind die beiden häufigsten Arbeiten in diesem Raum.

Das Thema Geschirr wird im dortigen Kapitel (s. S. 203), mit den entsprechenden Tipps zur Einrichtung der Küche, ausführlich behandelt.

Dieses Kapitel beschäftigt sich mit dem Thema Kochen bzw. Essenszubereitung jeglicher Art samt allen dazugehörigen Arbeiten. Weil der Vorgang des Kochens aus vielen kleinen Abschnitten besteht, sollten Sie auch bei der Einteilung der Arbeitsbereiche auf die Details achten.

Die Hinweise und Darstellungen sind wie immer als Anregungen gedacht. Überprüfen Sie Ihre eigene Arbeitsweise, Ihre Vorlieben, die

Vorlieben Ihrer Familie und passen Sie die Vorschläge Ihren eigenen Wünschen an.

Wir Hausfrauen sind – auch wenn wir „nur" für eine Familie kochen – nichts anderes als ein Restaurantbetrieb; selbstverständlich mit angeschlossenem Hotel und Wäscheservice.

UNSER PRIVAT-RESTAURANT

Angenommen Sie leben in einem Vier-Personen-Haushalt und rechnen mit 365 Tagen im Jahr. Bei 52 Wochen im Jahr ergeben sich 52 Samstage und 52 Sonntage also 365 – 52 – 52 = 261 Wochentage.

Tabelle: Anzahl Mahlzeiten in 20 Jahren

Rechnen Sie es spaßeshalber einmal für Ihren Haushalt aus. Bei Babys und Kleinkindern kommen noch Sonderzubereitungsformen hinzu, ebenso, wenn Sie für bestimmte Familienmitglieder Diät kochen.

	Anzahl Personen	**Pro Jahr**	**In 20 Jahren**
Frühstück	4	4 x 365=1.460	1.460 x 20 =29.200
Vesper/ Brotzeit	2 (Mo-Fr)	2 x 261 = 522	522 x 20 = 10.440
Mittagessen (Ihr Mann isst unter der Woche in der Firma)	3 (Mo-Fr) 4 (Sa+So)	3 x 261 = 783 4 x 104 = 416	783 x 20 = 15.660 416 x 20 = 8.320
Kaffee/Vesper/ Obst	3 (Mo-Fr)	3 x 261 = 783	783 x 20 =15.660
Abendessen	4	4 x 365 = 1.460	1.460 x 20 = 29.200
			Summe: 108.480 Mahlzeiten

108 480 Mahlzeiten in 20 Jahren tellerfertig zubereitet. Das kann sich doch sehen lassen oder?

Jede Mahlzeit erfordert die gleichen Abläufe:

1. Nahrungsmittel einkaufen und nach Hause bringen
2. Nahrungsmittel einräumen
3. Rezept überlegen/oder vor dem Einkaufen heraussuchen
4. Zutaten bereitstellen
5. Nahrungsmittel vorbereiten
6. Nahrungsmittel zubereiten

7. Zutaten wegräumen
8. Nahrungsmittel anrichten
9. Nahrungsmittel verspeisen
10. Resteverwertung

Je nach Mentalität gehört Kochen entweder zu Ihren Lieblingsbeschäftigungen oder es ist für Sie jedes Mal eine Qual, die 10 Punkte abzuarbeiten.

Da wir um diese Arbeiten nahezu nicht herumkommen – es sei denn, Sie leisten sich eine Köchin –, lohnt es sich, auch hier über die Details nachzudenken und sich die Arbeit so einfach wie möglich zu machen.

Die gesamte Einrichtung der Küche sollte diesen 10 Punkten gerecht werden.

EINKAUF – EIN KAMPF?

Es gibt zwei Grundprinzipien des Einkaufens. Entweder man geht einfach los und kauft quer Beet alles ein, was einem gefällt oder man plant die Rezepte, schreibt eine genaue Liste und kauft nur, was auf dem Einkaufszettel steht.

Wahrscheinlich machen Sie es ähnlich wie ich und verfolgen eine Mischform. Dinge, die ich leicht vergesse oder für spezielle Rezepte brauche, schreibe ich mir auf, den Rest kaufe ich gewohnheitsmäßig dazu. Da wir viel frisches Gemüse und Obst verwenden, richte ich mich nach den Jahreszeiten und dem aktuellen Angebot.

Es lohnt sich, die Einkaufsvorgänge und Speisepläne zur Routine zu machen. Für 5.424 Mahlzeiten pro Jahr mit jeweils 5 Zutaten müssen Sie über 27.000 Kaufentscheidungen fällen.

Der Vorteil einer fertigen Liste ist die Geschwindigkeit. Man flitzt durch den Supermarkt, packt den Wagen voll, vergisst garantiert nichts und ist im Handumdrehen fertig. Der Nachteil ist allerdings, dass man Dinge, die nicht auf der Liste stehen, übersieht und die Auswahl darunter leidet.

Versuchen Sie prinzipiell Stoßzeiten zu meiden. Gehen Sie möglichst immer in dasselbe Geschäft, dann kennen Sie sich bestens aus und der Einkauf geht schneller. Es ärgert mich jedes Mal, wenn die Regale umgeräumt werden, mein Ablauf nicht mehr stimmt und die Sucherei losgeht.

Bestimmte Supermärkte sind einfach zu groß. Da wird der „Ein-Kauf" zum „Ein-Kampf". Was helfen 15 oder 20 Sorten Mayonnaise, wenn Sie sowieso nur Ihre Sorte kaufen. In diesen Mammut-Zentren ist es schon vom Parkplatz zum Eingang eine halbe Weltreise, und Sie müssen anschließend die ganzen langen Regale abfahren, um letztendlich die gleichen Dinge zu kaufen, die es in kleineren Läden auch gibt: Milch, Butter, Wurst, Käse... Auch Ihre Fahrtzeiten verlängern sich drastisch. Rechnen Sie diese Zeiten über 20 Jahre hoch, und Sie könnten mit der gesparten Zeit einen schönen Urlaub machen.

FÜR MICH WAR EINKAUFEN FRÜHER OFT STRESS

Geht es Ihnen auch so? Versuchen Sie doch einmal, Ihr Verhalten und Ihre Einstellung zu überdenken. Weshalb sollte man sich das Leben schwer machen, indem man sich schöne Dinge selbst vermiest?

Betrachten Sie den Lebensmitteleinkauf doch einmal als etwas, das Sie für sich tun und das Spaß macht. Sie haben eine riesige Auswahl. Sie können selbst entscheiden, was Sie kaufen und essen wollen. Suchen Sie sich eine ruhige Einkaufszeit heraus, schlendern Sie bewusst durch den Laden oder gehen Sie für das Gemüse über den Markt. Finden Sie „Ihren" Bauern, der „Ihre" Kartoffeln im Nachbarort anbaut. Genießen Sie es mit den Kindern zusammen.

Machen Sie aus manchen Alltagsarbeiten
eine persönliche Verschnaufpause.
Warten Sie nicht auf den Moment,
an dem die Pause kommt.
Sie werden vergeblich warten.
Schaffen Sie sich Ihre kleinen
Erholungen immer wieder selbst.

Die neu gewonnene Kraft wird Ihnen helfen, Fehler zu vermeiden. Die vielen anderen Arbeiten können Sie dann mit Schwung erledigen, und so holen Sie die „verlorene" Zeit schnell wieder herein.

EINKAUFEN MIT KINDERN

Man kann ein Einkaufserlebnis mit den Kindern zusammen gestalten. Nicht ganz so erholsam wie alleine, aber auf eine andere Art auch sehr schön. Zeigen Sie den Kindern, was Einkaufen bedeutet, was wir brauchen und was nicht. Welche Sorten Äpfel und Gemüse es gibt. Welche Dinge gekühlt werden müssen. Welche Sorte Milch Sie einkaufen und weshalb. Lassen Sie die Kinder mithelfen. Früher oder später werden die Kinder selbst für die Familie einkaufen können, wenn sie es rechtzeitig spielerisch lernen.

Um Frieden zu halten, wird vor dem Einkauf abgemacht, welche Leckereien wir uns gönnen möchten – oder ob es lieber nur eine Brezel gibt. Altersabhängige Regelungen bieten sich hier an.

Wenn die Kinder verstanden haben, dass Sie standhaft bleiben, dann hört das Gezeter und Gejammer bald auf.

WIE OFT MÜSSEN WIR EINKAUFEN GEHEN? LAGERKAPAZITÄTEN UND VERFALLSDATUM

Die Abstände für Großeinkäufe hängen von ihrer Planung und den Lagerkapazitäten ab. Überprüfen Sie Ihre Möglichkeiten und finden Sie heraus, wo es Engpässe gibt.

Kaufen Sie nur so viel ein, wie Sie sinnvoll und übersichtlich lagern können. Überprüfen Sie dazu die Inhalte Ihrer Schränke in Küche und Keller und loten Sie Ihre Möglichkeiten aus.

Eine Woche ohne Einkaufsmöglichkeit sollte Sie nicht an den Rand des Hungertodes treiben, aber genauso wenig brauchen Sie Dosenbohnen und Thunfisch für die nächsten vier Jahre zu horten.

Kaufen Sie Waren möglichst frisch ein. Gemüse und Obst, das einmal aus der Kühlkette heraus ist, reift schneller weiter, verliert Nährstoffe und hält entsprechend kürzer. Finden Sie heraus, wann Ihr Geschäft beliefert wird und kaufen Sie an diesem Tag Ihr Obst und Gemüse ein. Die Lagerbedingungen bei Ihnen zu Hause können Sie selbst beeinflussen, und niemand macht mehr an Ihrem Gemüse den „Daumentest".

Tiefkühlware rettet Sie über manche Löcher in der Planung hinweg und ermöglicht weniger arbeitsintensive Sonntagsessen. Die Lagerdauer der Tiefkühlwaren ist am schwierigsten zu kontrollieren. Essen Sie sich ab und zu durch die Schubladen und richten Sie die Gerichte danach aus. Heben Sie auch die teuren Luxuskrabben nicht ewig auf, sondern gönnen Sie sich einfach mal am Donnerstagabend einen Krabbensalat.

Getreide, Reis und Nudeln sollten immer im Haus sein und ergeben mit einer Soße aus dem Glas einen beliebten Lückenfüller.

Es wird immer wieder einmal notwendig sein, schnell eine Kleinigkeit einzukaufen, aber versuchen Sie, sich auf einen Großeinkauf alle 8-10 Tage einzupendeln. Es gibt heutzutage wahrscheinlich nur ganz, ganz wenige Dinge, die Sie wirklich absolut frisch besorgen müssen.

Wenn Sie an einem Wochentag einkaufen gehen, gewinnen Sie am Wochenende einen halben freien Tag. Nutzen Sie die Ladenöffnungszeiten.

Versuchen Sie auch, spätestens zwei bis drei Tage vor einem Feiertag einzukaufen. Auch den Sekt für Sylvester kann man getrost schon im

November kaufen. Es gibt bei den heutigen Lagertechniken keinen Grund, sich in diesen vorösterlichen oder vorweihnachtlichen Einkaufstrubel zu stürzen.

ALLES WILL AN SEINEN PLATZ!

NAHRUNGSMITTEL EINRÄUMEN

Wie die Gegenstände in den anderen Haushaltsbereichen, hat auch jedes Nahrungsmittel seinen festen Ort. Für die Trockenlagerung in Schränken hat sich ein System aus Schubfächern gut bewährt. Ich benutze dazu schon seit Jahren Lagersichtboxen aus stabilem Karton von der Firma Pressel (Adresse im Anhang). Diese werden normalerweise in der industriellen Lagerhaltung genutzt. Es ist eine preisgünstige und übersichtliche Angelegenheit.

Das Einräumen der Nahrungsmittel geht relativ flott, wenn Sie im Laden schon darauf geachtet haben, in der entsprechenden Reihenfolge zu packen. Vermeiden Sie es, beim Auspacken kreuz und quer durch die Küche zu laufen. Am besten Sie packen sich den Arm voll und verstauen dann die einzelnen Dinge. Lassen Sie alle Schranktüren ruhig offen stehen, bis alles verpackt ist.

Eine Freundin von mir hat ein besonderes Ordnungssystem: Sie lagert ihre Gläser und Dosen nicht nach Inhalten, sondern alphabetisch sortiert. Nach Ananas kommen Bohnen, nach Bohnen kommt Cappuccino bis zu Zucchini im Glas. Sie hat es ordentlich beschriftet, und so kann jeder sofort alles finden. Ist bei K eine Lücke, dann muss sie Kirschen kaufen.

Ich lagere die Dinge nach Verwendungsbereichen. Das Obst an einem Ort, dann alles Gemüse in Dosen, dann Gurken und Oliven. Für mich ist dieses System einfacher, denn solange in dem Fach für Dosenobst noch irgendetwas steht, kann ich immer ein Dessert zaubern.

Es ist ganz Ihnen überlassen, welches System Sie in Ihrem Haushalt führen, aber entscheiden Sie sich für eines, das für Sie eingängig und vor allem übersichtlich ist. Sortieren Sie die Vorräte bitte nicht nach der Gläsergröße ...

Vorräte gehören an gut zugängliche Stellen in Küche, Speisekammer oder Keller, aber nicht in Ihre beste Griffhöhe. Vorräte sind ideal, um das Regal im Unterschrank oder eine untere Schublade zu bestücken. Je kühler Sie lagern können, desto besser.

Sollten Sie einen Apothekerschrank besitzen, so entscheiden Sie sich bei dessen Inhalt entweder für Lagerhaltung oder für den täglichen

Gebrauch. Es macht keinen Sinn das gesamte Dosen-Obstlager fünfmal am Tag herauszuziehen, nur weil Sie das Salz benötigen.

WAS SOLL ICH HEUTE NUR KOCHEN?

Kochen und Backen ist eine Geschichte für sich, und wir wollen all den vielen Kochbüchern kein weiteres hinzufügen.

Es gibt eigentlich zwei Arten von Köchinnen, die einen lesen ein Rezept als Anregung quer und kochen dann drauflos, die anderen halten sich peinlich genau an die Anleitung. Beide Vorgehensweisen haben ihre Vor- und Nachteile. Finden Sie heraus, zu welchem Typ Sie gehören, und legen Sie Ihre Rezeptsammlung entsprechend an.

Trauen Sie sich selbst etwas zu. Ich höre immer wieder von Freundinnen: „Ich kann nicht kochen" und „Ich koche immer dasselbe". Oft stammt diese Meinung noch aus der Jugend, weil damals Mutter besser gekocht hat als sie. (Wahrscheinlich hatte sie einfach mehr Erfahrung. „Besser" ist schließlich relativ.) So eine Einstellung muss nicht für den Rest Ihres Lebens gelten. Probieren Sie Dinge aus, entwickeln Sie ein Gefühl für die Zutaten.

Sicherlich verfügen auch Sie über ein Sammelsurium an Kochbüchern und losen Rezepten. Sichten Sie diese und behalten Sie nur die in Griffnähe, mit denen Sie wirklich gerne kochen. Entsorgen sie die ausgerissenen Zeitungsseiten am besten komplett. (Siehe auch Kapitel „Weg damit" Seite 211) Empfehlenswert ist ein Grundlagenkochbuch, in dem vom Fischausnehmen bis zum Blätterteig alles drinsteht. Sie werden es meist nur in Notfällen konsultieren, aber dann kann es Sie retten.

Des weiteren empfehlen sich Kochbücher, die alphabetisch nach Hauptzutaten geordnet sind. Oder in der heutigen Zeit Kochbücher auf CD-ROM im Computer. Denn oft haben Sie noch Rhabarber im Kühlschrank oder Pastinaken im Kühlfach und wissen nicht, welches Rezept in Frage kommt.

Verlassen Sie sich auf Kochbücher, aus denen Sie schon öfter gekocht haben und wo Sie mit dem Ergebnis zufrieden waren. Verbannen Sie die anderen in den Keller oder auf den Flohmarkt. Wann haben Sie schon die Zeit, eine 5-stöckige Champagner-Creme-Torte zu backen?

Meine Lieblingsrezepte habe ich kopiert, in Kunststoff laminiert und nach Alphabet in einem Leitzordner abgeheftet. Das Abschreiben auf Karteikarten ist auch möglich, aber dazu habe ich einfach nicht die Zeit gefunden.

Bei allen Rezepten, die ich jemals gekocht habe, schreibe ich eine Beurteilung an den Rand und füge etwaige Änderungen bei den Zutaten hinzu. Bei Rezepten in Kochbüchern, schreibe ich innen auf die Umschlagseite das Rezept und die Seitenzahl, denn wenn ich es in einem Jahr wieder kochen will, finde ich es so schnell wieder.

Meine Freundin mit dem alphabetischen Lagerregal, plant ihre Gerichte für eine Woche im Voraus. Sie benutzt dazu Rezepte im Karteikartensystem und kauft entsprechend gezielt ein. Sie ist ein systematischer Mensch und fährt hervorragend damit.

Wenn für Sie, liebe Leserin, Kochen eher eine Belastung ist, dann empfiehlt sich systematisches Vorgehen, denn dann ist mit der Wochenplanung dieser Posten abgehandelt und liegt Ihnen nicht mehr auf der Seele.

Eine amerikanische Haushaltsberaterin empfiehlt, so genannte Großkochtage einzuführen und dann Gerichte in 5-facher Menge zu kochen und diese Portionsweise einzufrieren. Beschriften Sie die Vorräte allerdings gut, denn gefroren sieht alles gleich aus!

Eine Bekannte ist im Restaurant ihrer Eltern aufgewachsen. Heute führt sie einen Haushalt mit zwei Kindern und Hund und besorgt zusätzlich das Büro für das Geschäft ihres Mannes. Trotzdem kocht sie mittags erst für die Kinder und dann, eine Stunde später, für ihren Mann warmes Essen. Abends gibt es das gleiche Spiel noch einmal. Wobei der Mann abends etwas anderes essen will als mittags. Die Kinder sehen, dass Papa abends etwas Neues bekommt und essen dann die Reste vom Mittag auch nicht mehr. Sie stöhnt unter der Last der vielen Aufgaben, hat aber noch nicht gesehen, dass sie das Restaurant ihrer Eltern zu Hause nicht weiterführen muss.

Welche Ansprüche stellen Sie an sich selbst? Ist es vielleicht an der Zeit, es etwas ruhiger angehen zu lassen? Machen Sie eine kleine Lesepause und denken Sie darüber nach.

▸ Die folgende Routine möchte ich ändern:

____

____

▸ Der neue Ablauf sieht folgendermaßen aus:

____

____

Nutzen Sie ruhig ab und zu das vielfältige Angebot an Fertigprodukten. Nicht nur in der Familie, gerade wenn Gäste kommen, wollen Sie nicht fünf Stunden in der Küche stehen. Sie brauchen kein schlechtes Gewissen zu haben, denn fast in jedem Restaurant werden Ihnen Fertiggerichte vorgesetzt. Die Rezepte für die Lokale werden von den Herstellern etwas abgewandelt, damit Sie als Hausfrau nicht gleich merken, dass es im Grunde dieselbe Sauce-Hollandaise aus der Tüte ist, wie bei Ihnen zu Hause.

Kochen Sie doch einfach mal mit Freunden zusammen oder lassen Sie jeden Gast etwas zum Essen mitbringen. Dann verlieren Einladungen schnell ihren Schrecken.

DIE ERNÄHRUNGSFRAGE

Lesen Sie bei Fertigprodukten aus der Tiefkühltruhe oder beim Heimlieferservice ab und zu die Zutatenlisten auf der Rückseite der Packungen. Sie werden große Unterschiede feststellen. Je weniger Zusatzstoffe, desto besser. Laut Statistik nimmt der deutsche Bürger im Schnitt über zwei Kilogramm Zusatzstoffe pro Jahr zu sich. Also Stoffe, die man eigentlich nicht braucht, um das Nahrungsmittel herzustellen. Das ist meist pure Chemie. Stellen Sie sich diesen Berg einmal bildlich vor. Ihr Körper muss das verarbeiten. Die Firma „Frosta" fährt eine gute Linie ohne Farb- und Zusatzstoffe. Oder bestehen Sie unbedingt auf Farbe in der Pizza?

Es lohnt sich besonders, auf den Zusatz von Zucker, Glucose und ähnlichen Süßstoffen zu achten. Die Industrie versucht, uns hier einiges versteckt unterzujubeln. Zucker im Sauerkraut, Zucker in Salzgebäck ... Kaufen Sie die Ananas ohne Zuckerzusatz, die schmeckt genauso. Denken Sie immer daran, dass Diabetes auf dem besten Wege ist, die Volkskrankheit Nr. 1 zu werden (ein spannendes Buch dazu hat Nicolai Worm geschrieben. Siehe Anhang).

Die Kinder haben in dieser Hinsicht meist ein gesünderes, ursprünglicheres Essverhalten. Heute vertilgen sie mit Heißhunger zwei Schnitzel und morgen fragen sie nach Nudeln mit Soße. Akzeptieren Sie das. Schwenken Sie um auf mehr Fisch und Geflügel, Ihr Körper wird es Ihnen danken.

Finden Sie Ihren eigenen Weg durch den Küchendschungel. Welche Vorgehensweise entspricht Ihren Bedürfnissen? Kombinieren Sie die Methoden und wagen Sie Experimente. Sie sind eine gute Köchin – Sie wissen es nur noch nicht.

ZEIT SPAREN – NICHT NUR BEIM KOCHEN

ZUTATEN BEREITSTELLEN

Die Rezeptauswahl ist getroffen. Nun geht es ans Arbeiten. Je übersichtlicher Ihre Lagerhaltung ist, desto schneller ist alles bereitgestellt. Ein Sammelsurium an offenen Tüten und unterschiedlichen Schraubgläsern lockt die Lebensmittelmotten an und verzögert das Auffinden der Zutaten. Steigen Sie wenn möglich auf ein einheitliches System um. Beschriften Sie die Behälter. Die Haselnüsse zu finden sollte nicht einer Ostereiersuche gleichen.

Gerade in diese Phase können Sie die Kinder gut mit einbeziehen. So lernen sie, die verschiedenen Dinge zu finden, zu handhaben und wieder wegzuräumen.

Wiegen Sie – wenn notwendig – bestimmte Zutaten sofort ab und stellen die Dose gleich wieder zurück in den Schrank.

Stellen Sie vor dem Beginn alle Zutaten und Behältnisse zurecht. Denn später, wenn Sie die Hände voll Öl oder Mehl haben, sollten Sie nicht mehr an die Schränke gehen müssen.

NAHRUNGSMITTEL VORBEREITEN

Die Arbeitshöhen

Je nach Art der anfallenden Arbeiten werden verschiedene Arbeitshöhen benötigt. Wollen Sie etwas fein und dünn schneiden, dann ist eine Arbeitsplatte in Ellenbogenhöhe richtig, wollen Sie Teig kneten oder mit dem Rührgerät in der Schüssel arbeiten, dann brauchen Sie 30 cm unter Ellenbogenhöhe.

Die ideale Höhe ist nur bei einer verstellbaren Arbeitsplatte möglich. Zusätzlich ist zu beachten, dass ja in dieser Küche evtl. noch andere Personen mitarbeiten wollen. Wie groß sind Sie selbst? Wie groß sind Ihre Mitbenutzer?

Dort wo im Verhältnis der größte Teil der Arbeitszeit verbracht wird, ist die ergonomische Anpassung am wichtigsten. Setzen Sie die Schwerpunkte an der für Sie wichtigen Stelle, denn eine Lösung für alle Fälle wird es nicht geben.

Achten Sie beim Küchenkauf auf die richtige Höhe. Als Faustregel gilt, dass die Oberkante der Haupt-Arbeitsfläche etwa 10 cm unterhalb Ihres Ellenbogens sein sollte. Die Arbeitsplattenhöhe richtet sich *nicht* nach Ihrer Körpergröße, denn sie ist abhängig vom Verhältnis Oberkörperlänge zu Beinlänge und dieses Verhältnis ist bei jeder Frau anders.

Welche Elektrogeräte und Arbeitsgeräte besitzen Sie? Welche davon benutzen Sie?

Dies sind zwei vollkommen unterschiedliche Fragen. Überdenken Sie Ihre Gewohnheiten und misten Sie aus. Die Fritteuse kann getrost in den Keller, aber den Allesschneider sollten Sie sofort griffbereit haben. Defekte Geräte werden repariert oder auf den Flohmarkt/Recyclinghof gebracht.

Es gibt viele so genannte Gadgets. Das sind Küchenhelfer, die gar keine sind, da sie beim Verwenden und Reinigen mehr Arbeit machen als einsparen. Trennen Sie sich von diesen Teilen, auch wenn es gut gemeinte Geschenke waren, sie blockieren nur Ihren wertvollen Lagerraum in der Küche und rauben Ihre Zeit bei der Anwendung.

Lagern Sie Geräte und ihre Zubehörteile zusammen. Die Rührbesen beim Handmixer, da Sie ihn häufig benutzen werden. Die Knethaken des Handmixers können Sie auch bei den Backutensilien lagern, wenn Sie diese nur an Weihnachten herausholen. Gehen Sie durch jede einzelne Schublade und räumen Sie aus. Da liegen doch tatsächlich drei Dosenöffner in der obersten Schublade! Lassen Sie Ihr Lieblingsstück dort, werfen Sie den alten und stumpfen weg, und der dritte kommt in den Keller (in das Lager für Küchenhilfsmittel).

Oft benutzt und oft vernachlässigt sind Messer, obwohl sie das Hauptarbeitsgerät sind. Schauen Sie es den Profis ab. Sie benötigen ein großes, scharfes Schneidemesser mit glatter Klinge zum Fleisch oder Gemüse schneiden, ein kleineres zum Zwiebeln schälen und ein gezacktes scharfes Messer zum Beispiel für Tomaten. Lehren Sie die Kinder beizeiten unter Aufsicht mit Messern zu hantieren.

Mit stumpfen Messern gibt es die meisten Verletzungen, da man anfängt mit Gewalt zu drücken und dann abrutscht. Die Messerklinge wird beim Schnitt über das Schnittgut gezogen, dadurch kommt das Schneiden zustande. Es wird immer vom Körper und den Fingern weg geschnitten. Beachten Sie den Winkel beim Ansetzen des Messers. Die Finger werden gekrümmt, so dass im Notfall erst der Fingernagel dran ist und dann die Fingerkuppe.

Grundregel: Immer auf Hand und Messer schauen. Nur wenn dieser Blickkontakt steht, darf geschnitten werden.

Lange Wege, kurze Wege

Bei allen Arbeiten, egal ob im Haushalt oder im Beruf, sollten Sie sie die Wege so kurz wie möglich halten. Greifwege machen bei allen Tätigkeiten einen hohen Anteil der Arbeitszeit aus. Es lohnt sich, über jeden einzelnen Zentimeter nachzudenken. Im Bild sehen Sie das Beispiel Gurkenwaschen. Die Vorgänge stehen stellvertretend für alle anderen Greifvorgänge: Tisch eindecken, Aufräumen, Zähne putzen, Babys wickeln, Abspülen, Lebensmittel wegräumen, Geschirrspülmaschine ausräumen, Wäsche aufhängen ...

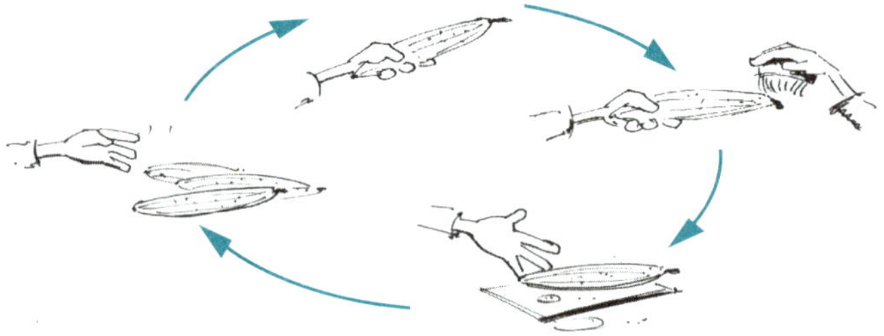

Sie langen mit links zu einer Gurke, greifen sie und bringen sie zur rechten Hand. Mit rechts bürsten Sie die Gurke ab. Dann bringt die linke Hand die Gurke zum Teller und legt sie ab. Gerade in der Küche sind in diesen Greifwegen viele Zeitreserven verborgen.
Rationelles Arbeiten bedeutet Kürzen der Wegestrecken.

Die Wege beim Hinlangen und Weglegen sollten immer so kurz wie möglich gewählt werden, denn dadurch gewinnen Sie über alle Arbeiten hinweg viel Zeit, ohne zusätzliche Hektik zu machen. Im Folgenden ein Rechenbeispiel mit etwas längeren und etwas kürzeren Wegen zum Vergleich.

Die in der Tabelle errechneten Zeiten gelten nur für die Greifwege, die die Hand zurücklegen muss. Das Greifen selbst, das Putzen und Ablegen ist in der Rechnung nicht berücksichtig. Wie man sieht, ist jeder Zentimeter Einsparung eine Überlegung wert.

Die einzelnen Arbeitszeiten für die Greifwege bewegen sich im Bereich von einer viertel bis einer dreiviertel Sekunde. Eigentlich lächerlich. Oder? Erst, wenn man diese Zahlen über die vielen, vielen Greifvorgänge im täglichen Arbeitsleben hochrechnet, zeigt sich, wie lohnend das Nachdenken ist.

Sie können durch den kompakter gestalteten Arbeitsplatz eine Einsparung von 220 Stunden erreichen. Dies sind mehr als neun komplette Tage. Oder wenn Sie es anders rechnen möchten, sind es 27,5 Tage zu 8 Stunden Arbeitszeit. Das entspricht einem knappen Monat! Stellen Sie sich vor, was Sie in dieser Zeit alles Angenehmes tun können. Wenn Sie Ihre Arbeit bewusst angehen, werden Sie an vielen Stellen 10, 20 oder 50 Zentimeter finden, die Sie einsparen können.

Abbildung: Rechenbeispiel zu Greifwegen

Vorgang	Langer Weg		Kurzer Weg	
	einmaliger Greifweg	benötigte Zeit	einmaliger Greifweg	benötigte Zeit
Mit Hand zur Gurke hinfassen	40 cm	0,618 sec	30 cm	0,507 sec
Gurke zur anderen Hand bringen	50 cm	0,713 sec	40 cm	0,618 sec
Gurke zum Teller wegbringen	40 cm	0,618 sec	20 cm	0,416 sec
Hand zurück in Ausgangsstellung	50 cm	0,654 sec	10 cm	0,270 sec
Summe für einen Vorgang	180 cm	2,603 sec	100 cm	1,811 sec
Wenn wir den Zeitaufwand bei etlichen Jahren auf eine Million Vorgänge hochrechnen würden, ergeben sich folgende Werte:				
Summe für 1 Mio. Vorgänge	1800 km	**723 Std.**	1000 km	**503 Std.**

Quelle der Arbeitszeiten: MTM-Normzeitwertkarte. Bitte beachten Sie, dass die Arbeitszeitaufwendungen nicht proportional zur Wegestrecke sind, dies liegt in der Tatsache unterschiedlicher Bewegungsmuster begründet und hat seine Berechtigung.

NUR NICHTS ANBRENNEN LASSEN!

NAHRUNGSMITTEL ZUBEREITEN

Beim Zubereiten der Speisen ist zum einen das richtige Timing wichtig: Welche Arbeiten müssen zu welcher Zeit verrichtet werden, um einen flüssigen Ablauf zu erreichen. Zum anderen spielen auch hier wieder die Wegestrecken eine Rolle.

Reibungsloser Arbeitsablauf – Timing

Hier ist praktische Erfahrung gefragt. Niemand kann auf dem Papier eine ganz genaue Skizze für den zeitlichen Ablauf beim Kochen oder Backen vorgeben. Einmal brauchen die Kartoffeln etwas länger, ein andermal haben Sie den Herd eine halbe Stufe niedriger eingestellt.

In guten Rezepten sind die Arbeitsanweisungen in der richtigen Reihenfolge beschrieben, aber ich habe immer wieder festgestellt, dass dies nur oberflächlich bedacht wird.

Zu Beginn einer Hausfrauenkarriere ist man oft noch nicht in der Lage, die vielen Dinge gleichzeitig zu beaufsichtigen und zu koordinieren. Es sind eben noch keine Meister vom Himmel gefallen. Aber wir haben ja noch viele Jahre vor uns, und es wird immer besser werden.

Kleine technische Helfer erleichtern die Arbeit, aber Sie nehmen uns das Timing nicht ab. Eine Lösung ist ein leicht zu bedienender Wecker oder Sie benutzen eine programmierbare Armbanduhr.

Ein Beispiel für Timing: Während das Wasser mit dem Reis aufkocht, bleiben Sie in der Küche und waschen das Gemüse. Dann drehen Sie die Flamme auf „klein" und stellen den Wecker auf 40 Minuten. Jetzt schälen Sie das Gemüse und schneiden es klein. Ab damit in den Topf. Während das Gemüsewasser zum Kochen kommt, decken Sie den Tisch. Dann drehen Sie das Gemüse etwas herunter und können dann mit dem Wecker an den Schreibtisch gehen oder im Keller die Wäschen aufhängen. So nutzen Sie Ihre Zeit effektiver und müssen nicht ständig über das Essen wachen.

Sammeln Sie Erfahrungswerte, bei welchen Einstellungen und welchen Topfgrößen das Wasser gerade noch köchelt oder eben nicht mehr. Dies ist das Wichtigste, wenn Sie im haus etwas anderes erledigen wollen.

Wenn Sie aus dem Haus gehen, schalten Sie den Herd prinzipiell ab! Sie wissen nie, wie lange Sie wegbleiben werden.

ESSEN IST NICHT NUR ERNÄHRUNG – FAMILIENTREFFPUNKT KÜCHE

NAHRUNGSMITTEL ANRICHTEN

Schaffen Sie sich hübsche Töpfe an, oder servieren Sie direkt auf dem Teller, so sparen Sie Geschirr.

Nahrungsmittel verspeisen

Nun sollte eigentlich Ruhe einkehren. Wir haben alle genug zu essen und sollten es dankbar genießen. Leider ist gerade das oft nicht möglich, da die Kinder frisch aus der Schule oder dem Kindergarten kommen und alle ihre Erlebnisse und Sorgen besprechen möchten. Lassen Sie sich Zeit. Hören Sie zu. Kauen Sie genüsslich. Wenn Sie mit gutem Beispiel und guten Manieren vorangehen, ist das für die Kinder und die Tischsitten schon die halbe Miete.

Bei Kindern ist die Zutatenauswahl oft ein schwieriger Punkt. Bei der Zusammenstellung lasse ich sie einfach gewähren. Ich muss das Nutellabrot mit Käse ja nicht essen. Wenn es ihnen schmeckt, warum nicht?

Was ich nicht akzeptiere, ist der Schrei: „Igitt, das mag ich nicht!", ohne dass es probiert wurde. Ich sehe ein, dass man nicht alles gerne isst, aber eine Löffelspitze wird probiert (mehr muss es nicht sein), dann kann man es beurteilen.

Und des Weiteren bestehe ich auf einem höflichen Umgangston. Dass bestimmte Dinge weniger beliebt sind, weiß ich, trotzdem hat die Meinungsäußerung dazu sachlich zu bleiben. Ich habe mir Mühe gegeben, gut zu kochen, also sollten alle dankbar sein, dass etwas auf dem Teller ist.

Laute Bährufe und Würgegesten kennen Sie wahrscheinlich selbst zur Genüge. Weisen Sie die Kinder immer wieder mit Nachdruck darauf hin, dass man diesen Kommentar auch in höflicher Form abgeben kann. Sie müssen sich das nicht bieten lassen!

Die Mittagspause ist für mich eine sehr wichtige Unterbrechung des Tages. Wenn viele Gespräche geführt werden müssen, dann dauert es eben länger. Wenn es Ihnen möglich ist, legen Sie Termine und Arbeitszeiten so, dass genügend Raum für ein ruhiges Mittagessen bleibt.

Ein Bekannter hatte in seiner Familie durch seine Arbeit und die Schulzeiten der Kinder keine Möglichkeit, ein gemeinsames Mittag- oder Abendessen zu bestreiten. Kreativ wie er war, wurde das Frühstück zum täglichen Treffpunkt erhoben. Er stand eine Stunde früher auf, stellte sich an den Herd und kochte ein warmes Essen. Ernährungstechnisch gesehen eine ungewohnte, aber sehr sinnvolle Sache. Frühstücken wie ein Kaiser, mittagessen wie ein König und abendessen wie ein Bettelmann (das ist medizinisch gesehen vollkommen in Ordnung). Also war um 7.00 Uhr gemeinsames „Frühstück" angesagt.

Auch wir haben zu Hause das Frühstück auf warme Suppe mit Reis oder Gemüse umgestellt. Gerade im Winter ist das eine wohltuende Grundlage, um in einen arbeitsreichen Vormittag zu starten. Die langsam verwertbaren Kohlehydrate halten bis zum Mittagessen satt, und es gibt keinen „kleinen Hunger zwischendurch", wo man unbedingt etwas Süßes haben möchte.

Seien Sie fantasievoll und haben Sie Mut zu ungewohnten Dingen. Ziehen Sie die Familie mit und probieren Sie es aus.

WAS ÜBRIG BLEIBT, SCHMECKT AUCH NOCH GUT

RESTEVERWERTUNG

Eine sinnvolle Resteverwertung gehört mit zur rationellen Küchenarbeit, schließlich haben Sie in jedes Gramm Geld, Zeit und persönliche Energie gesteckt.

Seit wir morgens Suppe frühstücken, ist das überhaupt kein Problem mehr, denn der Rest Gemüse, Nudeln oder Getreide landet einfach in der Suppe. Wahrscheinlich ist das für Sie noch kein Grund, Ihr Frühstück schon morgen auf Suppe umzustellen. *(Oder vielleicht doch?)* Zum Glück bleibt ja noch die Resteverwertung im nächsten Essen oder als Salat. Aus nahezu jedem Gemüse, Nudeln oder aus klein geschnittenem Fleisch lässt sich ein Salat zaubern. Ein Restchen im Topf kann am nächsten Mittag noch einmal aufgewärmt werden. Manchmal koche ich ein neues Essen und wärme die kleinen Reste vom Vortag trotzdem auf, dann ist die Auswahl fast wie am Buffet.

Wenn eine normale Portion übrig bleibt, dann gebe ich sie tags darauf meinem Mann mit zur Arbeit, oder ich friere sie ein.

RESTE KÖNNEN ABSICHT SEIN

Aus Rationalisierungsgründen koche ich gerne eine etwas größere Menge (nicht die fünffache Menge, aber vielleicht die doppelte). Dann gibt es heute Reis und morgen Reisburger. Oder heute Erbsen und morgen Erbsensuppe. Eine Portion Reis oder Gemüse friere ich gerne ein, um an einem anderen Tag schnell etwas auf dem Tisch zu haben. Ich koche zwar gerne, aber auch ich habe nicht immer die Zeit dazu.

Hier ist auch wieder ein Kochbuch sinnvoll, welches nach Zutaten sortiert ist. So kann man unter Grünkern nachsehen und sich gleich zwei/drei Rezept-Ideen heraussuchen.

Die Nahrungsaufnahme ist eine unserer Hauptenergiequellen. Der Körper kann nur das sein, war wir ihm geben. Er spiegelt das wieder, was wir zu uns nehmen. Also seien Sie gut zu sich selbst.

GESCHIRR UND ABWASCH

Meine Küche?
Deine Küche?
Die Küche ist für alle da!

AUF EINEN BLICK:

- Benutzen Sie beim Arbeiten wo immer möglich beide Hände.
- Nutzen Sie die Geschirrspülmaschine bzw. schaffen Sie sich eine an.
- Das täglich benutzte Geschirr steht in den Schränken direkt neben der Geschirrspülmaschine.
- Beim Einweichen die Töpfe nicht ineinander stapeln.
- Denken Sie beim Ein- und Ausräumen der Geschirrspülmaschine an Ihren Rücken.
- Spülmaschinengeeignetes und praktisch zu handhabendes Geschirr und Werkzeug erleichtern die tägliche Arbeit.

SPÜLEN, SPÜLEN, SPÜLEN ...

Wie viele Arbeiten im Haushalt ist auch das Thema „Küche" eine nie endende Geschichte. Geschirr spülen – Geschirr wegräumen – Geschirr herausholen – Geschirr benutzen – Geschirr spülen ...
Eine normale Spülmaschinenfüllung mit Tassen, Tellern, Besteck, ein oder zwei Töpfen, einigen Kunststoffbehältern, Schüsseln und Gläsern wiegt ca. 10 kg und enthält je nach Größe der Teile zwischen 45 und 70 Einzelteile. Wenn Sie von Hand spülen, fällt eine entsprechende Menge schmutziges Geschirr an. Wenn Sie vier Personen zu Hause mit Haupt- und Zwischenmahlzeiten versorgen, füllen Sie ein bis zwei Geschirrspülmaschinen pro Tag.

Angenommen wir rechnen über ein ganzes Jahr mit 1,5 Füllungen pro Tag. Dann ergibt das 365 x 1,5 = 547,5 Geschirrspülmaschinenfüllungen mit einem Gesamtgewicht von 5475 kg Geschirr. Das sind knapp 5,5 Tonnen, die Sie in Ihrer Küche bewegen. Das entspricht etwa 32.850 einzelnen Teilen. Auf 20 Jahre hochgerechnet bewegen Sie so

110 Tonnen Geschirr oder 657.000 Einzelteile. Und das alles mit Ihren beiden Händen und Ihrem Rücken. Wie Sie sehen, lohnt es sich, über jeden Handgriff nachzudenken.

Der Abwasch lässt sich natürlich nicht vollständig vermeiden. Aber je sparsamer Sie mit dem Geschirr umgehen, desto weniger Arbeit fällt an.

AUFGABENVERTEILUNG UND ORGANISATION

DIE SPÜLMASCHINE – WICHTIGER ALS DER FERNSEHER!

Sollten Sie keine Geschirrspülmaschine besitzen, dann empfiehlt es sich, mit allen Haushaltsmitgliedern ein Abkommen zu treffen.

Selbst wenn Sie Geschirrspülen nicht zu Ihren Lieblingstätigkeiten zählen, machen Sie es nicht zu einer Strafarbeit für die Kinder. Damit verbauen Sie sich jede Chance auf freiwillige Hilfe. Die Menschen sind verschieden und vielleicht wird eines Ihrer Kinder sogar gerne abspülen, wenn damit das Ansehen in der Familie nicht sinkt. Auch kleine Kinder spülen gerne ab, erhalten Sie diese Motivation so lange wie möglich.

Anmerkung: Dinge, die man nicht ändern kann, sollte man akzeptieren. Stecken Sie kein einziges Quäntchen Energie in negative Emotionen. Jedes Stöhnen ist vergeudete Kraft. Tun Sie es einfach. Eine neutrale Einstellung zu einer Sache verändert auf Dauer deren Gesicht.

Trotzdem: Überdenken Sie Ihre geplanten Investitionen. Die Anschaffung einer Geschirrspülmaschine lohnt sich.

WO KOMMT DENN NUR DAS GESCHIRR SCHON WIEDER HER?

Sparen Sie Geschirr. Wir haben in einer Ecke des Küchentisches einen Platz für die täglichen Getränke und jeder hat seinen Becher dort stehen. Wer Durst hat, nimmt sich einen Schluck, ohne jedes Mal ein neues Glas aus dem Schrank zu holen.

Zur Handhabung von Geschirr im Haushalt gelten bei uns prinzipiell zwei Grundsätze:

1. Gegessen wird immer mit Teller oder Schüssel, sonst sind Sie ständig auf Krümelsafari, egal ob große oder kleine Esser unterwegs sind.
2. Gegessen wird am Tisch, und das Geschirr bleibt am Tisch.
3. Sehr seltene Ausnahmen bestätigen die Regel und bedeuten für die Kinder dann ein Abenteuerspiel. Werden die Teller nicht zurückgebracht, streiche ich die Ausnahmen für einige Zeit.

Laufen Sie weniger hungrigen Kindern nicht mit dem Teller durch die Wohnung hinterher und versuchen Sie nicht, sie zu füttern. Die Kleinen würden sich an diesen Service gerne gewöhnen und später Ihre ganze Wohnung in ein Paradies aus Essensrestchen auf dem Boden und Geschirr an den unmöglichsten Stellen verwandeln. Es ist noch kein Kind verhungert, weil es nur am Tisch essen durfte.

ARBEITSABLÄUFE RATIONALISIEREN

DAS TÄGLICHE REIN UND RAUS

Einräumen der Geschirrspülmaschine

Das Einräumen einer Geschirrspülmaschine gleicht einem Puzzle. Finden Sie den idealen Platz für jedes Teil. Versuchen Sie, gleiche Teile nebeneinander zu stellen. Fangen Sie auf der einen Seite mit den großen Tellern an und auf der anderen mit den kleinen. Dann können Sie an beiden Seiten weitere Teller der gleichen Größe dazustellen. Dasselbe gilt für Tassen, Töpfe usw.

Die heutige Wasserführung in den Maschinen erzeugt starke Verwirbelungen und erreicht nahezu die letzten Winkel in der Maschine, so wird auch eng gestelltes Geschirr noch gut sauber. Die Reinigungswirkung im Unterkorb ist normalerweise besser, da das Wasser von unten mit vollem Druck nach oben spritzt.

Wenn sich neben der Maschine erst ein ganzer Berg Geschirr ansammelt, dann haben Sie die doppelte Arbeit, da Sie jedes Teil ein zweites Mal anfassen müssen, um es in die Maschine zu räumen. Es ist geschickter, sich diesen Aufwand zu ersparen.

Ihr Ziel sollte sein: Wenn der Kuchen in den Ofen geschoben wird oder das Essen fertig gekocht ist, ist gleichzeitig die Küche „klar Schiff". Vielleicht erscheint Ihnen das momentan schwierig, es ist aber reine Übungssache. Fangen Sie noch heute damit an.

Wenn möglich, sollte die Geschirrspülmaschine selbst in der Nähe des Waschbeckens sein, damit vorgespülte Teile direkt eingeräumt werden können.

Ausräumen der Geschirrspülmaschine

Das Ausräumen der Maschine kann am Stück oder in kleinen Einheiten geschehen. Zum Beispiel während das Nudelwasser zum Kochen kommt oder während Ihre Tochter, bevor sie zur Schule geht, noch einmal auf die Toilette muss und Sie wartend im Hausflur stehen würden.

Es ist geschickt, erst alle Teile einzusortieren, die in den gleichen Schrank kommen. Greifen Sie immer mit beiden Händen zu. Stapeln Sie alle Müslischüsseln noch an der Maschine und räumen Sie dann den fertigen Stapel in den Schrank.

Danach gehen Sie zum nächsten Sortiment, etwa den Töpfen und Deckeln. Sind diese verstaut, kommt am Schluss das Besteck an die Reihe.

Die Schränke und Schubladen direkt neben der Geschirrspülmaschine sollten die Dinge enthalten, die Sie täglich benutzen: zum Beispiel Teller, Tassen und Schüsseln.

WAS BRAUCHT DEN MEISTEN PLATZ? – TÖPFE UND PFANNEN

Große Töpfe und Pfannen spült man am besten von Hand ab. Einerseits sind die Reste oft angetrocknet, und andererseits benötigen sie zu viel Platz in der Maschine. Wenn Sie die Töpfe sowieso einweichen und von Hand vorwaschen müssen, können Sie sie meist gleich ganz reinigen und zum Abtropfen auf die Seite stellen.

Tipps zum Handling von verschmutzten Töpfen:

- Bei Töpfen und Pfannen sofort nach Gebrauch den obersten Rand von innen und außen kurz mit klarem Wasser und Bürste abspülen. Auch wenn Sie den Topf zum Einweichen mit Wasser füllen, bleibt genau dieser Rand trocken, und die Reste sind schwierig zu entfernen.
- Den Topf zum Einweichen mit klarem Wasser füllen. Spülmittel ist dazu nur in schwierigen Fällen notwendig.
- Stellen Sie Töpfe zum Einweichen nicht ineinander. Die meisten Töpfe sind von außen vollkommen sauber (Ausnahme: Ihnen ist etwas übergekocht). In dem Moment, wo Sie sie ineinander stellen, werden sie von außen fettig. Stellen Sie beim Abspülen von Hand den Topf nicht in das eben ausgeschüttete Einweichwasser. Dann genügt es, zum Reinigen von außen mit wenig Spülmittel und Bürste oder Schwamm drüberzufahren.
- Weichen Sie den Topf lange genug ein. Bei hartnäckigen Verkrustungen mit Spülmittel auch über Nacht. Das nimmt Ihnen einen großen Teil der Arbeit ab. Lassen Sie den Topf ruhig ohne Sie arbeiten. Das Gleiche gilt auch für Backbleche.

Abtrocknen

Abtrocknen ist außer bei Sonntags-Kristallgläsern ein vollkommen überflüssiger Vorgang. Das Abtrocknen übernimmt ohne Zusatzkosten die Luft oder die Geschirrspülmaschine für uns.

Stehen in den Rückseiten der Gefäße in der Spülmaschine noch große

Wasserreste, so nehmen Sie ein Handtuch und saugen Sie damit diese Wasserreste auf, während das Geschirr noch in der Maschine steht. Eine halbe Stunde später ist es von alleine fertig abgetrocknet.

Achten Sie beim Kauf von Gefäßen wie zum Beispiel Messbechern darauf, dass Sie auf der Rückseite keine Wasserreservoire bilden, oder bohren Sie seitlich ein kleines Loch hinein (Vorsicht!).

DIE KLEINEN HELFER: BÜRSTEN, SCHWÄMME, SPÜLMITTEL ...

Die Werbung verspricht uns hier alles. Eigentlich müsste sich das Geschirr von selbst spülen.

Ein guter Handwerker braucht gutes Werkzeug. Gut bedeutet in diesem Zusammenhang nicht teuer, sondern funktionell.

Achten Sie darauf, dass Ihr „Werkzeug" in gutem Zustand ist. Das Schwammtuch sollte keine Löcher haben, und die Borsten der Bürste sollten noch mehr oder weniger vollzählig sein.

Die Grundausstattung lagern Sie in absoluter Griffnähe des Spülbeckens, ohne dass Sie eine Schublade oder Türe öffnen müssen. Bei Rechtshändern wenn möglich auf der rechten Seite des Beckens. Bitte keinesfalls im Unterschrank unter der Spüle, sonst müssen Sie jedes Mal zur Seite treten, sich bücken, die Türe öffnen, die Bürste greifen, die Tür wieder schließen, sich aufrichten und wieder ans Becken treten. In den Unterschrank gehören nur Erweiterungen der Grundausstattung.

Reserveschwämme und -spülmittel können Sie ruhig in den Keller oder einen anderen Raum auslagern. Die Reserven benötigen Sie nur alle paar Wochen einmal. Der Platz unter der Spüle – also ein absolut zentraler Platz in der Küche – ist für die Lagerhaltung viel zu schade.

Lassen Sie Reinigungsmittel immer in Flaschen mit Originalaufschrift!

Der Mensch verbindet mit der Flasche und ihrer Originalaufschrift den ursprünglichen Inhalt. Selbst wenn Sie es dick durchstreichen, wird man in einem hektischen, müden Augenblick doch einfach nach der Flasche greifen und sie entsprechend dem ursprünglichen Aufdruck verwenden.

Dazu fällt mir eine Geschichte ein: Bei uns zu Hause standen immer mehrere Mineralwasserflaschen im Kühlschrank, aus denen sich jeder bedienen konnte. Wenn man nachts Durst bekam, ging man hin und trank einen Schluck aus der Flasche.

Eines Nachts öffnete ich wieder die Kühlschranktür (ich war ungefähr 8 Jahre alt) und in der Kühlschranktüre stand keine Mineralwasserflasche. Aber es lag noch eine Flasche im Kühlschrankfach. Also diese heraus-

geholt an den Mund gesetzt und einen kräftigen Schluck genommen. In dieser Flasche war 50 %iger, selbst gebrannter Schnaps, den wir von Freunden geschenkt bekommen hatten. Meine Reaktion können Sie sich vorstellen. Meine Mutter hatte zwar mit Filzstift dick „Schnaps" auf das Etikett geschrieben. Aber wer liest denn schon nachts im Dunkeln das Etikett einer Sprudelflasche?

Am nächsten Morgen berichtete mein Vater, dass ihm das Gleiche einige Nächte zuvor passiert sei. Wir haben alle herzlich gelacht.

Fazit bleibt: Flüssigkeiten und andere Mittel nur in Originalbehälter füllen!

GESUNDHEITSFREUNDLICHE KÖRPERHALTUNG

RICHTIG RÄUMEN RETTET DEN RÜCKEN

Die Geschirrspülmaschine

Normalerweise stehen Geschirrspülmaschinen auf dem Boden, und das ganze Geschirr muss von unten nach oben geräumt werden. Erinnern Sie sich an den Anfang des Kapitels: In 20 Jahren bewegen Sie über 10 Tonnen Geschirr!

Ein Standgerät auf dem Boden bietet die ideale Arbeitshöhe für die Kinder. Diese wiederum können die Teile aber nicht in den Oberschrank einräumen. Bei Rückenbeschwerden ist Ihnen als Erwachsener schon viel geholfen, wenn Sie die Kinder bitten, alles auf den Küchentisch oder die Arbeitsplatte zu stellen. Von dort können Sie die Teile in die oberen Schränke räumen. Was unten in die Schränke und Schubladen gehört, können die Kinder selbst wegräumen. Loben Sie die tatkräftigen Helfer, damit sie Ihnen lange erhalten bleiben. Eine ehrliche Anerkennung wirkt auch bei älteren Kindern und Männern.

Unsere Kinder sind meist sehr stolz darauf, alles komplett selbst zu machen. Entweder es steigt eines der beiden dazu auf die Arbeitsplatte und das andere reicht ihm die Teile hinauf oder wenn es alleine ist, klettert es ständig hoch und runter.

Einbauhöhe der Geschirrspülmaschine:

Bei einer neuen Küche können Sie die Einbauhöhe in Deutschland nicht frei wählen. Nach meiner Information ist der maximale Abstand vom Boden zur Maschinenunterkante 40 cm. Bei anderen Einbauhöhen muss dem Küchenstudio schriftlich bescheinigt werden, dass man die Gefahr selbst auf sich nimmt.

Bitte fragen Sie mich nicht, welche Gefahren von Geschirrspülern in

Brusthöhe ausgehen. Geschirrteile könnten auch aus jedem Oberschrank fallen. Geschirrspülmaschinen sind im Gegensatz zu Waschmaschinen sehr ruhige Zeitgenossen. Sie schleudern nicht und hüpfen nicht.

Körperhaltungen beim Ausräumen der Geschirrspülmaschine

Sollten Sie eine „normal" eingebaute, auf dem Boden stehende Maschine besitzen, gibt es mehrere Möglichkeiten.

Wenn Sie Rückenbeschwerden haben, versuchen Sie, wie oben beschrieben, Arbeiten an der Geschirrspülmaschine anderen zu überlassen. Ist dies nicht (oder nur teilweise) möglich, so gehen Sie neben der Maschine in die Hocke, knien Sie auf den Fußboden oder setzen Sie sich auf einen Hocker. Stellen Sie Teil für Teil aus dem unteren Korb auf die Arbeitsplatte. Anschließend ziehen Sie sich zum Stehen hoch und räumen dann die Teile in die Schränke. Bei akuten Rückenbeschwerden sollten Sie versuchen, alles Geschirr und die Töpfe, die Sie in ständigem Gebrauch haben, oben zu lagern. Lassen Sie die Töpfe im Abtropfgitter stehen und benutzen Sie diese am nächsten Tag erneut. Sobald es Ihnen besser geht, können Sie die Unterschränke wieder benutzen.

Bei akuten Rückenbeschwerden gilt der Grundsatz: Wenn Sie sich bücken müssen, um eine Last zu heben, dann stützen Sie sich immer mit einer Hand ab.

Nehmen Sie nur wenig Gewicht in die freie Hand – notfalls jeden Teller einzeln. Es wird viel länger dauern als sonst, aber Ihr Rücken wird es Ihnen danken.

Dasselbe Prinzip gilt, wenn Sie den Oberkorb ausräumen. Bei allen Bewegungen sollten Sie den Oberkörper gerade halten und in sich nicht verdrehen. Wenn Sie sich nach vorne beugen, um etwas zu greifen, knicken Sie in der Hüfte ab (keinen Buckel machen!).

KLEIDUNG UND WÄSCHE

„Tun Sie nicht so, als würden Sie alles
spielend bewältigen.
Dann hilft Ihnen nämlich keiner.
Verhalten Sie sich so,
dass anderen auch etwas zu tun bleibt."
Kim Pickin & Nicky Singer

AUF EINEN BLICK:

- Durchforsten Sie Ihren Kleiderschrank, auch hier gilt die 80/20 Regel.
- Je weniger schmutzige Wäsche anfällt, desto weniger muss gewaschen werden.
- Testen Sie das Einführen von Waschtagen.
- Es empfiehlt sich, die Wäsche komplett abzuarbeiten, bis die Stapel wieder fertig im Schrank liegen.
- Jedes Kleidungsstück hat seinen festen Platz, bei Kindern wie bei Erwachsenen. Jeder kennt die Ordnung in seinem *eigenen* Schrank.
- Alle Haushaltsangehörigen können sich am Wäschekreislauf beteiligen.

KLEIDER MACHEN LEUTE!

Haben Sie auch schon mal vor Ihrem vollen Kleiderschrank gestanden und sich gefragt: „Was soll ich nur anziehen?" Obwohl die Kleiderordnung heute meist weniger streng gehandhabt wird als früher, möchte man doch immer passend angezogen sein. Nicht underdressed, nicht overdressed. (Und wenn es trotzdem mal passiert, stört es meistens niemanden außer uns selbst.) Es bewährt sich, eine Grundgarderobe zu haben, die man durch Einzelteile je nach Anlass sportlich oder festlich ergänzen kann: z.B. ein Kostüm mit zusätzlicher Hose, eine festliche Bluse oder ein Top und einen Pulli oder eine sportliche Bluse. Damit sind Sie schon ganz gut gerüstet und haben auch auf Reisen mit wenig Gepäck viele Kombinationsmöglichkeiten.

Auch hier gilt die 80/20-Regel (S. 56): 20 % unserer Kleidung ziehen wir in 80 % der Zeit an, die übrigen 80 % hängen im Schrank und werden nur selten herausgeholt. Ein Tipp: Sie können anderen Menschen eine Freude machen und sich gleichzeitig enorm entlasten, wenn Sie die Kleidung weggeben, die Sie nie oder fast nie anziehen, die Sie aber täglich im Schrank hin und her schieben.

Und weil ja nicht nur wir selbst, sondern alle Familienmitglieder immer „passend" angezogen sein wollen, nimmt das Thema Wäschepflege breiten Raum im Haushalt ein. Jede Frau kennt wahrscheinlich diesen beständig mahnenden Gedanken: Ich müsste eigentlich bügeln! Ein kleiner Trost: In Amerika ist das Bügeln fast abgeschafft – die Menschen leben trotzdem weiter – und bisher ist noch jede Entwicklung aus Amerika irgendwann auch zu uns gekommen.

WEG DAMIT! – OHNE BALLAST LEBT SICH´S LEICHTER

Jeder Gegenstand im Haus, jedes Wäschestück, das wir haben, braucht Pflege und damit unsere Zeit. Deshalb: Räumen Sie alles aus Ihrem Schrank und nehmen Sie sich drei Körbe. Am besten gleich!

Korb 1: für alles, was weggeschmissen wird, weil es kaputt oder völlig unmodern ist.

Korb 2: für gute Kleidung, sauber und in Ordnung, die man noch jemandem schenken kann oder in einen Secondhand-Laden gibt.

Korb 3: für Kleidung, die man sehr selten braucht, aber aufheben möchte. Nachdem Sie alles sortiert haben, legen oder hängen Sie nur das zurück in den Schrank, was Sie gerne und häufig anziehen oder zu bestimmten Gelegenheiten immer wieder brauchen.

Erleichterung macht sich breit! Lassen Sie andere Ihre Freude miterleben. Wenn jeder in der Familie es Ihnen nachmacht, sparen Sie enorm viel Zeit und Arbeit, haben endlich Platz in den Schränken und es macht wieder richtig Spaß, die Wäsche einzuräumen!

Wenn Sie jetzt nur begrenzt Zeit dafür haben, nehmen Sie sich nur eine bestimmte Schublade, ein Regalfach oder einen Teil des Kleiderschrankes vor. Wichtig ist nicht, dass Sie alles auf einmal schaffen, sondern dass Sie anfangen!

WASCHEN, WASCHEN, WASCHEN ...

Im Laufe unseres Lebens bewegen wir Tonnen von Wäsche. Alleine jeden Tag einen frischen Slip für vier Familienmitglieder ergibt 365 x 4 = 1460 Teile im Jahr. Jeden zweiten Tag frische Strümpfe ergibt noch mal so viele Teile, die gewaschen und sortiert sein wollen.

Über 20 Jahre hinweg sind das über 29.000 Unterhosen, die wir einzeln in die Hand nehmen.

Wir versetzen im wahrsten Sinne des Wortes Berge. Schichten tausende von Einzelstücken um, legen sie zusammen und sortieren sie nach Besitzern. Wir begutachten jedes Stück. Hat es Löcher? Fehlen Knöpfe? Sind die Flecken wirklich raus?

Wollen Sie das Thema Wäsche besser in den Griff bekommen, helfen Ihnen die folgenden Regeln und Tipps.

AUFGABENVERTEILUNG UND ORGANISATION

Wie schnell geht einem der Satz über die Lippen: „Tu's in die Wäsche!" – Nur um dieses Stückchen Stoff endlich aus den Augen zu haben. Nun liegen die Socken nicht mehr unterm Bett und die Jeans von vorgestern Abend hängen nicht mehr über dem Stuhl.

Aber damit beginnt eigentlich nur der ewige Kreislauf von Neuem. Wir verlagern das Problem in die Waschküche und laden uns damit Arbeit auf. Denn leider lösen sich diese Teile nicht in Luft auf.

DER WÄSCHEKREISLAUF – BERGE VERSETZEN

Die Wäsche, die wir täglich waschen müssen, besteht natürlich hauptsächlich aus Kleidungsstücken, aber es gibt noch viele andere Herkunftsorte, die man nicht vernachlässigen sollte.

Einteilung der Kleidung

Bei uns hat es sich bewährt, verschiedene Gruppen von Kleidung zu schaffen und – wichtig – den dazugehörigen Aufbewahrungsort (siehe Tabelle).

Viele Kleidungsstücke durchlaufen so einen Kreislauf: vom Schrank – zu sauber aber getragen – zu Spielkleidung – zu Wäsche.

Zu jeder Zeit hat jedes Kleidungsstück seinen Platz. Auch wenn es endgültig in die Wäsche wandert. Stellen Sie entweder zentral einen Sammelkorb auf, in den jeder seine Schmutzwäsche hineinlegen kann. Oder geben sie jedem Mitbewohner seinen eigenen Korb oder Wäschesack.

Es spart Zeit und Geld, wenn Sie Ihre Waschmaschine nur gut gefüllt laufen lassen. Dazu sortieren Sie die Schmutzwäsche am besten gleich, wenn Sie in der Waschküche landet. Bewährt hat sich ein System nach Farben und nach Gewebearten in verschiedenfarbigen Körben.

Art der Kleidung	Aufbe-wahrungsort	Bemerkung	Zeitfaktor
Frisch gewaschene Kleidung	Schrank, Regal, Kiste	Immer getrennt von getragener Kleidung.	Fester Termin: Waschtag
Getragene, saubere Kleidung	Extrafach; ausreichend für zwei bis drei Garnituren	Kleidung vorübergehend aufbewahren. Hat den Vorteil, dass gerade nicht zum Wetter passende Kleidung in einigen Tagen einfach wieder angezogen werden kann, bzw. nach dem Lüften getragene Kleidung dort zwischengelagert wird.	Alle 4 Wochen durchforsten. Je nach Alter der Kinder helfen.
Getragene, schmutzige Kleidung (kleine Flecken ...)	Eigene „Ecke" oder bei „getragen und sauber" unterbringen	Garten- und Spielkleidung.	Oft ist dies der letzte Schritt Richtung Waschmaschine.
Kleidung, aus der die Flecken nicht mehr zu entfernen sind oder die Löcher hat	Separate Kiste. Evtl. im Keller. Kein Kontakt zu anderer Kleidung.	Mal-, Hobby- und Werk-statt-/Gartenkleidung. Jeder findet in dieser Kiste ohne Suchen etwas Passendes für sich.	Der Gebrauch dieser Sachen verhindert ein Anwachsen von Kleidung mit irreparablen Schäden.

Sollten Sie über genügend Platz verfügen, dann stellen Sie sich für jeden Wäschetyp einen Korb in ein Regal und sortieren die Wäsche aus dem Sammelkorb direkt dort hinein. Die Füllung des Korbes zeigt an, wann für jede Maschine ausreichend Wäsche vorhanden ist, damit sich der Waschtag auch lohnt.

VORBEUGEN IST BESSER ALS WASCHEN

Gute Stücke

Teilen Sie die Kleidung in „gute" Stücke ein, die nicht zum Spielen getragen werden bzw. die Sie nicht zum Kochen anziehen sollten. Seien sie streng zu sich selbst und zu Ihren Mitbewohnern. Gehen Sie mit gutem Beispiel voran: Wenn man nach Hause kommt, zieht man sich um! Die Wäscheberge werden sichtlich schrumpfen.

Großmutters Küchenschürze/Lätzchen

Diese Utensilien wurden zur damaligen Zeit der Handwäsche nicht umsonst erfunden. Suchen Sie sich ein Modell aus, das möglichst viel der Kleidung abdeckt. Es macht wenig Sinn, sich nur eine Schürze um die Hüften zu binden, wenn man am Herd steht und die Fettspritzer sich fröhlich auf dem Pullover breit machen.

Lätzchen dürfen ruhig die Oberschenkel mit abdecken. Da die Schwerkraft das Essen unweigerlich nach unten zieht, landet das meiste nicht nur auf dem Pullover, sondern auch noch auf der Hose.

Kaufen Sie unempfindliche Kleidung

Auf gemusterten Stoffen fallen kleine Flecken oft gar nicht auf und lassen sich auch besser auswaschen, wenn man unterwegs ist. Einfarbige Sachen sind empfindlicher. Achten Sie beim Kauf darauf, dass Sie die Stücke nach Möglichkeit selbst waschen können. So sparen Sie viele Gänge zur Reinigung und auch das entsprechende Geld. Gemusterte Oberteile bewähren sich besonders auch in der Stillzeit, weil man nicht jedes Fleckchen gleich sieht.

Sicherheit im Straßenverkehr

Eine wichtige Ausnahme bezüglich unempfindlicher Kleidung ist für mich die Kleidung auf der Straße. Autos sind die größten Feinde unserer Kinder. Kaufen Sie helle auffallende Mützen, Jacken, Westen, Handschuhe. Möglichst leuchtend gelb! Das Leben unserer Kinder sollte uns das wert sein. Wenn Sie das nicht möchten, kaufen Sie Leucht-Westen zum Darüberziehen. Vom ADAC oder von der Rettungsflugwacht gibt es waschbare, leuchtend gelbe Profi-Westen mit Reflektoreinsätzen. Der Vorteil von Westen und Jacken ist, dass das Kind auch seitlich und von hinten zu sehen ist. Jeder in der Familie kann sie tragen. Gehen Sie selbst mit gutem Beispiel voran. Dies gilt für Fußgänger sowie für Radfahrer.

Viele Verkäufer argumentieren mit Reflektoreinsätzen an dunkelfarbigen Schulranzen und Jacken. Aber Reflektoren funktionieren nur im Dunkeln, wenn Licht darauf fällt, denn dafür sind sie entwickelt worden. Da Ihre Kinder und Sie selbst aber auch bei Tageslicht gesehen werden wollen, müssen Sie dies durch entsprechende Farben ausgleichen (Gelb, kräftiges Pink, leuchtendes Grün ...).

BÜGELWÄSCHE? – LASSEN SIE SICH HELFEN!

Bügeln Sie Ihren Wäscheberg fröhlich ab oder schieben Sie ihn vor sich her, bis er ins Unermessliche gewachsen ist?

Da ich zu letzteren Kandidaten gehöre, habe ich beschlossen, die Zeit,

die ich normalerweise ins Bügeln stecke, lieber arbeiten zu gehen, das macht mir erheblich mehr Spaß. Also verdiene ich in dieser Zeit Geld und gebe die Bügelwäsche an einen Bügelservice im Nachbarort. Der bekommt selbstverständlich einen Teil meines Lohnes und mir geht es dabei hervorragend.
Gehören Sie auch zu den Nicht-Büglern, dann finden Sie eine Lösung: Kaufen Sie möglichst bügelfreie Teile, steigen Sie von Blusen auf schöne (maschinenwaschbare) Pullover um. Unsere beiden Mädchen besitzen nur jedes ein einziges Kleid (für Feiertage), das gebügelt werden muss. Sämtliche sonstigen Kinderkleidungsstücke müssen nicht gebügelt werden.
Finden Sie eine Freundin, die gern bügelt, und tun Sie im Gegenzug etwas für sie: Backen Sie Kuchen, führen Sie den Hund aus oder kümmern Sie sich um die Kinder ...
Ist das für Sie alles keine Lösung, dann bügeln Sie selbst. Lassen Sie keine Berge wachsen! Setzen Sie sich praktikable Mengen als Ziel. Bügeln Sie direkt nach dem Waschtag! Machen Sie sich dazu gute Musik an, schauen Sie einen lustigen oder spannenden Film. Neutralisieren Sie Ihre Einstellung zum Bügeln. Tun Sie es einfach. Ob Sie dann einmal nur Hemden bügeln und ein anderes Mal nur Hosen, oder ob Sie – weil Sie die Monotonie hassen – die Wäsche hintereinander wegbügeln, ist natürlich Ihre Entscheidung. Da jedoch alle wiederholten Tätigkeiten immer schneller von der Hand gehen, spart meistens das „sortierte" Bügeln ebenfalls Zeit. Probieren Sie es aus!
Bügeln Sie nur die Hemden Ihres Mannes? Bringen Sie ihm das Bügeln bei! Behutsam, aber mit Nachdruck. Das gilt auch für Kinder: Sollte Ihre Tochter der Meinung sein, Rüschenblusen seien der letzte Schrei, dann ist es nicht Ihre Aufgabe, diese Prachtstücke auf Anforderung zu plätten.

ARBEITSABLÄUFE RATIONALISIEREN

HEUTE IST WASCHTAG

Probieren Sie es mit festen Waschtagen/Bügeltagen. An diesen Tagen erledigen Sie das Wäschewaschen und Zusammenlegen/Bügeln und – nicht zu vergessen – die Rückführung an den angestammten Platz im Schrank oder Regal. Erst wenn alles wieder im Schrank sitzt, ist die Tat vollbracht.

Die Wäsche wird an den Waschtagen erledigt. Das hat den großen Vorteil, dass Sie nicht ständig mit einem schlechten Gewissen herumlaufen oder nasse Wäsche in der Maschine liegen bleibt.

Aufhängen oder in den Trockner und Zusammenlegen:

Sollten Sie einen Trockner haben, nehmen Sie die Wäsche nach Möglichkeit sofort nach dem Trocknen heraus und legen Sie sie zusammen, dann bekommt sie keine Falten.

Beim Aufhängen nasser Wäsche schlagen Sie jedes Kleidungsstück einmal kräftig aus, um die Falten zu entfernen. Dabei gilt die alte Regel: Gut gehängt ist halb gebügelt. Wenn möglich sollten Sie keine Wäscheklammern benutzen (es dauert zu lange). Stellen Sie sich vor, Sie befestigen die besagten 29.000 Slips mit jeweils 2 Wäscheklammern, dann sind dies 58.000 Klammervorgänge.

- Zusammengehörige Wäschestücke nebeneinander hängen.
- Wäsche der Familienmitglieder nebeneinander hängen.
- Handtücher lassen sich über die Leine hängen, dass sie unten bündig sind. Dies entspricht dem ersten Faltvorgang beim späteren Zusammenlegen. Dies gilt auch für andere Wäschestücke.

Für links- oder rechtsherum gewaschene Wäsche sind unsere Familienmitglieder selbst verantwortlich. Das haben wir besprochen, und alle wissen Bescheid. Strumpfhosen mit einem Bein linksherum und einem Bein rechtsherum werden so gewaschen, aufgehängt und zurückgegeben. Spätestens beim Anziehen merken die Kinder, wie umständlich und schwierig es ist, die Kleidung zu wenden.

WOVON ERNÄHRT SICH IHRE WASCHMASCHINE? VON SOCKEN?

Strümpfe und Handschuhe

Frisst Ihre Waschmaschine Socken? Wenn Sie sie nicht länger füttern wollen und der Berg mit einzelnen Socken verschwinden soll, klemmen Sie die Strümpfe mit einer ganz normalen Kunststoffwäscheklammer zusammen. So werden die Strümpfe gewaschen, aufgehängt und in die Kiste oder Schublade gelegt. Immer paarweise. Beim Aufhängen werden die Strümpfe nicht an die Leine geklammert, sondern nur paarweise darüber gehängt, einer links und einer rechts von der Leine. Wenn man dabei schon nach den Besitzern sortiert, kann man beim Sortieren nochmals Zeit sparen.

Da jeder schmutzige Strümpfe ausgezogen hat, bevor er frische anzieht, wandern die Klammern einfach von dem sauberen Paar an das schmutzige. Zusätzlich bewährt sich eine Dose mit Wäscheklammern neben dem Wäschekorb und in der Waschküche. Die Wäscheklammern beschädigen erfahrungsgemäß die übrige Wäsche nicht, wenn sie in Ordnung und richtig angezwickt sind. Selbstverständlich gehören keine besonders empfindlichen Teile mit in die Maschine.

Wäscheklammern sind vielseitig. Haben wir beim Tragen eines Kleidungsstückes festgestellt, dass dies nun wirklich das letzte Mal war, weil es zu klein ist, dann bekommt dieses Teil vor dem Waschen auch eine Wäscheklammer an den Bund. So weiß ich, wenn ich die Wäsche zusammenlege – hoppla –, diese Hose muss in die Flohmarktkiste. Denn beim Zusammenlegen weiß man dann oft doch nicht mehr so genau, ob diese Hose zu klein war oder jene.

GUT GEHÄNGT IST HALB GEBÜGELT

- Beachten Sie schon beim Kauf von Kleidung, ob diese gebügelt werden muss.
- Lassen Sie die Wäsche nach dem Schleudern nicht in der Maschine liegen.
- Lassen Sie die Wäsche nicht im Trockner liegen.
- Hängen Sie die Teile glatt auf die Wäscheleine.

Unterwäsche muss in unseren Breitengraden nicht gebügelt werden, da die Kochwäsche ausreicht, um eventuelle Keime zu vernichten.

Es lässt sich viel retten, wenn man die Teile nach dem Schleudern sofort aus der Maschine nimmt und ausschüttelt – besser noch kräftig ausschlägt – und sauber aufhängt. Besser noch ist es, die Wäsche gleich nach Beendigung des Trockenvorganges aus dem Trockner zu holen und sauber zusammenzulegen.

T-Shirts aus dem Trockner oder glatt aufgehängt und sauber zusammengefaltet, müssen nicht gebügelt werden. Ebenso für Sweat-Shirts. Machen Sie die Probe und schauen Sie sich zum Vergleich ein gebügeltes und ein ungebügeltes Teil an, das zwei Wochen lang im Schrank lag. Da der Wäschestapel einen gewissen Druck ausübt, bügelt sich die Wäsche im Schrank von selbst. Bei Hosen kommt es auf den Verwendungszweck und das Material an.

Normalerweise ist der Weg zur Arbeit im Auto oder unter dem Mantel schon der erste Gegner Ihrer sorgfältigen Bügelanstrengungen. Die Frage ist doch: Wie kommt Mann/Frau am Zielort an? Richten Sie Ihren Bügeleinsatz danach aus.

ENDSTATION WÄSCHESCHRANK

Jedes Teil braucht seinen Platz. Es macht keinen Spaß, Wäsche einzusortieren, wenn die Fächer überquellen und alles durcheinander liegt. Das gilt auch für die Kinder.

Machen Sie „klar Schiff". Sichten Sie die Garderobe kritisch. Misten Sie aus. Legen Sie klare Stapel und Kisten an. Dann ist das Rücksortieren ein Vergnügen. Dinge, die unter einigen Knitterfalten nicht leiden, sollten nicht zusammengelegt, sondern in Boxen oder Schubladen sortiert unterkommen. Dazu zählen Büstenhalter, Unterwäsche aller Art, aber auch nahezu alle Babykleidungsstücke wie Bodys, Strumpfhosen, Jäckchen, Pullover ...

Sind die Kinder etwas älter, werden die Kisten ins unterste Regalfach gestellt, und schon kleine Kinder können sich Pulli oder Hose selbst heraussuchen. Der erste Schritt zum Selber-Anziehen ist damit getan.

Flickwäsche

Hierzu eine kleine Geschichte aus dem Beratungsdienst „simplify your life":

Stehen Sie zu Ihren unkonventionellen Vorlieben! Einstein trug niemals Strümpfe, selbst bei einer Einladung zu Präsident Roosevelt ins Weiße Haus zog er keine an, weil er fand, er sei nun in einem Alter, wo ihm niemand in dieser Hinsicht etwas zu sagen habe. „Als ich jung war, fand ich heraus, dass die große Zehe immer die Angewohnheit hat, ein Loch in die Socke zu machen. Und so habe ich aufgehört, Strümpfe zu tragen."

Türmen sich bei Ihnen kleine Berge von Flickwäsche oder verstecken sie sich in Schubladen und Schränken? Hier gelten ähnliche Regeln wie beim Bügeln:

Suchen Sie sich jemanden, der es für Sie erledigt und revanchieren Sie sich oder bezahlen Sie diese Dienste. Wägen Sie kritisch ab, ob es sich lohnt, ein bestimmtes Teil zu reparieren.

Wenn Sie es selbst erledigen wollen, lassen Sie die Berge nicht wachsen. Legen Sie die zu bearbeitenden Stücke separat, damit Sie den Überblick behalten. Markieren Sie die schadhafte Stelle, den fehlenden Knopf, das kleine Loch sofort mit einer Wäscheklammer (die Knöpfe kann man sogar dranklammern). Das erspart die lästige Suche nach dem fehlenden Knopf und Sie vergessen keine Stelle. Reparieren Sie die Kleidungsstücke, bevor Sie sie waschen.

Bewahren Sie die Flickwäsche dort auf, wo Sie schnell mal daran kommen: in einem Korb, einer Kiste oder einer Schublade. Flickwäsche gehört zu den Fünf-Minuten-Arbeiten, die man immer mal wieder zwischendurch erledigen kann. Nähen Sie abends 10 Minuten während der Nachrichten oder legen Sie einen festen Flicktag im Monat ein.

Bei Schäden an großen Kleidungsstücken, wie einem abgerissenen Aufhänger am Mantel oder einem fehlenden Knopf an einer Hose, nähe ich sofort. Bevor ich diese Teile dreimal in die Hand genommen und woanders hingelegt habe, kann ich sie auch flicken.

Integrieren Sie bei Näharbeiten die Haushaltsmitglieder. Nähen hat überhaupt nichts Weibliches, sondern ist reine Übungssache. Wenn die männlichen Mitglieder Ihres Haushaltes mit der Pinzette und dem Mini-Schraubenzieher etwas reparieren, funktionieren die zehn Finger ja auch einwandfrei. Die Kinder lernen es erst spielerisch an Ausnähkarten mit dicker Nadel und Wolle und schon bald können sie die kleineren Nadeln halten. Die Kinder in die Flickarbeiten zu integrieren hat den weiteren Vorteil, dass sie rücksichtsvoller mit ihren Sachen umgehen.

Wenn Sie Ihre Nähmaschine bereitstehen haben, dann nutzen Sie diese selbstverständlich. Wenn Sie die Nähmaschine erst hervorholen müssen, schieben Sie das Flicken nicht auf, bis es „sich lohnt". Auch bei einem ganzen Berg Flickwäsche werden Sie ständig wieder die Farbe wechseln müssen und einige Teile dann doch von Hand ausbessern. Tun Sie es lieber gleich und von Hand und warten Sie nicht auf den Sanktnimmerleinstag.

GESUNDHEITSFREUNDLICHE KÖRPERHALTUNG

DER FUSSBODEN IST KEIN ABSTELLPLATZ

Stellen Sie volle Wäschekörbe NIEMALS auf den Fußboden. Alternativen: Nehmen Sie einen alten Hocker, schieben Sie zwei Stühle zusammen, stellen Sie ihn aufs Bett, auf die Anrichte oder aufs Bügelbrett. Wie oben schon besprochen, kann man im Haus sehr gut einen Computerrollwagen oder einen Beistelltisch mit Rollen verwenden.

Ich kann Ihnen nur empfehlen, prinzipiell *nichts* auf den Fußboden zu stellen, auch keine Einkaufstasche, keinen Koffer, keine Getränkekiste. Gerade das Abstellen auf dem Fußboden und das wieder Hochheben der Bürde, ist für den Rücken eine der schlimmsten Belastungen. Versuchen Sie, sich Ihre Wohnung so einzurichten, dass Sie überall Ihre kleinen, persönlichen, erhöhten Abstellmöglichkeiten haben.

Anmerkung: Im Sinne der Lebensbalance ist ein voller Fußboden kein gutes Zeichen. (Er steht symbolisch für finanzielle Probleme.) Probieren Sie es aus. Wie fühlen Sie sich, wenn wirklich nichts mehr auf dem Fußboden steht außer den Möbelstücken?! Keine Zeitung neben der Couch, keine Kiste mit Gerümpel neben der Garderobe, kein Ordnerstapel neben dem Schreibtisch, keine Strümpfe neben dem Bett.

KURZE WEGE SPAREN ZEIT

Einen Rollwagen (oder Hocker) kann man direkt unter die Wäscheleine stellen, dort wo die Wäsche aufgehängt werden soll. Je kürzer die Wege, desto schneller sind Sie fertig.

Wenn der Wäschekorb auf dem Boden steht, ist der Abstand zwischen Korboberkante und Wäscheleine ca. 1,60 m. Jedes Wäschestück wird vom Korb zur Leine gebracht und man greift wieder hinunter in den Korb. So legen wir für jedes einzelne Teil 1,60 m x 2 = 3,20 m zurück. Für 100 Teile also 320 m, für 1000 Teile sind es dann schon 3,2 km.

Wenn Sie den Korb auf einen Rollwagen stellen und diesen an der Leine entlangschieben, haben Sie nur 2 x 80 cm pro Wäschestück, macht bei 1000 Teilen dann „nur" 1,6 km und damit nur den halben Weg. Der große Vorteil ist gleichzeitig, dass Sie sich nicht tausende Male tief bücken müssen. Aus diesem Grund lohnt es sich auch, den Korb nur auf einen Hocker zu stellen und diesen ab und zu weiterzuschieben.

Um den Hocker weiterzuschieben, heben Sie ihn bitte nicht samt dem Wäschekorb hoch, sondern haken Sie Ihren Fuß unten an einem Bein ein und ziehen Sie ihn weiter. Das entlastet Ihren Rücken und ist gleichzeitig eine gute Balance- und Kraftübung.

Der Punkt „Kurze Wege" gilt selbstverständlich auch für die Entfernung zwischen Waschmaschine und Wäscheleine.

Wie viele Maschinen lassen Sie pro Woche laufen? Bei 5 Maschinen pro Woche (denken Sie auch an Bettwäsche und Gardinen) sind das 52 x 5 = 260 Maschinen pro Jahr. Das macht in 20 Jahren 5200 Maschinen. Mit trocken 3,5 kg und nass 7 kg pro Maschine, ergibt das ein zu beförderndes Gesamtgewicht von 54,6 Tonnen.

EIN HOCH DEN MASCHINEN

Sollten Sie die Möglichkeit besitzen, dann stellen Sie Ihre Waschmaschine hoch. Da sie aufgrund der Schleudergänge sehr starke Vibrationen verursacht und zu wandern anfängt, muss der Unterbau jedoch entsprechend stabil gestaltet sein.

Unsere Waschmaschine steht seit 8 Jahren auf einem massiv verstrebten 80 cm hohen, am Boden verschraubten Stahlgestell und ist mit einem Spanngurt festgezurrt. So kann man mit dem Wäschekorb auf dem Computerrollwagen direkt an die Trommelöffnung fahren und die Wäsche herausladen.

Steht Ihre Waschmaschine oder der Trockner auf dem Fußboden, so knien Sie sich zum Be- und Entladen bitte davor. Angeln Sie vor allem die schwere, nasse Wäsche nicht stehend aus der Maschine. Stellen Sie dann, während Sie noch knien und der Rücken vollkommen gerade ist, den Wäschekorb auf einen kleinen Hocker oder Schemel – wie Sie ihn vielleicht für Ihre Kinder schon besitzen. Diese geringe Erhöhung von 20 cm hilft dabei, den vollen Wäschekorb erheblich rückenschonender aufnehmen und abstellen zu können, denn gerade das Heben und Ablassen in Bodennähe ist für unseren Rücken am anstrengendsten.

Stehen Sie auf, stellen Sie sich breitbeinig vor den Korb, gehen Sie etwas in die Knie, winkeln Sie den Oberkörper in der Hüfte ab, der Rücken bleibt gerade! Spannen Sie alle Muskeln an – wie ein Gewichtheber –, fassen Sie den Korb und heben Sie ihn möglichst nah am Körper hoch vor den Bauch. Machen Sie kein Hohlkreuz!

Haben Sie starke Rückenprobleme, so stellen Sie den Wäschekorb gleich hoch auf einen Hocker neben der Maschine. Knien Sie sich mit geradem Rücken hin und räumen Sie jedes einzelne Teil aus der Maschine nach oben in den Korb. Machen Sie den Korb nur halb voll. Jetzt können Sie den Korb vom Hocker aufnehmen. Es dauert zwar länger, jedes einzelne Wäschestück aus der Maschine in den Korb zu legen, aber dafür müssen Sie dann nicht den vollen Korb vom Boden hochnehmen. Gesundheit geht immer vor Rationalität.

Ein Wäschekorb mit trockener Wäsche wiegt zwischen zwei und fünf Kilogramm. Wenn Sie tausend Wäschekörbe mit trockener Wäsche zu je dreieinhalb Kilogramm Gewicht auf dem Boden abstellen, dann transportieren Sie mit Ihrer Muskelkraft und Ihrem Rücken dabei 3,5 Tonnen Wäsche einen Kilometer nach unten. Noch gravierender wird es dann, die schwere nasse Wäsche wieder vom Boden in Hüfthöhe zu heben. Die nasse Wäsche wiegt ungefähr doppelt so viel wie die trockene. Sie heben dann bei 1000 Wäschekörben mit nasser Wäsche sieben Tonnen vom Boden hoch.

Ist die Maschine von oben zu beladen, achten Sie beim Entladen darauf, dass Sie mit einer Hand die Wäsche bewegen und sich mit der anderen stabil abstützen, so dass Ihre Wirbelsäule nicht das Gewicht Ihres gebeugten Oberkörpers plus der nassen Wäsche trägt. Das Beladen ist bei einem Top-Lader dafür umso einfacher.

ENDLICH FERTIG! – BÜGELN UND ZUSAMMENLEGEN

Bügeln

Stellen Sie die Höhe des Bügelbrettes so ein, dass Sie mit geradem Rücken daran arbeiten können. Wenn Sie sich selbst von der Seite betrachten, sollte der Oberarm senkrecht herabhängen, der Unterarm schräg nach vorne unten zeigen. Somit sind die Hände etwas tiefer als die Waagerechte nach unten geneigt, um das Bügeleisen zu halten.

Setzen Sie das Gewicht Ihres Oberkörpers zum Bügeln ein. Achten Sie aber dabei darauf, dass Sie keinen Buckel machen. Der Einsatz des Oberkörpers erfolgt durch ein Abbeugen in der Hüfte.

Stellen die die Füße hüftbreit oder sogar etwas breiter. Achten Sie darauf, Ihr Gewicht immer wieder gleichmäßig auf beide Beine zu verteilen. Man neigt dazu, durch das Hin- und Herarbeiten beim Bügeln ein Bein, und dadurch auch diese Hüftseite, zu stark zu belasten.

Zusammenlegen

Um Wäsche zusammenzulegen, ist die ideale Höhe etwa 15 – 20 cm höher als beim Bügeln. Computerrollwagen und Beistelltische sind also eigentlich zu niedrig, sie haben aber andererseits den Vorteil, dass man sie direkt an den Ort des Geschehens schieben kann. Hier müssen Sie selbst die Entscheidung treffen.

Die ideale Höhe wäre, dass die Tischoberkante ca. 10 –15 cm unter Ellenbogenhöhe ist, wenn Sie den Oberarm locker senkrecht herabhängen lassen.

PUTZEN UND AUFRÄUMEN

Beharren Sie nicht auf Vollkommenheit,
sonst laufen Sie Gefahr, nie mit einer
Aufgabe fertig zu werden oder das Ergebnis
Ihres Tuns nicht mehr genießen zu können.
Kim Pickin & Nicky Singer

AUF EINEN BLICK

- Was nicht da ist, müssen Sie nicht sauber halten. Es hilft, wenn Sie Ihre Dekorationsgegenstände reduzieren.
- Definieren Sie, wenn Sie möchten, eine neue persönliche Schallgrenze bezüglich Sauberkeit.
- Freuen Sie sich über die Zwischenergebnisse Ihrer Bemühungen. Wenn Sie mit Kindern, Partner und Beruf einen blitzblanken Haushalt führen möchten, werden Sie eventuell menschlich auf der Strecke bleiben.
- Minimieren Sie Schmutzquellen in Ihrem Haus.
- Am besten, Sie räumen benutzte Gegenstände sofort wieder an ihren Platz und bringen das auch allen anderen Familienmitgliedern bei.
- Putzen und Aufräumen sind scheinbar leichte Aufgaben, fordern aber einen hohen körperlichen Einsatz. Gehen Sie mit allen Sinnen an die Arbeit, wechseln Sie oft die Tätigkeiten und freuen Sie sich auf das Ergebnis.

AUFGABENVERTEILUNG UND ORGANISATION

Ganz ähnlich, wie der ewige Kreislauf des Kochens und Abspülens uns nicht loslässt, so tigern wir auch ständig mit dem Staubsauger dem Schmutz hinterher. Wenn Sie gerade den Hausflur auf Vordermann gebracht haben dann toben garantiert, wie in der „Meister-Propper"-Werbung, Hund und Kinder über die weißen Fliesen und hinterlassen ihre schwarzen Spuren. Dieses Bild ist vielleicht überzogen, aber geben wir es ruhig zu: Oft fühlen wir uns wirklich so.

PUTZEN, PUTZEN, PUTZEN ...

Dieses Kapitel ist kein Aufruf zur grenzenlosen Schmutztoleranz. Aber Sie sollten einmal Ihre Schwerpunkte überdenken. Wo ist Hygiene lebensnotwendig? Welche Bereiche können warten?

Wenn Sie 100 m^2 Wohnfläche 60-mal im Jahr staubsaugen, ergibt sich eine Gesamtfläche von 6.000 m^2.

Selbstverständlich ist Hygiene an erster Stelle in der Küche und im Sanitärbereich angesagt. Hygiene ist das Schaffen von klarer Sauberkeit – keine Desinfektion der Wohnung. Die Küchenoberflächen wische ich nach jedem Gebrauch – also mehrmals täglich - und die Toiletten haben ihren festen Rhythmus zur Hauptreinigung. Bei der Toilettenbenutzung bietet sich die Grobreinigung mit der Bürste nach jeder Benutzung an, dann wird die Hauptreinigung nicht zum Albtraum.

Schmutzige Fenster dagegen können bei uns zu Hause etwas warten, denn es wird immer noch so viel Licht hereinfallen, dass wir nicht im Dunkeln sitzen. Treffen Sie klare Entscheidungen und gehen Sie die notwendigsten Dinge zuerst an.

Sie sind niemandem Rechenschaft schuldig. Es ist Ihr Heim. Machen Sie es so, dass Sie und Ihre Familie sich wohl fühlen.

GETEILTER DRECK IST HALBER DRECK

Nur wenn Sie den Schmutz von vorneherein draußen vor der Tür lassen, haben Sie eine Chance, des Drecks Herr bzw. Frau zu werden.

- Wir haben einen Schmutzfangteppich direkt an die Haustür gelegt. Die Größe beträgt ca. 1,20 m x 0,80 cm. Diese Größe bietet genügend Platz, um sich die Schuhe auszuziehen, und er passt gerade noch in die Waschmaschine. Qualitätsware ist bis 60 °C waschbar. (2-3-mal im Jahr in die Waschmaschine werfen, ansonsten genügt absaugen und/oder ausschütteln.) Sollten Sie einen zweiten Eingang oder eine Terrassentür besitzen, so empfiehlt sich dort dasselbe.
- Die Schuhe werden bei uns immer direkt an der Haustür/Terrassentür ausgezogen.
- Das Beseitigen der eigenen Spuren gilt nicht nur für den Flur, sondern auch für den Rest der Wohnung. Wer etwas auf den Boden wirft, sammelt es wieder ein. Wer etwas auspackt, räumt das Papier und die Folie gleich in den Müll.

Fördern Sie die Eigenständigkeit der Kinder. Es wird zum Automatismus werden, sich beim Vespern eine Schüssel mitzunehmen, abgelegte Dinge wieder aufzuheben, Heruntergefallenes wegzuräumen.

Es ist nicht Ihre Aufgabe, alles hinterherzutragen, auch wenn es manchmal einfacher erscheint. Es ist ein anstrengender Weg, die anderen mitzunehmen, aber auf die Dauer lohnt es sich.
Bleiben Sie standhaft! Sonst sind Sie die Putzfrau der Nation.

- Es ist einfacher, wenn Sie den Zeitpunkt des Aufräumens und Putzens geschickt auswählen. Müde, grantige Kinder sind schlechte Helfer. Legen Sie bei Morgenmenschen ruhig einen kleinen Teil der Hausarbeiten auf die Zeit vor der Schule. Bieten Sie dem Alter entsprechend überschaubare Aufgaben an.

WAS ICH NICHT SEH', REGT MICH NICHT AUF – UNEMPFINDLICHE WOHNUNGSEINRICHTUNG

Alle Arten von Bodenbelägen sind am unempfindlichsten, wenn sie dezent gemustert sind. Wählen Sie keine zu hellen oder zu dunklen Farben und keine einfarbige Auslegeware, weil sie schmutzempfindlicher sind. Sehr pflegeleicht sind auch fein gemusterte Korkfußböden.

Es geht hier nicht darum, meterhoch im Schmutz zu waten, sondern den Zeitpunkt des Durchputzens vielleicht noch um einen Tag verschieben zu können – ohne dass man sich nicht mehr traut, die Haustür zu öffnen.

- Der gleiche Grundsatz gilt auch für das restliche Mobiliar. Eine Küchenoberfläche in hellem, gemasertem Holzfurnier erfordert seltener den Einsatz des Putzlappens als eine weiße Oberfläche. Im Badezimmer verhilft ein dezentes Grau der Sanitäreinrichtungen zu Spielraum im Putzrhythmus. (Anmerkung: Leben bringen Sie durch rote oder blaue Handtücher und Gardinen hinein.)

GROSSPUTZTAG ODER DAUERSAFARI? – KARTEIKARTEN HELFEN

Seit die Kinder im Haus sind, gab es bei unserem Putzverhalten zwei Änderungen. Zum einen ist es erheblich öfter notwendig, und zum anderen war es mit kleineren Kindern zeitlich nahezu nicht mehr möglich, einen Großputztag durchzuführen. Jetzt, wo die Kinder selbst mit anpacken, abstauben und durchsaugen helfen, wird es wieder besser.

Teilen Sie sich die Putzaufgaben ein.

Das Karteikarten-System

Nehmen Sie einen DIN-A6-Karteikasten (Postkartenformat) mit passenden Karteikarten und zwei alphabetischen Registern. Drehen Sie die Registerkarten herum, so dass Sie die leere Rückseite der Reiter mit einem wasserfesten Filzstift beschriften können.

Legen Sie die leeren Registerkarten in der richtigen Reihenfolge aufeinander und schreiben Sie die Wochentage von Montag bis Sonntag oben auf die Reiter (s. Bild). Wobei eine Karte für das Wochenende ausreichend ist. Sollten Sie einen anderen Wochenrhythmus haben, so passen Sie die Beschriftung bitte Ihren Gegebenheiten an. Schreiben Sie sich die Wochen-Einteilung in vierfacher Ausfertigung (4 x 6 Registerkarten).

Dann beschriften Sie bitte 12 Registerkarten mit den Monaten von Januar bis Dezember.

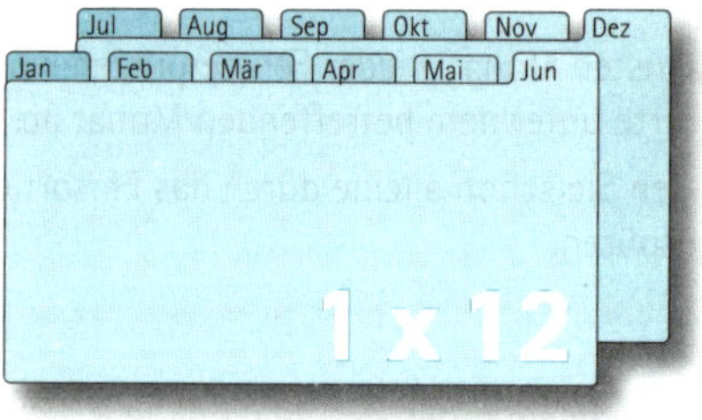

Wenn Sie möchten, nehmen Sie sich den Stapel leere Karteikarten und fangen an, diese mit der anstehenden Hausarbeit zu beschriften.

Zum Beispiel: Erdgeschoss staubsaugen/Fenster putzen Wohnzimmer/Badezimmer putzen/abstauben im Esszimmer/Küchenschränke abwischen ...

Schreiben Sie einfach drauflos und sammeln Sie alle Ihre Ideen. Sie können später immer noch Karten zusammenfassen oder aus einer Aufgabe zwei machen. Gehen Sie durch die Wohnung und schreiben Sie die weiteren Aufgaben auf, die Ihnen ins Auge fallen. Diese Sammlung wird noch nicht ganz komplett sein, aber die meisten Dinge werden Sie erfasst haben.

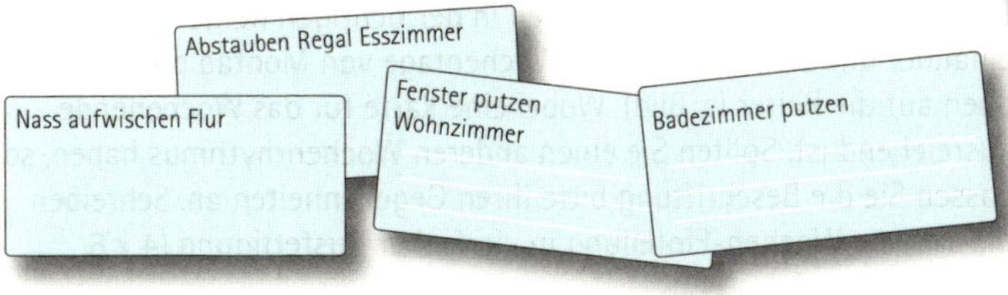

Nun ist der Zeitpunkt gekommen, an dem Sie die unterschiedlichen Tätigkeiten den Wochentagen zuordnen können. „Staubsaugen im Erdgeschoss" am Montag, „Nass aufwischen im Flur" am Dienstag, „Badezimmer putzen" am Donnerstag, ...

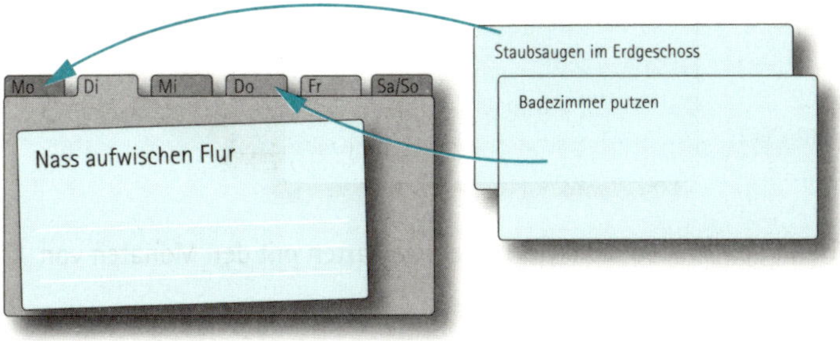

Wenn Sie erst im nächsten Monat wieder Fensterputzen wollen, dann legen Sie die Karteikarte unter dem betreffenden Monat ab.

Wahrscheinlich werden Sie schon alleine durch das Einsortieren eine große Erleichterung spüren. Es drückt nicht mehr ein riesiger, unerledigter Berg auf Ihr Gewissen, sondern nur noch die eine Aufgabe, die Sie sich für heute vorgenommen haben.

Mit der Zeit bekommt man ein gutes Gefühl dafür, was zeitlich zu schaffen ist und was nicht. Überfordern Sie sich nicht selbst. Bleiben Sie realistisch. Planen Sie, aber vergessen Sie darüber nicht, zu leben.

Leben ist,
was dir passiert,
während du andere Pläne machst.
John Lennon

Ich persönlich gehe Anfang des Monats durch die Karten des jeweiligen Monats und lege dann die Monatsaufgaben der nächsten vier Wochen bei den entsprechenden Wochentagen ab.

Wöchentlich – meist Sonntagabend oder Montagmorgen – kontrolliere ich dann die anstehende Woche und schaue, was ich dort untergebracht habe. Ist meine Vorstellung noch realistisch? Sind neue Termine dazugekommen? Wenn das Pensum zu groß wird, dann nehme ich die Aufgabe gleich heraus und verlege sie auf einen günstigeren Termin. Das hat nichts mit Aufschieberitis zu tun. Auch mein Tag hat nur 24 Stunden, und ich kann nicht zaubern.

Sehen Sie Ihren Karteikasten als Entlastung, nicht als Sklaventreiber.

Wenn Sie möchten, können Sie später dieses Karten-System beliebig um weitere Aufgabenbereiche erweitern. Zum Beispiel: Wäschewaschen/Friseurbesuch/Fingernägel schneiden bei den Kindern/ Einkaufen/Koffer packen/ ... planen Sie Aktivitäten mit den Kindern genauso ein: Schwimmen gehen/Oma besuchen/ ... und vergessen Sie auch Ihren Partner nicht ...

Wenn Sie Lust haben, können Sie auf der Karte vermerken, wann Sie die Arbeit zum letzten Mal erledigt haben und wie lange Sie dafür benötigt haben.

Sie können auch vermerken, wer die jeweilige Aufgabe durchgeführt hat, damit der Familienfrieden nicht ins Wanken gerät.

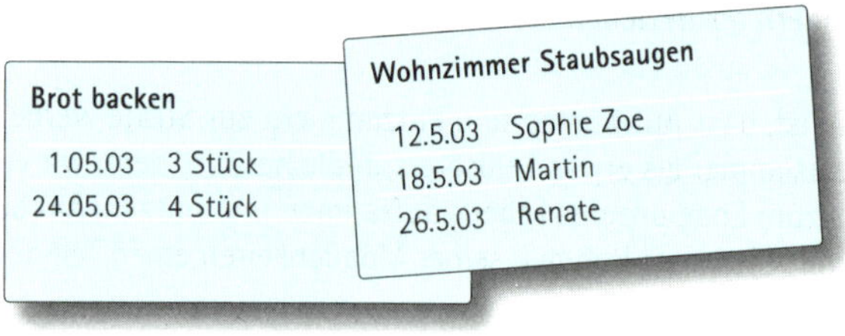

Immer wenn eine Aufgabe erledigt ist, wird die Karte beim nächsten Durchführungs-Tag oder -Monat wieder einsortiert. Nicht erledigte

Aufgaben werden ebenso neu eingeordnet. Deshalb haben wir vorhin ein Vier-Wochen-Register angelegt. Wenn die aktuelle Woche vorbei ist, wandern die Wochen-Registerkarten an den Schluss. Sie können auch gerne tageweise arbeiten und immer abends den aktuellen Tag wieder hintenanstellen.

WO LIEGT DIE SCHMERZGRENZE?

Versuchen Sie, die Wohnung auf einem Niveau zu halten, dass es Ihnen im Notfall gestattet, innerhalb von vier Stunden die wichtigsten Räume auf Vordermann zu bringen. Wenn sich dann tatsächlich mal unerwartet Besuch anmeldet, bricht die Welt nicht gleich zusammen. Mit dieser Methode fühlen Sie sich allgemein wohler, da Sie immer die Gewissheit haben, es im Notfall schaffen zu können. Ausnahmen wie Krankheiten oder ein Neugeborenes im Haus gibt es natürlich.

In einigen befreundeten Familien ist Freitag der Putztag und alle richten sich seelisch darauf ein. Das klappt gut. Bei uns ist das schwieriger, da ich freiberuflich tätig bin und mein Arbeitspensum stark schwankt. Trotzdem „warne" ich ein bis zwei Tage vorher: „Am Mittwoch wollen wir reinemachen."

Finden Sie einen Rhythmus, der Ihnen hilft, und sprechen Sie dies mit den Kindern ab. Beziehen Sie Ihren Partner aktiv mit ein. Akzeptieren Sie die Ergebnisse, die andere beim Putzen erzielen.

Wichtig ist, dass Aufräumen und Putzen nicht zur Strafe werden. Stellen Sie es immer als etwas Selbstverständliches hin, denn wir werden alle bis zum Ende unseres Lebens aufräumen und putzen. Am besten übernimmt jeder im Rahmen seiner Möglichkeiten einen Teil der anfallenden Aufgaben.

Ein wichtiger Punkt ist auch das Thema „Putzhilfe" Mutter/Schwiegermutter. Überlegen Sie sich genau, was Sie tun. Nehmen Sie die Hilfe an, aber sprechen Sie *klare Grenzen* ab. Legen Sie bei Überschreitungen die alten Grenzen wieder neu fest. Die meisten Mütter haben das Bestreben, doch noch etwas mehr tun zu wollen, als ausgemacht war. Das ist nett gemeint, führt aber teilweise zu Problemen.

Versuchen Sie, bevor Sie in Urlaub fahren, ein Stück weit „klar Schiff" zu machen. Es steigert den Erholungswert des Urlaubs ungemein, wenn man in eine saubere, (einigermaßen) aufgeräumte Wohnung zurückkehrt. Bitte achten Sie darauf, Ihren Rücken zu schonen. Lieber ein paar Staubflocken liegen lassen, als beim Kofferpacken dem Kreuz den Rest zu geben.

ARBEITSABLÄUFE RATIONALISIEREN

„Vor hundert Jahren besaß
eine bäuerliche Familie
im Durchschnitt ungefähr 120 Gegenstände.
Dazu zählten jedes einzelne Messer und Haushaltsgerät
ebenso wie alle Werkzeuge und Kleidungsstücke.
Und wie viele Dinge besitzen Sie?"
Rita Pohle

TIPPS UND TRICKS ZUM AUFRÄUMEN

- Was Sie nicht besitzen, müssen Sie nicht aufräumen. Überlegen Sie bei jedem Kauf, ob Sie dieses Teil wirklich in Ihrer Wohnung haben wollen. Entscheiden Sie bei jedem Kauf, welcher andere Gegenstand dafür das Haus verlässt.

- Wenn jeder Gegenstand seinen festen Platz hat und sofort nach Gebrauch dorthin zurückgebracht wird, dann ist Aufräumen für diese Dinge gar nicht mehr notwendig.

- Kleine Kinder wollen vor allem ganz nah bei Mama sein. Lernen Sie, damit zu leben. Man gewöhnt sich daran, mit Bauklötzen und Plastikschüsseln zwischen den Füßen Gemüse zu putzen. Ich habe es immer als Aufmerksamkeitstraining gesehen, nicht zu stolpern und nirgends draufzutreten. Selbstverständlich müssen Sie auch hier mit dem Kind aufräumen. Aber wenn Sie Ihre Hausarbeiten in den verschiedenen Räumen erledigen wollen, dann müssen Sie akzeptieren, dass Ihr Kleinkind in jedem Raum etwas zu tun hat. Kinder werden älter und es liegt dann an Ihnen, die Flut einzudämmen und an bestimmte Orte zu verlegen.

- Kinder haben das Recht zu spielen, und sie dürfen aufgebaute Landschaften auch gerne einige Tage stehen lassen. Aber helfen Sie den Kindern, und achten Sie darauf, dass diese in ihrer Begeisterung nicht in jedem Raum eine Höhle bauen und nachher am Aufräumen verzweifeln.

Auch unsere Kinder haben es immer wieder geschafft, sich kontinuierlich in der gesamten Wohnung auszubreiten. Sie haben tagelang Umzug gespielt und immer die Hälfte am vorherigen „Wohnort" liegengelassen: Puppen und Decken in der Badewanne, Bilderbücher auf der Toilette, zerschnittenes Papier im Schlafzimmer, Lego im Büro, Malstifte in der Küche, ... Ich darf mich nicht beklagen, ich habe in dieser Zeit viel Arbeit erledigt, aber dann musste ich ihnen auch geduldig helfen, das alles wieder aufzuräumen.

- Steigen Sie über bestimmte Dinge hinweg bis sie durch den Besitzer weggeräumt werden.
- Verfolgen Sie das Verursacherprinzip, aber machen Sie dadurch gegenseitige Hilfestellung nicht unmöglich. Manchmal ist es einfach wichtiger, dass jeder anpackt und etwas wegtut, ohne vorher den Schuldigen zu suchen.
- Ich habe mir angewöhnt, nie mit leeren Händen zu gehen. Es liegt immer etwas herum. Nehmen Sie es mit, und versorgen Sie es sofort. Packen Sie es entweder in die Geschirrspülmaschine, den Schrank oder den Mülleimer.

Bringen Sie denjenigen,
mit denen Sie zusammenleben, bei, Dinge,
die am Fuße der Treppe liegen,
mit nach oben zu nehmen.
Kim Picken & Nick Singer

TIPPS UND TRICKS ZUM PUTZEN

- Was nicht da ist, kann nicht schmutzig werden. Leeren Sie Ihre Regale, tun Sie die geliebten Nippes in eine Schachtel oder hinter Glas. Lassen Sie nur wenige schöne Dinge stehen, dann macht Abstauben Spaß, und es dauert nur noch halb so lange.
- Entfernen Sie alle Dekorations- und Haushaltsartikel von den Oberflächen Ihrer Küchenschränke. Sie werden dort fettig und sind schwierig sauber zu halten. So weit oben werden Sie sowieso selten benutzt, also bringen Sie sie am besten in den Keller (oder auf den Flohmarkt).
- Am schnellsten geht es, wenn Sie es sich angewöhnen, schon während der Arbeit aufzuräumen. Die Schüssel gleich in den Geschirrspüler, den abgeschnittenen Faden sofort in den Papierkorb. Gerade während des Kochens und Backens ist es eine reine Übungssache, gleichzeitig benutztes Geschirr zu spülen oder in die Maschine zu räumen. Die vielen kleinen Pausen bieten gute Gelegenheiten dazu.

Mein Endziel ist: Essen fertig und Küche sauber.

- Überlegen Sie, ob Sie bestimmte Schmutzmengen tolerieren können. Sie müssen nicht für jeden Krümel den Staubsauger zücken. Meine Mutter hat früher oft zweimal am Tag den Flur gesaugt, obwohl wir einen gemusterten, braunen Teppich hatten. Überprüfen Sie die Notwendigkeiten.

- Lassen Sie Schmutz nie antrocknen. Wischen Sie Flecken und Spritzer immer sofort weg, egal ob im Waschbecken, beim Zähneputzen oder in der Küche beim Kaffeeeingießen. Bringen Sie das auch den Kindern und Ihrem Partner bei. Das ist bei Rändern von Flaschen auf der Arbeitsfläche genauso notwendig wie nach dem Toilettengang.
- Keine Berge wachsen lassen. Schon allein die Angst vor der unendlichen Arbeit hindert uns dann am Anfangen, und es wird immer schlimmer. Lassen Sie es nicht so weit kommen. Sollten Sie schon die Rocky Mountains in der Wohnung haben, dann nehmen Sie „Spitzhacke und Seil", und ziehen Sie los. Am besten noch heute. Wenn Sie die Aufgabe bewältigt haben, belohnen Sie sich fürstlich dafür und ... lassen Sie es nie wieder so weit kommen. Wir Menschen sind nämlich begabt darin, uns selbst auszubremsen.
- Lagern Sie die Putzutensilien dort, wo Sie sie auch einsetzen (kindersicher!). Bewahren Sie Putzmittel immer in Originalflaschen auf.
- Überdenken Sie Ihre Ansprüche. Die Wunderfrau mit glänzender Wohnung, glücklichen Kindern, verwöhntem Ehegatten und beruflichem Erfolg auf allen Ebenen ist noch nicht geboren worden. Sauber ist ausreichend.

Sie müssen nicht immer glänzen.
Es gibt auch Aufgaben,
die man nicht brillant,
sondern einfach nur erledigen muss.
Kim Pickin & Nicky Singer

GESUNDHEITSFREUNDLICHE KÖRPERHALTUNG

GEKONNT STAUBSAUGEN – JAGEN OHNE WAFFENSCHEIN

Putzen und Aufräumen verlangen keine körperlichen Höchstleistungen von uns. Hier einen Stuhl zur Seite rücken, dort ein Stück Papier aufheben, einige Spinnweben beseitigen, eine Schrankwand abwischen ... Aber genau darin liegt die große Gefahr. Wir tun es nebenbei und sind mit den Gedanken woanders. Darum sind Putzen und Aufräumen die gefährlichsten Arbeiten für unseren Rücken, denn wir konzentrieren uns nicht, machen zu wenig Pausen und bauen keine ausgleichenden-Bewegungen ein.

Lassen Sie uns etwas dagegen unternehmen:
Überdenken Sie Ihre Einstellung zum Thema Aufräumen und Putzen. Sie bringen einen Großteil Ihrer Zeit mit diesen Tätigkeiten zu: Würdigen Sie dies im positiven Sinne.

Auch wenn wir uns Tag für Tag nur in kleinen Etappen durch die Wohnung kämpfen, wissen wir am Schluss, was wir geschafft haben (nur die anderen scheinen es nicht zu realisieren). Teilen Sie den anderen die Erfolge mit. Vielleicht sieht Ihr Mann in all dem Chaos gar nicht, dass die Badewanne glänzt.

Erinnern Sie sich an den Anfang des Kapitels: Beim Staubsaugen ist es sehr wichtig, wie Sie hinter diesem Rohr stehen. Stabilisieren Sie Ihre Wirbelsäule, und holen Sie die Vorwärts- und Rückwärtsbewegungen gleichmäßig aus Arm-, Bein- und Hüftbeugungen. Machen Sie keinen Buckel. Achten Sie beim nächsten Staubsaugerkauf auf ein ausreichend langes Rohr. Vor allem, wenn Sie relativ groß sind, ist das nicht so einfach.

Um Ecken und Kanten auf dem Fußboden zu saugen, lassen Sie am besten das lange Rohr am Staubsauger ohne Bürstenaufsatz oder Sie knien sich mit dem kurzen Rohrstutzen auf allen Vieren hin und halten den Rücken gerade. Legen Sie das Rohr bitte nicht auf den Fußboden, wenn Sie es gerade nicht benutzen. Das gilt auch, wenn Sie einen Stuhl wegstellen oder etwas wegräumen wollen. Legen Sie Rohr und Schlauch immer so ab, dass Sie es gerade stehend wieder greifen können.

Für die Wirbelsäule gefährliche Techniken ergeben sich, wenn man mit der einen Hand das Staubsaugerrohr festhält und mit der anderen Hand Möbelstücke wegschieben will. Dies führt immer wieder zu ungünstigen Drehbewegungen unter gleichzeitigem Beugen der Wirbelsäule. Diese Art der Bewegung ist nachweislich der Tod jeder Bandscheibe.

Nehmen Sie sich die Zeit: Lehnen Sie das Rohr irgendwo an und benutzen Sie beide Hände, um die Sessel zur Seite zu schieben. Achten Sie dabei auf die Stabilisierung Ihres Körpers, gehen Sie leicht in die Knie und spannen Sie alle Muskeln an, so als ob Sie tonnenschwere Gewichte bewegen wollten. Stellen Sie alles, was im Weg steht, zur Seite und nehmen Sie erst dann wieder den Staubsauger zur Hand. Saugen Sie darunter alles ab, lehnen Sie das Rohr wieder an und stellen Sie dann Ihre Einrichtungsgegenstände wieder an den angestammten Platz zurück. Weiter geht's zur nächsten Runde.

Dieselbe Vorgehensweise gilt beim feuchten Wischen der Fußböden. Ideal sind die Wischtücher, die in eine Spannvorrichtung geklemmt werden (z.B. „Hara" oder „Leifheit"). Sie können das Putztuch im Stehen mit geradem Rücken vom Halter abnehmen – im Eimer auswaschen – den Putzvorsatz flach auf den Boden werfen (nicht ablegen!) – im geraden Stehen die Spannvorrichtung reinschieben und schließen.

Wechseln Sie bei allen Tätigkeiten ab. Niemand zwingt Sie, 80 m^2 am Stück zu saugen oder zu wischen. Saugen Sie ein begrenztes Areal, dann stauben Sie das Regal ab, dann setzen Sie sich an den Küchentisch und schälen die Kartoffeln fürs Mittagessen, saugen die nächste Einheit und räumen dann die Geschirrspülmaschine aus, dann setzen Sie sich hin, um eine Rechnung zu überweisen.

Gehen Sie diese Weihnachten anders an! Planen Sie jetzt! Reichen Sie Urlaub ein, sobald Sie können, gleich morgen früh. Verschieben Sie den Weihnachtsputz.

Was wollten Sie schon immer anders machen?

Wie stellen Sie sich Ihren Dezember dieses Jahr vor?

Nehmen Sie Ihren Karteikasten und setzen Sie die Karte für den Großputz an eine passende Stelle oder ignorieren Sie den Kasten für die Weihnachtszeit.

Lästig beim Aufräumen und Putzen ist das zusätzliche, ständige Bücken nach Kleinigkeiten, die im Weg stehen und herumliegen. Schuhe neben dem Regal, eine leere Tüte unter dem Tisch, das Playmobilmännchen hinter der Couch, die Socken vor dem Bett. Wenn ich meinen Staubsaugertag plane, dann „jage" ich am Vortag die Kinder durch die Wohnung und bitte sie *alle* Dinge, die auf dem Fußboden liegen, aufzuheben. Seien Sie geduldig, es scheint für Kinder unendlich schwierig zu sein, *wirklich alles* zu erkennen, auch wenn es direkt nebeneinander vor ihrer Nase liegt. Noch angenehmer ist es, wenn wir den Putztag auf Samstag legen, dann saugt mein Mann und die Kinder bücken sich und ich kann abstauben.

Putzen und Aufräumen sind Arbeiten wie alle anderen auch. Aufgaben, die zu unserem Leben gehören wie Essen und Trinken. Machen Sie keine Religion daraus, aber auch keine Strafarbeit. Tun Sie es bewusst und mit Zufriedenheit, und Ihre Ruhe wird auf die anderen ausstrahlen.

4. GARTEN

Ein von Kirschblüten gefärbter Frühlingsnebel
steigt wallend empor –
selbst im Himmel noch duften
die Blüten der Bergkirschen.
Fujiwara Naga'ie

AUF EINEN BLICK:

- Der Garten sollte ein Ort der Erholung, der Entspannung und des Ausgleiches sein. Für Sie und Ihre Familie.
- Freuen Sie sich an den vielen, kleinen Wundern der Natur, und lassen Sie die Natur ab und zu einmal gewähren.
- Bepflanzen Sie Ihren Garten so, dass er eine Oase für Sie bleibt und nicht zur Arbeitsbeschaffungsmaßnahme wird.
- Gartenarbeit stellt teilweise hohe Anforderungen an die Belastbarkeit Ihres Körpers. Teilen Sie sich die Arbeit in viele kleine Einheiten ein und wechseln Sie immer wieder ab.
- Nehmen Sie die Hilfe Ihres Mannes/Vaters/Schwiegervaters ruhig in Anspruch, lehnen Sie sich entspannt zurück, und akzeptieren Sie das Ergebnis.

FREUDE AM GARTEN – ERWACHSENE BRAUCHEN LUFT:

FRISCHE LUFT GENIESSEN, IN DER SONNE ODER IM SCHATTEN LIEGEN ...

Sehen Sie Gartenarbeit als Teil Ihrer Erholung. Teilen Sie die Arbeit in viele kleine Einheiten ein. Nehmen Sie sich immer nur ein Eckchen vor, und hören Sie wirklich auf, wenn Sie damit fertig sind. Eine rüstige ältere Bekannte aus dem Fitnessstudio (78 Jahre!) erzählte mir, dass sie sich immer einen Küchenwecker mit in den Garten nimmt: 15 Minuten und dann ist Schluss. So kann sie ihre Rückenbeschwerden und die Freude am Garten unter einen Hut bringen. Nutzen Sie die Chance, an die frische Luft zu kommen. Wenn Sie keinen Nutzgarten mögen, dann pflanzen Sie Blumen und Sträucher. Wenn Sie es gerne einmal mit Kartoffeln und Salat probieren möchten, tun Sie es einfach. Vorsicht mit zu großen Nutzgärten, denn diese zwingen Sie zur Gartenarbeit.

Lassen Sie die Blumen blühen, und kaufen Sie die Karotten im Supermarkt.

Meine persönliche Einstellung ist ganz ähnlich und funktioniert sehr gut. Versuchen Sie nicht, diese Stelle da drüben „auch noch schnell fertig zu machen". Hören Sie einfach auf. Morgen ist auch noch ein Tag.

Und in diesem Zusammenhang: Sonntag ist auch ein Tag. Der Tag, an dem wir uns erholen dürfen und Ausgleich zur alltäglichen Arbeit finden sollen. In der heutigen Sitz- und Steharbeitswelt ist Gartenarbeit ein hervorragender Ausgleich, und so genieße ich es, mich am Sonntag irgendwo in unserem Garten hinzuknien (natürlich mit Eimer und Küchenmesser bewaffnet) und in dieses Eckchen ein bisschen Ordnung zu bringen. Oder ich nehme einfach die Schere in die Hand und stöbere nach einem dürren Ästchen oder einer verblühten Blüte.

AUCH KINDER BRAUCHEN FRISCHE LUFT: VERSTECKEN, FANGEN, HÜTTEN BAUEN ...

Lassen Sie zwischen den Beeten oder hinter einem Busch Platz für einen schmalen Pfad. Er muss nicht befestigt sein. So können die Kinder sich auch in einem kleinen Garten noch austoben.

Beim Mähen des Rasens/der Wiese kann man kleine Inseln stehen lassen. Dort wachsen Klee, Schafgarbe und Margeriten weiter. Sie werden erstaunt sein, welche Vielfalt sich da entwickelt. Ab und zu mähe ich unsere Inseln dann wieder ab. Die braunen Stellen verschwinden innerhalb von 2 Wochen, da unser sehr stark in Anspruch genommener Rasen sowieso schon längst einer Wiese gleicht. An den seltener betretenen Stellen haben wir sogar Wiesenschaumkraut gefunden.

Was ist so Besonderes an einem gestutzten grünen Rasen?
Die Natur hat offenbar ganz anderes im Sinn.
Vielleicht ist es an der Zeit,
sich mit Gänseblümchen anzufreunden.
Kim Pickin & Nicky Singer

Sie können auch an einem Wochenende einen „Irrgarten" in Ihren Rasen mähen und den Mähdurchgang erst eine Woche später beenden. So entwickeln sich schnell neue Spielmöglichkeiten. Dies ist auch bei kleinen Flächen eine spaßige Angelegenheit.

Kindern die Möglichkeit zum Gärtnern im eigenen Gärtchen zu geben, ist eine wertvolle Erfahrung, sollte aber dem Alter der Kinder angepasst sein.

Ein Zweijähriger möchte nicht von Oktober bis März warten, ob „seine" Pflanze Blätter und Blüten bekommt. Säen Sie für kleinere Kinder lieber Kresse in einen Topf am Fensterbrett und helfen Sie ihnen beim Gießen. So gibt es schon nach einigen Tagen ein Erfolgserlebnis, wobei für die ganz Kleinen die Kresse zum Essen oft noch zu scharf ist.

Zeigen Sie Ihren Kindern schon als Babys die Blüten und später die Früchte der Pflanzen. Setzen Sie statt eines Zierstrauches einfach Johannisbeeren, Himbeeren, Erdbeeren oder einen Apfelbaum. Ein roter Johannisbeerstrauch passt in nahezu jeden Garten (ausgewachsen ca. 90 cm im Durchmesser und 1 m hoch), und für ein paar Erdbeeren ist sogar im Balkonkasten Platz. Johannisbeeren müssen Sie nicht einmal schneiden und sie kommen jedes Jahr wieder. Eigene Johannisbeeren können Sie so lange hängen lassen, bis sie ganz rot und wirklich köstlich reif sind (ganz anders als die gekauften). Ein weiterer Vorteil besteht darin, dass die Kinder schon früh lernen, dass nicht alle Pflanzen essbar sind und dass unreife Beeren sauer und bitter schmecken.

Das richtige Gärtnern mit Schaufel und Hacke ist je nach Bodenbeschaffenheit schon für uns Erwachsene Schwerarbeit und für Kinderhände einfach nicht zu bewerkstelligen. Lassen Sie sich gerne helfen, aber stehen Sie den Kindern zur Seite. Alleingelassen mit schwerem Boden oder garstigem Unkraut, verlieren sie sehr schnell die gute Laune. (Wir ja auch ...)

Ältere Kinder sind stolz auf eine kleine eigene Ecke im Garten. Selbst im Herbst eine Staude kaufen und setzen ist dann eine stolze Tat. Warten Sie, bis das Interesse erwacht, und unterstützen Sie es dann.

KRAUT UND UNKRAUT

Sehen Sie es von der positiven Seite. Die Definition, was „Unkraut" ist, liegt bei Ihnen.

In unserem Garten bin ich inzwischen froh über kriechenden Günsel oder Pfennigkraut, die dankbare, gesunde Bodendecker geworden sind und mir anderes „Unkraut" aus dem Garten fern halten. Überprüfen Sie Ihre Grundeinstellung und machen Sie den Test mit wild wachsenden Pflanzen. Diese haben den Vorteil, dass sie ideal zu den Bedingungen in Ihrem Garten passen, normalerweise kerngesund sind und dazu noch umsonst jedes Jahr wiederkommen.

Selbstverständlich gibt es wirklich penetrante Gartenbewohner, die ohne unser Einschreiten schnell überhand nehmen würden. Überdenken Sie Ihre Einstellung zur Gartengestaltung. Eine englische Parklandschaft wird normalerweise durch einen englischen Gärtner gepflegt. Da Sie wahrscheinlich keinen auf Ihrer Personalliste haben und Ihren Garten selbst in Schuss halten müssen, sollten Sie einen persönlichen Kompromiss zwischen Arbeitsaufwand und Gartenzustand finden.

GRUNDREGELN DER BEIKRAUTREGULIERUNG

1. Die wichtigste Regel: Den Arbeitsaufwand gering halten!

In der Natur gibt es kaum freie Flächen. Wo etwas wachsen kann, da wächst auch etwas. Kommen Sie diesem natürlichen Bestreben zuvor. Setzen Sie in die freien Lücken Pflanzen Ihrer Wahl, sonst erledigt das die Natur für Sie. Bodendeckende Gehölze oder Stauden sind ideal. Das Sortiment ist vielfältig, passen Sie es Ihren Bedingungen an: Schatten oder Sonne, lehmiger Baugrund oder durchlässiger Sandboden. Jeder Quadratzentimeter Boden, der vom Bewuchs Ihrer Wahl bedeckt ist, muss nicht gehackt werden. Lassen Sie der Natur ein bisschen ihren Lauf. Bei uns deckt Scharbockskraut schon im frühen Frühjahr die Flächen ab, es blüht wunderschön gelb, und man kann es zu allem Überfluss auch noch essen (sehr Vitamin-C-reich). Eine kleine Auswahl an robusten Bodendeckern (achten Sie bitte auf Sonne oder Schatten): Storchschnabel, Immergrün, Hosta, Bergenie, Efeu, kriechender Günsel, Taubnessel, Felsenmispel, Sonnenröschen, Thymian ...

2. Die zweitwichtigste Regel, falls Nr. 1 nicht funktioniert: Jäten oder hacken Sie am besten nur bei leicht feuchtem Boden.

Warten Sie nach einem Regenfall, bis der Boden wieder abgetrocknet ist. Je nach Temperatur und Sonneneinstrahlung dauert das einen halben bis zwei Tage.

Prüfen Sie, wann sich die Beikräuter leicht mit der Wurzel ziehen lassen und kaum Erdreste an der Hacke kleben bleiben. Der richtige Zeitpunkt des Jätens erspart Ihnen Stunden zusätzlicher Arbeit und zähes Ringen mit störrischen Wurzeln in steinharter Erde. Sollte der ersehnte Regen ausbleiben, gießen Sie die schlimmsten Stellen kräftig und lassen Sie es anschließend trocknen.

3. Die „richtige" Größe des „Unkrautes" entfernen.

Zupfen Sie Wurzelunkräuter wie Winde oder Quecke immer sofort aus, wenn sie nur die ersten Blättchen aus dem Boden strecken. Wurzelunkräuter haben die unangenehme Eigenschaft, sich unterirdisch auszubreiten. Lassen Sie diesen erst einmal die Möglichkeit, über die

Blätter neue Kraft zu sammeln, so verbreiten sie sich unterirdisch sofort weiter.

Als wir unseren Garten übernahmen, war er mit Winden vollkommen überzogen. Nach zwei Sommern akribischer Windenbekämpfung sind wir sie restlos los (ganz ohne Chemie!).

Entfernen Sie vor allem bei Wurzelunkräutern die Wurzelteile soweit wie möglich mit und werfen Sie diese keinesfalls auf Ihren eigenen Komposthaufen! Aus einer geteilten Wurzel wachsen zwei neue Pflanzen heran.

„Normales Unkraut" kann ein bisschen größer werden. Entfernen Sie es in einer handlichen Größe (maximal 15 cm hoch) und auf jeden Fall, bevor es Samen angesetzt hat.

HECKENSCHNEIDEN

Ein kleines Stückchen Hecke lässt sich mit einer Hand-Heckenschere schneiden. Bei größeren Anwesen lohnt sich eine elektrische Heckenschere. Elektrische Scheren, die in Höhe und Winkel verstellbar sind, ermöglichen einen Heckenschnitt bis ca. 2 m Höhe ohne Leiter, was die Arbeit sehr erleichtert.

Achten Sie beim Schneiden auf den Arbeitsrhythmus. Arbeiten Sie sich in kleinen Etappen voran oder wechseln Sie sich mit Ihrem Mann ab.

Mein Vater und ich machen immer Teamarbeit draus. Zuerst eine große Plane unter die Hecke legen. Dann schneidet er eine Planenlänge und ich mache Pause. Dann fassen wir zu zweit die Plane an den Ecken, schlagen die Plane oben zusammen und füllen das Schnittgut wie mit einem Trichter in einen Sack. Dann legen wir die Plane am nächsten Heckenabschnitt aus. Nun bin ich dran mit Schneiden und er macht Pause. Immer so fort. Wir müssen kein Schnittgut zusammenharken und sind dank der Pausen nach Abschluss der Arbeit noch guter Laune.

Das Sammeln des Schnittgutes direkt auf einer Plane funktioniert auch, wenn man alleine eine Hecke schneidet. Nur ist dann das Füllen in Säcke etwas schwieriger.

RÜCKENFREUNDLICHE GARTENARBEIT – GIBT ES DAS?

Da nahezu alle Arbeiten in Bodennähe stattfinden oder mit dem Tragen von Gewichten verbunden sind, benötigen Sie für rückenfreundliches Arbeiten im Garten Fantasie und Disziplin.

Gartenarbeit erfordert körperlichen Einsatz in ganz anderer Weise als der Alltag. Wir benutzen andere Muskeln und machen andere Bewe-

gungen. Tragen Sie dem immer Rechnung. Wenn uns das Werkeln im Garten Spaß macht und wir mit Elan bei der Sache sind, fällt uns die ungewohnte Belastung oft gar nicht auf. Das böse Erwachen kommt erst, wenn man sich wieder aufrichten will oder am nächsten Morgen aufstehen möchte. Wir sind Gartenarbeit nicht gewohnt, und trotzdem meinen wir oft, wir könnten von heute auf morgen ohne Reue stundenlang drauflosarbeiten.
Würden Sie ohne jegliches Training drei Stunden ins Fitnesscenter gehen oder einen Marathonlauf machen? Wahrscheinlich nicht. Also sollten Sie auch die Gartenarbeit ganz gemächlich angehen. Nehmen Sie sich kleine – wirklich kleine – begrenzte Aufgaben vor und hören Sie dann auf. Oder stellen Sie sich tatsächlich einen Wecker. Je öfter Sie gärteln gehen, desto mehr gewöhnt sich Ihr Körper an die Bewegungen.

Achten Sie dabei immer auf einen geraden Rücken, besonders beim Hacken oder Umgraben. Stellen Sie sich in Schrittstellung hin. Wenn Sie Rechtshänder sind, ist das linke Bein vorne und umgekehrt. Gehen Sie leicht in die Knie und winkeln Sie den Oberkörper in der Hüfte ab. Der Rücken bleibt dann in seiner natürlichen S-Form. Holen Sie die Auf- und Abbewegungen gleichmäßig aus den Knien, aus dem Hüftwinkel und der Beugung der Arme. Bei allen Bewegungen dieser Art ist es außerordentlich wichtig, dass Sie Ihre Muskeln anspannen und mitarbeiten lassen. Bei Arbeiten im Stehen brauchen Sie wirklich alle Muskeln. Bei jedem Zustechen mit dem Spaten vollbringen Sie eine koordinative Höchstleistung.
Der erste Schritt bei allen Arbeiten ist die geistige Vorbereitung. Geben Sie ganz bewusst an alle Körperteile und Muskeln den Befehl: „Achtung, jetzt kommt Schwerarbeit!" Spannen Sie Ihre Muskeln an. Alle! Sie brauchen zum Hacken mehr als die Oberarme.
Um den Körper in sich zu stabilisieren und vor allem, um den Rücken zu entlasten, ist die Anspannung der Bauchmuskeln und der Gesäßmuskeln die wichtigste Voraussetzung. Spannen Sie auch die gesamte Rückenmuskulatur an, um die Wirbelsäule weiter zu stabilisieren. Achten Sie auf den oberen Rücken und die Schulterpartie, dort hilft die Anspannung, die Kräfte aus den Armen zu verteilen. Zu guter Letzt die Beinmuskulatur, denn schließlich sind die Beine die Körperteile, die Sie mit dem Boden verbinden und für einen sicheren Stand und eine passende Arbeitshöhe sorgen.
Erst wenn alle Muskeln aktiviert sind, kann der zweite Schritt vollzogen werden. Die Arme heben das Werkzeug und beginnen mit der Arbeit. Das hört sich vielleicht sehr anstrengend an und mag es zu Beginn

auch sein, aber es ist die einzige Methode, diese rückenfeindlichen Bückbewegungen zu überstehen. Denken Sie an die Bauchmuskulatur! Nicht nachlassen.
Der dritte Schritt ist der rechtzeitige Abschluss der Arbeit und die Pausengestaltung. Es kann schon nach wenigen Minuten der Fall sein, dass Sie die Ganzkörperspannung nicht mehr effektiv aufrechterhalten können. Dann wechseln Sie ab. Tun Sie etwas anderes, was Sie mit geradem Rücken erledigen können. Schälen Sie 10 Minuten Kartoffeln fürs Mittagessen und gehen Sie dann wieder ans Hacken.
Vergessen Sie den Grundsatz nicht, dass nicht anstehende Arbeit auch nicht getan werden muss. Überlegen Sie, ob Sie nicht auf einjährige Pflanzen (Beet u. Balkon, Primeln, Stiefmütterchen etc.) verzichten möchten, und pflanzen Sie stattdessen mehrjährige Stauden und Gehölze, die zu unterschiedlichen Jahreszeiten von alleine blühen und wachsen, ohne dass Sie auch nur einen Finger rühren müssen. Bei anderen Gartenarbeiten, wie zum Beispiel Umtopfen, Früchteernten, Gießen oder Unkrautjäten, sollten Sie der Arbeit so nah wie möglich sein. Holen Sie die Arbeit hoch oder begeben Sie sich nach unten. Bauen Sie sich einen Topftisch (Bügelbrett mit Kunststofftischdecke drauf), damit Sie die Arbeit in einer bequemen Position erledigen können. Am besten wäre natürlich ein fest installierter Arbeitstisch in Ihrer Höhe.

Beim Knien sollten Sie eine Unterlage gegen Nässe, Kälte und Druck verwenden, zum Beispiel ein Schaumgummi oder ein Stück Styropor. Gute Dienste tun professionelle, weiche und bequeme Knieschoner. Knien Sie sich bitte nicht auf einen Hocker oder die oft in Prospekten angepriesenen Kniehilfen. Jeder Zentimeter, den Sie höher knien, müssen Sie mit dem Oberkörper tiefer hinunter. Das Knien auf beiden Knien und das nach vorne Beugen mit dem Oberkörper ist die denkbar schlechteste Haltung, versuchen Sie diese nach Möglichkeit zu vermeiden.
Besser ist das Knien auf einem Knie und das Aufstellen des anderen Fußes ein Stückchen weiter vorne im Beet. Hier liegt Ihr Arbeitsbereich, und damit Ihr Schwerpunkt zwischen den Beinen und es ist gut möglich, den Rücken gerade zu halten. Wechseln Sie zwischen beiden Beinen ab. Arbeiten Sie dabei immer zwischen den Beinen.

Fangen Sie nicht an, immer weiter nach vorne zu fassen, dann ist Nachrutschen angesagt.

Das Arbeiten auf allen Vieren ist eine gute Alternative. Hierbei haben Sie zwar nur eine Hand frei, aber für den Rücken ist die Stellung angenehm. Nicht vergessen: Angespannte Rücken- und Bauchmuskulatur! Lassen Sie dabei keinesfalls den Rücken durchhängen (wir sind doch keine Hängebauchschweine!).

Achten Sie beim Gießen auf eine gerade, aufrechte Körperhaltung, egal, ob mit Schlauch oder Kanne. Gießen Sie, wo immer möglich, mit dem Schlauch, dann müssen Sie das Gewicht des Wassers nicht tragen. Schaffen Sie sich einen ausreichend(!) langen Schlauch an, oder verlängern Sie den alten um genau die eineinhalb Meter, die in der hintersten Ecke immer fehlen. Wenn Sie vor und hinter dem Haus ein Stück Garten besitzen, lohnt sich eine doppelte Ausstattung. Zwei Schläuche und selbstverständlich zwei Gießköpfe dazu.

Benutzen Sie den Schlauch nur für selektives Gießen: die zwei neuen Sträucher, die frisch gepflanzten Tomaten. Stellen Sie, bei sehr trockenem Wetter, einmal die Woche für zwei Stunden einen Regner an die gewünschte Stelle. Beregnen Sie gleich morgens, das spart Wasser und lockt keine Schnecken an.

Je weniger einzelne Töpfe Sie aufstellen, desto weniger müssen Sie gießen. Bei vielen Töpfen, Kästen oder trockenen Rabatten, lohnt es sich auf jeden Fall, eine Tröpfchenbewässerung zu installieren. Müssen Sie bestimmte Flächen (Friedhof, Schrebergarten) mit der Kanne gießen, dann nehmen Sie rechts und links je eine Kanne mit der halben Füllung, um das Gewicht günstig zu verteilen. Gehen Sie lieber öfter hin und her, als dass Sie zu viel Gewicht auf einmal tragen. Gehen Sie beim Ausgießen der Kannen leicht in die Knie und stabilisieren Sie Ihren Körper.

Es gibt natürlich noch viele Dinge über Garten, Pflanzen und Gesundheit zu sagen. Schmökern Sie dazu in der Fachliteratur und lassen Sie sich im Fachhandel beraten. Genießen Sie Ihren Balkon oder Garten und minimieren Sie – wenn Sie möchten – Jahr für Jahr die anfallende Arbeit.

Ziehen Sie die Schuhe aus.
Gehen Sie barfuß in Ihren Garten.
Atmen Sie die Abendluft tief ein,
und lassen Sie sich vom Duft Ihres Gartens verzaubern.

5. REISEN

Schicken Sie auch Ihre eigenen Ansprüche in die Ferien.
Kim Pickin & Nicky Singer

AUF EINEN BLICK:

- Stimmen Sie das Ziel mit allen Beteiligten ab, und werden Sie sich über Ihre Wünsche klar, um Enttäuschungen zu vermeiden.
- Planen Sie beim Vorbereiten und Packen doppelt so viel Puffer ein, wie Sie für notwendig halten.
- Integrieren Sie die ganze Familie in die Vorbereitungen.
- Halten Sie bestimmte Utensilien schon fertig gepackt auf Vorrat.
- Benutzen Sie konsequent Packlisten, auch wenn Sie ansonsten eher ein spontaner Mensch sind.
- Achten Sie besonders in der Vorbereitungsphase und in den ersten Urlaubstagen auf die Signale Ihres Körpers, und nehmen Sie besonders viel Rücksicht auf sich selbst.
- Vorsicht mit schweren Koffern!

URLAUB – DIE SCHÖNSTE ZEIT IM JAHR?

Wir kennen alle die Situation: Sehnlichst warten wir auf den Urlaub und setzen große Hoffnung in die drei schönsten Wochen des Jahres.

Weshalb ist das so?
Ist unser Leben so schrecklich?
Der Alltag so grauenhaft?
Machen wir da nicht irgendetwas falsch?

Dieses Kapitel hat den Schwerpunkt: Wir organisieren einen gelungenen Urlaub für alle Beteiligten. Wie im ganzen Buch, können Sie die Tipps als Denkanstöße zum Thema Lebensbalance verstehen. Unser Leben ist zu schade, als dass wir es auf drei Wochen im Jahr reduzieren sollten!

Gib jedem Tag die Chance,
der schönste deines Lebens zu werden.
Mark Twain

AUFGABENVERTEILUNG UND ORGANISATION

WO WOLLEN WIR EIGENTLICH HIN?

Hier sind alle Familienmitglieder gefragt, denn wenn jemand zu kurz kommt, wird er im Urlaub unzufrieden sein und das wird sich auf die anderen übertragen. Dies gilt auch für die Planung mit Babys: Wenn Sie dessen Belange nicht berücksichtigen, kann es ganz schön anstrengend werden.

Stimmen Sie die Wünsche der Familienmitglieder aufeinander ab. Reden Sie offen und ehrlich über Ihre Vorstellungen. Nur Meinungen, die geäußert werden, können berücksichtigt werden. Warten Sie nicht darauf, dass die anderen riechen können, was Sie möchten. Und stecken Sie als Mutter nicht immer zurück, nur um die Harmonie zu erhalten. Auch Sie haben ein Recht auf Urlaub und Erholung.

- Welche Wünsche haben *Sie* ganz persönlich:

- Mit welchen Zielen würden Sie sich einverstanden erklären können:

- Was möchten Sie auf keinen Fall tun:

Achten Sie darauf, dass Letzteres nicht eintritt. Vielleicht ist es sinnvoll, wenn Sie einmal im Jahr ein paar Tage alleine wegfahren. Trauen Sie sich. Ihr Mann und Ihre Kinder werden nicht verhungern.

Bedenken Sie bei der Auswahl des Zieles die Ansprüche, die an Sie als Eltern gestellt werden, denn in erster Linie geht es um Ihre Erholung. Vielleicht ist ein Zelturlaub die falsche Idee, wenn Sie sowie schon Rückenprobleme haben und dann auch noch drei Wochen auf einer Luftmatratze schlafen sollen. Wollen Sie wirklich den ganzen Urlaub in der Ferienwohnung kochen? Findet sich nicht ein Bauernhof mit Voll- oder zumindest Halbpension? Sind Sie sicher, dass es Sinn macht, mit einem 10 Monate alten Baby nach Namibia zu fahren, oder wären Sie in Österreich oder Italien nicht auch ganz gut aufgehoben?

Machen Sie eine Liste der Ziele, und schreiben Sie deren Vor- und Nachteile dahinter. Wägen Sie ab und treffen Sie eine gemeinschaftliche Entscheidung. Sollten sich absolut keine Kompromisse finden, dann verbringen Sie doch eine Woche zusammen und den Rest getrennt. Probieren Sie es einfach einmal aus.

Unser persönliches Fazit zur Urlaubsplanung: Wenn die Kinder glücklich, sicher und beschäftigt sind, dann können wir beide uns in Ruhe entspannen. Der Ort ist dann fast zweitrangig.

Bedenken Sie dabei, dass auch die Kinder Urlaub brauchen, Zeit für sich selbst und mit anderen. Oft sind Unterhaltungsprogramme und Beschäftigungsangebote auf Dauer zu aufreibend und überfordern ein Kind.

FERNREISEN MIT KINDERN – STRESS ODER SPASS?

Überdenken Sie sachlich die Vor- und Nachteile einer Fernreise mit Kindern.

Impfungen, Zeitumstellungen, fremdes Essen ... Es ist bekannt, dass nahezu jeder erwachsene Ägyptenreisende eine Zeit lang mit Magenproblemen zu kämpfen hat. Ein ägyptischer Hotelbesitzer, den ich auf einer Zugfahrt getroffen habe, erzählte mir, dass selbst die Einheimischen immer wieder davon erfasst werden. Wollen Sie mit Ihrem Kind wirklich dieses Risiko eingehen?

Aber auch die Reise selbst ist für Kinder eine große Belastung. Überfüllte Flughäfen, Verspätungen und lange Wartezeiten sind starke Geduldsproben. Wenn es müde ist, kann es nicht schlafen, wach darf es nicht herumkrabbeln.

Das alles hängt natürlich vom Alter und Temperament der Kinder ab und nicht zuletzt auch vom Reiseziel. Ob es mit Ihren Kindern funktioniert oder sinnvoll ist, müssen Sie selbst entscheiden!

Schulkinder ab etwa acht oder neun Jahren können von solchen Reisen natürlich schon etwas mehr mitnehmen. Weihen Sie die Kinder in die Geschehnisse ein. Erklären Sie ihnen die Sachverhalte. Empfehlenswert sind Reisen mit einem festen Stützpunkt – keine Rundreisen. Gut geeignet sind auch Reisen mit Ferienschiffen. Schiffe haben den Vorteil, dass vom Schwimmbad bis zum Kinderspielzimmer alles auf einem überschaubaren Raum vorhanden ist. So verbinden Sie die Vorteile eines festen Stützpunkts mit denen einer Rundreise.

Auch für Teenager bieten Schiffsreisen oft ein flottes Angebot. Während die Jugend sich abends in der Diskothek vergnügt, können Sie sich einen Film ansehen oder in der Lounge plaudern und das alles in nächster Nähe.

Ähnlichen Komfort finden Sie auch in Ferienanlagen. Dort gibt es zusätzlich noch die Möglichkeit, bestimmte Hobbys auszuüben (Reiten, Segeln, Wandern ...).

Mit älteren Kindern lässt sich aber auch ein „Abenteuerurlaub" planen. Es muss ja nicht gleich mit dem Motorrad durch die Wüste sein. Wie wäre es mit dem Planwagen quer durch Island?

Bei allen großen Reisen sollten Sie sich vorher genau über die Hoffnungen der einzelnen Teilnehmer im Klaren sein. Planen Sie für die Kinder entsprechende Beschäftigungen ein.

Wägen Sie auch die gesundheitlichen Gefahren ab. Gerade in den Tropen sind viele Impfungen trotz der entsprechenden Risiken notwendig. Bei manchen Krankheiten schützen die Impfstoffe nicht vor allen Erregern, und Ihr Baby bekommt dann vielleicht doch Malaria.

Natürlich gehört auch eine gewisse Spannung zum Urlaub, aber Sie sollten sich immer der Verantwortung gegenüber Ihren Kindern bewusst sein und Krisengebiete auf jeden Fall meiden.

WIE KOMMEN WIR AN DAS ZIEL UNSERER TRÄUME?

Auto, Zug oder Flugzeug? Das hängt ganz vom „Trainingszustand" Ihrer Kinder ab. Babys, Kleinkinder und Kinder, die das ganze Jahr nur zum Supermarkt und zurück fahren, können Sie nicht für sechs oder acht Stunden in ein Auto pferchen. Das wird zu einer fürchterlichen Nervenprobe. Verlassen Sie sich auch nicht darauf, dass die Kinder im Auto schlafen. Wenn sie lange Autofahrten nicht gewohnt sind, tun sie das nämlich mit ziemlicher Sicherheit nicht. Im letzten Österreichurlaub trafen wir eine Familie, die um 6.00 Uhr morgens völlig erschlagen ankam: Das Kind hatte die ganze 800 km lange Autofahrt nicht geschlafen, sondern durchgängig gequengelt und geweint. So einen Urlaubsbeginn will wohl jede Familie vermeiden, denn man braucht mindestens zwei Tage, um sich von so einem Stress zu erholen.

Hier einige Tipps: Trainieren Sie Auto fahren. Besuchen Sie eine Tante, oder fahren Sie öfters mal übers Wochenende weg. Bei kleinen Babys kann es hilfreich sein, wenn Sie von Parkplatz zu Parkplatz fahren, um es immer wieder zu beruhigen, bis es sich an die Fahrerei gewöhnt hat.

Auf unserer ersten Italien-Tour (= 900 km) war Lea 9 Monate alt. Wir haben uns ein Wohnmobil gemietet und drei Tage für die Fahrt einkalkuliert. Das heißt 300 km am Tag. Lea war damals schon ein Profi, was Autofahrten anbelangte, aber trotzdem beschlossen wir, eine möglichst entspannende Variante zu wählen. Ein Wohnmobil hat den Vorteil, dass Sie kein Hotel buchen müssen und dass Sie unabhängig von Autobahnraststätten und WC-Stationen sind. Das Kind kann in den Pausen herumkrabbeln, was in einer Raststätte nicht möglich ist, und Sie können sich selbst hinlegen und ausruhen. In Italien haben wir uns dann in einem günstigen Hotel eingemietet und haben so die Vorteile des Wohnmobils mit den Annehmlichkeiten des Hotels verknüpft. Wir mussten nicht kochen und abwaschen, hatten eine Dusche mit fließendem Wasser und konnten trotzdem ein Gläschen warm machen. Diese Kombination aus Wohnmobil und Hotel war nicht ganz billig, aber der Erholungswert war umso höher.

Setzen Sie Ihre eigenen Prioritäten.

Als Sophie 2 Jahre und Lea 4 Jahre war, sind wir über Nacht mit dem Autozug nach Bozen gefahren. Dadurch war die Gepäckfrage geklärt, da wir einfach alles im Auto mitnehmen konnten. Wir hatten Platz, uns zu bewegen und mussten nicht im Auto sitzen. Wenn an den Betten im Zug Absperrgitter für die Kinder gewesen wären, dann wäre diese Variante gar nicht so übel gewesen. So war ich die halbe Nacht damit beschäftigt, zu verhindern, dass Sophie aus dem Bett fällt. Wir haben sie dann schließlich auf den Boden gelegt. Auf der Rückfahrt waren wir schlauer: Eine Kunststoff-Tischdecke oder Decke kann man für Krabbelkinder auf den Abteilboden legen. Später zu Hause kommt sie in die Waschmaschine oder in den Müll.

Ein Nachteil sind die langen Wartezeiten auf dem Bahnhof, bis das Auto verladen ist. Die Kinder sind abends völlig übermüdet und alles ist schmutzig. Alles in allem keine schlechte Lösung, aber es gibt Verbesserungspotenzial.

Unabhängig davon, welches Transportmittel Sie wählen, ist es sinnvoll, genügend Zeit einzukalkulieren. Machen Sie aus der Hin- und Rückreise schon Urlaubstage.

Übernachten Sie doch einfach in einer Stadt auf halber Strecke (das geht auch mit dem Zug). Besuchen Sie Freunde. Wir treffen uns zum Beispiel ab und zu in München im Biergarten zum Mittagessen, die Kinder spielen und nach drei Stunden Pause fahren wir weiter. Empfehlenswert sind auch Zoobesuche für unterwegs. Hier können die Kinder rennen und toben. Es gibt viel zu sehen, garantiert Spielplätze und meist auch ein Restaurant. Eine kleine Attraktion auf der Rückfahrt macht es den Kindern leichter, durchzuhalten.

Orientieren Sie die Etappendistanz immer am Alter der Kinder, dann wird auch die Fahrt schon ein Stückchen Urlaub. Im Anhang finden Sie eine Liste mit Spielen und Beschäftigungen für die Fahrt.

PACK DIE BADEHOSE EIN – UND NIMM DEN REGENMANTEL MIT!

Am besten legen Sie mit Ihrer Familie zusammen eindeutig fest, wer für welche Dinge bei der Reisevorbereitung zuständig ist. Wer bucht das Hotel? Wer besorgt die Karten für die Fähre? Wer kümmert sich um Ausweise für die Kinder? Wer stellt die Reiseapotheke zusammen? Wer packt die Koffer?

Machen Sie eine To-do-Liste mit allen Punkten – auch den Kleinigkeiten – und schreiben Sie dahinter, wer es tun soll. Es gibt nichts Ärgerlicheres, als wenn man den Ersatzschnuller vergisst oder die grüne Versicherungskarte nicht dabei hat. Erledigte Aufgaben werden abgehakt. Bei uns liegt diese Liste dann am Telefon und jeder kann die Fortschritte sehen.

Fangen Sie rechtzeitig an. Zum Schluss wird die Zeit doch wieder knapp werden. Die Reiseapotheke können Sie schon vier Wochen vorher zusammenstellen. Die Kinderkleider kann man eine Woche vorher packen. Die eigenen Kleider auch, denn Sie werden sie in dieser Woche sowieso nicht mehr anziehen. Im Anhang finden Sie eine Packliste, die Sie nach Ihren Bedürfnissen ändern können.

Bedenken Sie all die vielen Kleinigkeiten, die am Schluss noch im Haus oder in der Wohnung zu erledigen sind. Müll rausbringen, Blumen gießen, Briefkastenschlüssel an die Nachbarn ... Das alles kostet immer mehr Zeit, als man annimmt.

Integrieren Sie die Kinder in die Packtätigkeiten. Sechs Unterhöschen kann sogar ein Dreijähriges schon richten. (Beachten Sie, dass es nur bis 2 zählen kann. Also richtet es dreimal hintereinander 2 Höschen.) Mit sechs bis acht Jahren kann ein Kind schon für mehrere Tage packen, wenn Sie ihm die Stückzahlen nennen. Damit die Oberbekleidung zusammenpasst, lasse ich sie dann z.B. 4 Hosen heraussuchen und wir kümmern uns gemeinsam um die Pullis. Unsere Achtjährige hat das schon fast perfekt im Griff: Wenn wir verreisen, sage ich ihr nur noch die Anzahl, und sie packt selbst.

Bitte vergessen Sie nicht: Dazu war jahrelange Vorarbeit notwendig. Wir haben fast immer zusammen gepackt. Sie ziehen sich schon lange alleine an und suchen auch ihre Kleidungsstücke selbst aus. So entwickeln sie ein Gefühl dafür, was zusammenpassen könnte.

Es ist nie zu spät! Fangen Sie beim nächsten Urlaub an, es Ihren Kindern beizubringen.

ARBEITSABLÄUFE RATIONALISIEREN

KLEINIGKEITEN WIEDERFINDEN – ZUBEHÖR PACKEN

Je systematischer Sie einpacken, desto eher haben Sie die Chance, im Urlaub die Sicherheitsnadeln auch wiederzufinden, wenn Sie sie brauchen. Ich gehöre zu den Menschen, die gerne perfekt sind und alles dabei haben. Andererseits kann man heutzutage in nahezu allen Ländern alles kaufen.

Immer wenn mein Vater mit uns in den Urlaub gestartet ist, kam der obligatorische Spruch:

„Alle Kinder da? Pässe auch? Den Rest können wir kaufen."

Je weniger Sie einpacken, desto weniger Arbeit haben Sie. Viel schlimmer als Einpacken finde ich es nämlich, nach der Reise all die Kleinigkeiten wieder an ihrem angestammten Platz zu verstauen. Finden Sie einen Kompromiss für die Bedürfnisse Ihrer Familie.

ZUBEHÖR PACKEN

Ein Fieberthermometer, Hustensaft und Nasentropfen haben wir immer dabei. Des Weiteren etwas gegen Darmverstimmungen. Bei drei Wochen Ferien mit Kindern wird man es mit ziemlicher Sicherheit brauchen.

Da wir öfter übers Wochenende wegfahren, haben wir bestimmte Utensilien fertig gepackt im Keller stehen. Gut geeignet sind Kulturbeutel mit unterschiedlichem Muster. Der Inhalt ist übersichtlich, und man kann sich den richtigen greifen.

Beutel 1

Meine Schminksachen, Abschminke, Tagescreme, Haarshampoo, Tampons, Slipeinlagen, Zahnbürste, Zahnpasta, Reisefön, Mini-Nähzeug. Diese Dinge besitze ich doppelt, ich kann mich morgens fertig machen und der Koffer ist trotzdem komplett gepackt. Bei einer Reise mit der Familie kommt noch der Rasierapparat dazu.

Beutel 2

Sonnencreme unterschiedlicher Stärken, Après-Sun, Mückenabwehr (Autan). Wir bewahren diesen Beutel bei den Badesachen auf. Wenn wir im Sommer etwas davon brauchen, nehmen wir es raus und stellen es hinterher wieder rein.

Beutel 3

Hustensaft, Fieberthermometer, Halswehtabletten, Nasentropfen, Kohletabletten, Arnika gegen Prellungen, Pflaster ... unsere kleine Apotheke.

Beutel 4

Wäscheklammern, Bindedraht, Wäscheleine, Rei in der Tube, Multifunktionswerkzeug, Nähzeug, Sicherheitsnadeln, ein Stück Schlauch, um aus dem Wasserhahn eine Dusche zu machen, Taschenlampe.

Beutel 5

Tempotaschentücher, bei kleinen Kindern Lätzchen, pro Kind einen Löffel und ein Gläschen Fertignahrung (Desserts essen auch ältere Kinder noch gerne), eine Packung Knäckebrot oder Reiswaffeln.
Immer wenn Sie starten, packen Sie noch einen halben Liter Leitungswasser oder eine Flasche Mineralwasser dazu. Wenn Sie wollen, nehmen Sie noch ein Küchenhandtuch pro Kind mit, das Sie sich im Auto auf den Schoß legen können.

Beutel Nr. 5 ist essenziell. Er muss immer mit, wenn wir mehr als 20 km fahren. Egal, ob zum Einkaufen in die nächste Stadt oder 300 km zur Oma.

Vergessen Sie nie, etwas Wasser und eine Not-Ration mit Essen einzupacken.

WIE WIRD DAS WETTER? – KLEIDUNG PACKEN

Wenn wir mit dem Auto fahren, packe ich so, dass wir im Urlaub nicht waschen müssen. Die Wäschemenge ist dabei stark vom Alter abhängig. Bei einem Baby müssen Sie damit rechnen, dass es ständig über den Pulli kleckert und beim Krabbeln alle Hosen schmutzig macht. Bei Kleinkindern, die gerade sauber werden, brauchen Sie viele Ersatzhosen. Nun, da unsere Kinder größer sind, ist es viel einfacher geworden. Für jeden Tag einen Slip, für zwei Tage eine Hose und einen Pulli.

Packen Sie immer für jede Wetterlage. Am besten verwenden Sie Teile, die sich übereinander tragen lassen. T-Shirt + langärmliges Shirt + Sweat-Shirt + Jacke + Regenmantel. Das gilt auch für Erwachsene. Packen Sie einen Schlafanzug ein, den man im Notfall auch als Leggins mit Pulli tragen kann. Nehmen Sie nicht die besten Kleidungsstücke mit, sondern die praktischsten und unempfindlichsten. Packen Sie so, dass Sie nahezu alles miteinander kombinieren können, dann sind Sie flexibler.

Ich habe in Abhängigkeit vom Urlaubsziel und der Jahreszeit unterschiedliche Packlisten im Computer.

Ein ausführliches Packlistenbeispiel finden Sie im Anhang. Ändern Sie es nach Ihren Bedürfnissen ab.

Haken Sie auf den Packlisten kontinuierlich ab, was schon verstaut ist, sonst wissen Sie nach fünf Tagen nicht mehr, ob Sie den rosafarbenen Schal schon eingepackt haben oder ob Ihr Kind ihn doch irgendwo verloren hat.

Bitten Sie die Kinder rechtzeitig, Ihnen die Kleidungsstücke in die Wäsche zu geben, die sie unbedingt mitnehmen wollen. Das verhindert unnötige Tränen über den Lieblingspulli.

GESUNDHEITSFREUNDLICHE KÖRPERHALTUNG

FIX UND FERTIG – DER KOFFER ODER SIE?

Vor zwei Wochen fuhr eine gute Freundin in Urlaub. Sie und ihre Familie hatten die Erholung aus gesundheitlichen Gründen dringend nötig. Vier Tage vor der Abreise hatte ich einen völlig verzweifelten Anruf auf dem Anrufbeantworter: „Ich habe gestern alleine die schweren Koffer ins Auto gewuchtet, um sie bei der Bahn aufzugeben, und nun habe ich es so im Kreuz, dass ich mich nicht mehr rühren kann."

Wie kann so was passieren? Durch den steigenden Zeitdruck und die Hektik vor der Abreise achtet man immer weniger auf seinen Körper. Alles muss plötzlich ganz schnell gehen. Man ist gespannt, wie es wohl werden wird. Das Reisefieber macht sich breit. Ich kann mich noch gut erinnern, dass es auch bei meiner Mutter immer so war.

GEGENMASSNAHMEN

- So simpel es klingt: Planen Sie Zeitpuffer ein! Puffer, Puffer und nochmals Puffer! Fangen Sie frühzeitig an. Ob die Kleider nun einige Tage länger im Koffer sind oder nicht, ist doch egal. Warten Sie nicht bis zum letzten Moment.
- Achten Sie beim Packen auf Ihre Körperhaltung. Am besten stellen Sie den Koffer auf ein Bügelbrett nahe beim Kleiderschrank. Dann haben Sie eine gute Arbeitshöhe. Vorsicht beim Bücken. Gehen Sie in die Knie. Machen Sie die Drehbewegungen vom Schrank zum Koffer nicht über die Wirbelsäule. Bewegen Sie bei Drehungen immer die Füße mit.
- Verkneifen Sie sich das Staubsaugen, wenn Sie sowieso schon gestresst sind. Diese Haltung wird Ihrem Rücken den Rest geben.
- Achten Sie auf Ihre sonstigen Bewegungen, denn Sie sind in dieser Phase anfällig. Heben Sie nicht plötzlich ein Kind oder etwas anderes Schweres hoch. Treffen Sie dazu die körperliche Vorbereitung: Alle Muskeln anspannen, konzentrieren und dann erst anheben.

Wie beim Packen auch, sollten Sie alle Drehbewegungen im Rücken vermeiden. Vor allem mit schweren Koffern. Die können bis abends auch auf dem Bügelbrett liegen bleiben.

- Packen Sie leichtere Koffer.
- Achten Sie darauf, sich vor Aufregung nicht zu sehr zu verkrampfen. Manchmal ist man sich dessen gar nicht bewusst. Aber es führt dazu, dass Sie auch nachts die Rückenmuskulatur anspannen und die Erholungsphase für die Bandscheiben schwächer ausfällt. Abhilfe schafft ein wohltuendes Bad vor dem Zubettgehen. Nehmen Sie sich diese Zeit, sonst landen Sie vielleicht beim Arzt statt im Urlaub.
- Versuchen Sie, die Situation gelassen zu sehen. Was soll schon schief gehen?! Schlimmstenfalls vergessen Sie etwas, das wäre zwar nicht glücklich, aber auch kein Beinbruch.

GUT ANKOMMEN – ERHOLSAM SCHLAFEN

- Im eigenen Auto nehmen Sie bei Rückenproblemen bitte ein Lordosekissen mit und legen es sich in den Lendenwirbelbereich. (Auch wenn Sie keine Rückenprobleme haben, wird es Ihnen nach einer langen Fahrt besser gehen, wenn Sie Ihren Rücken stützen.)
- Achten Sie bei der Fahrt auf eine gute Sitzhaltung. Machen Sie immer wieder Pausen. Mindestens alle 55 Minuten 5 Minuten Bewegungspause. Das hilft Ihnen, wach zu bleiben und den Rücken zu schonen.
- Wechseln Sie sich beim Fahren rechtzeitig mit Ihrem Partner und wenn möglich, auch den erwachsenen Kindern ab. Schließen Sie die Augen und akzeptieren Sie den Fahrstil. Niemand muss beweisen, wie lange er durchhält. Sind Sie nämlich erst einmal richtig müde, dann dauert es viel länger, wieder fit zu werden.
- Im Zug oder Flugzeug kann ich das Lordosekissen nur empfehlen, aber zur Not geht auch ein zusammengerollter Pullover. Denken Sie vor allem in Bahn und Flugzeug von Anfang an daran, sich etwas an die Lendenwirbelsäule zu legen: Die Sitze sind alle miteinander eine Katastrophe.
- Wenn Sie nicht aufstehen und herumgehen können, machen Sie kleine Übungen im Sitzen.
- Zum Thema Thrombose-Gefahr konsultieren Sie bitte entsprechende Literatur. Unterschätzen Sie auch als jüngerer Mensch dieses Risiko nicht.

- Am Erholungsort angekommen, konzentrieren Sie sich auf Ihr Wohlbefinden. Wir haben es immer wieder erlebt, dass wir durch die plötzliche Entspannung sehr krankheitsanfällig wurden.
- Gewöhnen Sie sich an das ungewohnte Bett im Urlaub. Beim seitlichen Liegen sollte die Wirbelsäule nicht durchhängen. Legen Sie sich ein flach zusammengerolltes Handtuch in die Taille. Es sollte genau so dick sein, dass Ihre Wirbelsäule gerade bleibt.
- Wenn es dann immer noch Probleme gibt, liegt es eventuell an der Hüfte. Klemmen Sie sich in der Seitenlage ein zweites gerolltes Handtuch zwischen die leicht angewinkelten Knie, um den Abstand zwischen den Knien etwas größer zu machen. Dadurch fällt Ihnen die Hüfte nicht so weit nach vorne und die Wirbelsäule verdreht sich nicht.
- Nun können Sie die Bettdecke gemütlich zusammenknüllen und sich so vor den Bauch schieben, dass sie Sie abstützt. Entspannen Sie sich und genießen Sie den Schlaf.
  Das mag sich im Moment alles etwas umständlich anhören, aber wenn Sie dafür am nächsten Morgen ohne Kreuzschmerzen aufwachen, war es sicher die Mühe wert. Das einzig Komplizierte an der Sache ist eigentlich nur der Moment, wenn Sie sich nachts auf die andere Seite drehen wollen. Aber man gewöhnt sich ans „Umbauen". Sie werden sehen, nach einigen Tagen werden die Nächte dann immer besser werden und die Erholung setzt ein.
- Es spielt hier auch ein großes psychologisches Moment mit. Gehen Sie nicht schon abends mit dem Gedanken ins Bett, dass die Nacht ein Albtraum wird und Ihnen am nächsten Morgen alles weh tun wird. Denken Sie bewusst an einen guten, erholsamen Schlaf, und Sie werden ihn bekommen.

Lassen Sie sich von aller Hektik, Spannung und Ungewissheit nicht Bange machen. Freuen Sie sich auf Ihren Urlaub, und genießen Sie ihn.

1. PLÄNE UND LISTEN

PACKLISTE

Diese Liste ist auch für Babys gedacht. Wenn Ihre Kinder schon größer sind, dann können Sie die entsprechenden Dinge einfach streichen.

	KÜCHE
	Tee
	Müsli
	Zwieback
	Gläschen
	Fläschchen
	Lätzchen
	Löffel

	BAD
	Haarshampoo
	Badezusatz Kinder
	Seife
	Trockenshampoo
	Sonnencreme
	Mückenabwehr
	Zahnbürsten Eltern
	Zahnbürsten Kinder
	Zahnpaste
	Tampons/Binden
	Präservative
	Rasierer
	Tempo
	Nagelschere/Feile

	APOTHEKE
	Desinfektionsmittel
	Pflaster
	Fieberthermometer
	Fiebersenkendes Medikament
	Halswehtabletten
	Hustensaft
	Erkältungstee
	Sonstige Medikamente /Tees
	Ohrentropfen
	Augentropfen
	Arnika-Essenz
	Calendula-Essenz
	Tabletten Eltern
	Rheuma-Pflaster
	Heuschnupfenmittel

	KLEINKINDER
	Flaschenhalter fürs Auto
	Kindersitz
	Reisetoilette/Töpfchen
	Kinderwagen
	Reisebett
	Bettgitter
	Kuscheltier oder -tuch

BABYS	
	Windeleinlagen
	Stoffwindeln
	Wollhosen oder Pampers
	Feuchtigkeitstücher
	Ersatztücher
	Mülltüten für Windeln
	Wundsalbe für den Po
	Wickelrucksack

SPIELZEUG + SOMMER	
	Schwimmring
	Schwimmflügel
	Schlauchboot
	Eimer und Schaufel
	Boote
	Wasserball/Ball
	Spiele
	Malzeug
	Bücher
	Puppen/Bären
	Spielzeug
	Steckdosenschutz oder Klebeband für das Hotelzimmer

BEI BEDARF	
	Geschenke
	Einladungen
	Eintrittskarten
Kleidung für festliche Anlässe:	
	Fliege/Manschettenknöpfe
	Sonntagsschuhe
	gutes Taschentuch

SONSTIGES	
	Taschenlampe
	Sichere Geldtasche/Gürtelsafe
	Wäscheklammern
	Wäscheleine
	Rei in der Tube/Kernseife
	Hosengummi
	Nähzeug/Sicherheitsnadeln
	Bindedraht
	Klebeband
	Campingkocher
	Topf zum Wasserabkochen für die Kinder (Vorsicht im Hotelzimmer)
	Wasser in Flaschen

FREIZEIT	
	Hobbyausrüstung
	Trainingsanzug
	Regenmantel Er
	Regenmantel Sie
	Sonnenmütze Er
	Sonnenmütze Sie
	Sonnenbrille Er
	Sonnenbrille Sie
	Badehose Er
	Badesachen Sie
	Badehandtücher
	Strandmatte
	Sonnenschirm
	Regenschirm

KINDER				
A	B	C	D	
				Gummistiefel
				Spielhose
				Spielhandschuhe
				Regenmantel
				Schuhe
				Sandalen
				Handschuhe
				Mütze
				Anorak
				Schal
				Halstuch
				Skianzüge
				Badeschuhe
				Sonnenhut
				Sonnenbrille
				Badeanzug
				Hausschuhe/ Stoppersocken
				Unterhemden
				Unterhosen
				Strumpfhosen
				Strümpfe
				Schlafanzug
				Pullover
				T-Shirt
				Strickpullover
				Hosen lang
				Hosen kurz
				Jacken
				Weste
				Mantel
				Regenschirm

ERWACHSENE	
	Bücher
	Wecker
	Foto
	Filme
	Beutel für Schmutzwäsche

HAUS / WOHNUNG	
	Türen verriegeln
	Fenster schließen
	Rollladenautomat/ Fischfutterautomat an
	Anrufbeantworter einschalten
	Drucker und Computer aus
	CD, Radio, TV ... aus
	Kühlschrank zu
	Herd aus
	Waschmaschinenwasser zu
	Kellertüren und -fenster schließen
	Blumen gießen Garten
	Blumen gießen Haus
	Sämlinge in Schatten
	Haustiere an Pflegeperson
	Vasen ausleeren
	Müll rausbringen
	Briefkastenschlüssel an Nachbarn
	Auto reisefertig machen

BEI FERNREISEN	
	Kleine Ausstattung an Essen und Wäsche für unterwegs

WEITERE VORBEREITUNGEN	
	Tanken (ohne Kinder)
	Geld abheben
	Reiseschecks
	Übernachtungskosten in €:
	Kosten Hinweg + Rückweg in €:
	D-Schild fürs Auto
	Fahrzeugschein
	Grüne Versicherungskarte
	Führerschein (Er + Sie)
	Landkarten
	Kalender/Hoteladressen
	Ausweise Eltern
	Ausweise Kinder
	Krankenkassenkarte
	Auslandskrankenschein

SPIELE FÜR UNTERWEGS

Unsere Kinder sind im Auto immer angeschnallt gefahren und kennen nichts anderes. Planen Sie nur Spiele ein, die man angeschnallt spielen kann.

Das Material für eine Autofahrt packen wir in eine offene Werkzeugkiste aus dem Baumarkt. Nutzen Sie die Fächer für Bücher und etwas Spielzeug. Man kann die Kiste am Griff gut tragen, alles hat seinen Platz und die Kiste passt genau zwischen die beiden Kindersitze auf der Rücksitzbank (oder in den Fußraum).

SPIELVORSCHLÄGE

Aus dem Fenster schauen

- Beim Autofahren: Busse zählen, LKW zählen
- Im Zug: nach Tieren (Enten, Rehe, Kühe ...) oder Gewässern schauen
- Eine Karte mitnehmen und versuchen, eingezeichnete Besonderheiten in der Landschaft zu erkennen.
- Für Botaniker: Pflanzen an der Wuchsform oder Blüte bestimmen. Wer sieht den nächsten Kirschbaum?

Nummernschilderspiele

- Die Nummernschilder anderer Autos werden als Entfernungsangaben „gelesen". Da ergeben sich lustige Strecken, wenn man die wirkliche Entfernung weiß. Z.B. F – BN 989 wird gelesen: Von Frankfurt nach Bonn sind es 989 Kilometer. Was bedeutet BTF – HD 3? Von Bitterfeld nach Heidelberg sind es 3 Kilometer. Wo liegt denn Bitterfeld? Der Autoatlas hilft, und schon haben wir etwas dazugelernt!
- Wir suchen in der Reihenfolge des Alphabetes die Buchstaben auf Nummernschildern. Oft geht es ganz schnell, manchmal dauert es lange, bis ein F kommt.

- Die Nummern der entgegenkommenden Autos/der überholenden Autos addieren.
- Wörter bilden mit dem ersten Buchstaben eines Nummernschildes, reihum, damit nicht immer die Schnellen zuerst fertig sind.

Ratespiele

„Ich sehe was, was du nicht siehst, und das ist *rot*." Es wird reihum geraten, bis das „Rote" erraten ist.

Gedächtnisspiele

- Kofferpacken: Der Erste nennt einen Gegenstand, den er in seinen Koffer packt. Die Zweite nennt den ersten Gegenstand und legt selbst etwas dazu. Der Dritte hat schon drei Sachen usw., bis man sich die Reihenfolge nicht mehr merken kann. Dabei darf man natürlich auch Pferde einpacken, ganze Häuser und andere Sachen, die eigentlich nicht in einen Koffer passen ...
- Wir sagen alles, was wir sagen wollen, in Reimen.

Kartenspiele

- UNO
- Quartett (auch zum alleine Lesen geeignet)/Schwarzer Peter

Beschäftigungen

- Malbuch mit Stiften oder nur ein Block mit Stift (keine Wachsmalkreiden und Filzstifte)
- Wiederbeschreibbare Tafeln mit Stiften
- Für ältere Kinder: magnetische Taschenspiele (Mensch ärgere dich nicht/Schach)
- Vier gewinnt

Tonträger

Entweder etwas, das die ganze Familie gerne hört oder bei größeren Kindern einen Walkman mit Kopfhörer.

Achten Sie auf eine ausgeglichene Auswahl, wenn der Fahrer mithört.

Unterhaltungsmusik für Kinder

Kinderlieder (schöne neue Interpreten sind: Detlev Jöker und Rolf Zuckowski)
Deutschsprachige Pop-Musik, Neue deutsche Welle (Geschmacksache, aber eine Abwechslung zu „Alle meine Entchen")
Klassische Musik
Musicals wie zum Beispiel „Anatevka", wenn man die Texte gut verstehen kann.

Hörspiele und Märchen

Sie können auch den Ton zu einem Film, den die Kinder gut kennen, auf Kassette aufnehmen.

Kinderkassetten (hervorragend für unterwegs ist die „Freddy der Esel"-Serie)

Witzige Interpreten (je nach Geschmack)

Otto, Heinz Erhard oder Mike Krüger (hält auch den Fahrer bei Laune)

Entspannungsmusik

Zum Pausemachen und Gemüterberuhigen. Unsere Einschlafmusik fürs Auto ist „Kinderträumeland" von Detlev Jöker. Wenn unsere Kinder diese Musik hören, dann schlafen sie auch heute noch ein.

Bücher

Bücher aller Art sollten immer dabei sein. Wählen Sie die Lieblingsbücher und ab und zu ein neues Buch zur Abwechslung. Für ältere Kinder eignet sich auch eine „Lernkartei".

Spielzeug

Fragen Sie die Kinder. Bestimmt fällt ihnen wieder etwas Neues ein. Unsere Kinder hatten letztens zwei Puppen und Teller und Tassen dabei (eine Stunde Fahrt war gerettet). Vermeiden Sie kleine Teile, die sich in Gurtschlössern und in Sitzpolstern verlieren können.

Was zum Kuscheln

Vergessen Sie auf keinen Fall das Lieblings-Kuscheltier oder ein Nackenhörnchen nur fürs Auto. „Gurt-Tiere" sind auch sehr beliebt.

Ein nettes Buch dazu: Almuth Bartl „111 klitzekleine Spiele für drinnen", Kösel-Verlag, 1996

TRAININGSPLAN ZUM GRUNDLAGENKAPITEL: GESUNDHEITSFÖRDERNDE KÖRPERHALTUNGEN

In diesem Kapitel finden Sie einige Anregungen. Sicher werden Ihnen noch viele weitere „Übungen" aus dem Alltag einfallen.

Suchen Sie sich für den Anfang etwas aus, das leicht durchzuführen ist und Ihnen Spaß macht. Gehen Sie mit Fantasie an jede Alltagssituation vom Aufstehen bis zum Schlafengehen. Genießen Sie Ihren Körper und fühlen Sie sich wohl in Ihrer Haut.

Ihr Ziel für die nächsten drei Tage kann zum Beispiel sein, die Beine gleichmäßig zu belasten.

Dann nehmen Sie, immer wenn Sie Lust auf etwas Neues haben, einen weiteren Punkt dazu.

Vielleicht sind Sie auch jemand, der gerne alles gleich ausprobiert. Dann tun Sie das einfach, und suchen Sie sich etwas Passendes aus.

Beispiel:

Datum/Tag	Ziel	Beispiele:
1. Woche	Beine gleichmäßig belasten	Am Herd, an der Bushaltestelle, beim Anstehen an der Kasse im Supermarkt, in der Kantine, beim Wickeln ...
2. Woche	Oberkörper aufrichten	Beim Einkaufen, beim Spielen mit den Kindern, beim Hausaufgaben kontrollieren, beim Gespräch mit Ihrem Kollegen ...
3. Woche	Schultern mittig halten	Beim Telefonieren, beim Gemüse putzen, beim Gang zum Kopierer ...
4. Woche	Kopf und Nacken gerade halten	Beim Autofahren, beim Fernsehen, beim Schreibmaschine schreiben, beim Vorlesen ...
5. Woche	Beweglich im Geist und mit dem Körper	Machen Sie lange Schritte beim Einkaufen, heben Sie die Arme beim Abstauben ...
6. Woche	Körperspannung	Stellen Sie sich als Fels in der Brandung vor, gehen Sie wie Arnold Schwarzenegger zum Elternabend ...
7. Woche	Achten Sie auf Ihren Rücken	Beim Kindertragen oder Hochheben, beim Getränke schleppen, beim Bücken über die Hausaufgaben ...

Anfangen:

Gehen Sie es locker an, verkrampfen Sie nicht. Da Sie einen dauerhaften Erfolg haben wollen, sollten Sie sich Stück für Stück mit einem guten Gefühl einarbeiten.

Am Anfang ist der größte Erfolg, dass Ihnen auffällt: „Oh, jetzt stehe ich schon wieder ganz schief." Dann ändern Sie es einfach in diesem Moment.

Es wird Ihnen immer öfter bewusst werden, wie Sie Ihren Körper halten und Sie können die Haltung anpassen oder ändern. Und irgendwann ... haben Sie von alleine die richtige Körperhaltung.

2. ALPHABETISCHE NACHSCHLAGEREGISTER

EMPFEHLENSWERTE LITERATUR UND QUELLEN

Asgodom, Sabine, Leben macht die Arbeit süß

Econ-Verlag, München 2002, ISBN 3-430-11012-2

Schwerpunkt: Persönliches Lebenskonzept. Mit vielen Beispielen

Boyd, Charles, Was für Eltern braucht mein Kind?

R. Brockhaus Verlag, Wuppertal 2001, ISBN 3-417-24140-5

Schwerpunkt: Typgerechte Kindererziehung

Brügger, Alois, Gesunde Haltung und Bewegung im Alltag

DSV-Verlag, Kassel 1996, ISBN 3-9520075-2-8

Schwerpunkt: Körperhaltungen zum Selbstunterricht

Covey, Stephen R., Der Weg zum Wesentlichen

Campus-Verlag, Frankfurt 2000, ISBN 3-593-36433-6

Schwerpunkt: Ganzheitlich leben, Aufgaben erfolgreich bewältigen

Czwalina, Johannes, Was ich anders machen würde ... Lebenswert leben

Frankfurter Allgemeine Buch, Frankfurt 2002, ISBN 3-89843-064-2

Schwerpunkt: Merksätze, kurze Interviews und Briefe von mehr oder weniger bekannten Leuten im Rückblick auf ihr Leben. Aquarelle von Franz Somm

Donders, Paul, Kreative Lebensplanung

Schulte & Gerth-Verlag, Asslar 2001, ISBN 3-89437-703-8

Schwerpunkt: Persönliche Berufung entdecken, Begabungen entwickeln

Filker, Claudia (Hrsg.), Mit dem Wind im Rücken – Mutmachgeschichten für Frauen

Aussaat-Verlag, Neukirchen-Vluyn 2003, ISBN 3-7615-5298-X

Schwerpunkt: 12 Frauen erzählen, wie sie etwas wagten, Träume verwirklichten und Mut zu Veränderungen bekamen.

Gerster, Petra/Nürnberger, Christian, Stark für das Leben, Wege aus dem Erziehungsnotstand,

Rowohlt, Berlin 2003, ISBN 3-78134-464-8

Schwerpunkt: Wie wir den jungen Menschen helfen, ihr Leben in den Griff zu kriegen.

Glück, Alois, Verantwortung übernehmen

Deutsche Verlags-Anstalt, Stuttgart 2001, ISBN 3-421-05455-X

Schwerpunkt: Zukunft gestalten durch Verantwortung für sich selbst und für das Land

Gordon, Thomas, Die neue Familienkonferenz
Heyne, München 1989 ISBN 3-453-07861-6
Schwerpunkt: Kommunikation in der Familie

Hansen, Katrin, Zeit- und Selbstmanagement
Cornelsen, 2001, ISBN 3-464-49020-3
Schwerpunkt: Karriereplanung und Familienleben in Netzwerken

Johnen, Wilhelm, Muskelentspannung nach Jacobson
Gräfe und Unzer, München 1995, ISBN 3-7742-2325-4
Schwerpunkt: Entspannungstechnik zum Selbstunterricht

Knoblauch, Jörg, 22 Zeitspartipps
tempus-edition, 6. Aufl. 2000, ISBN 3-928807-19-6
Schwerpunkt: Zeitmanagementregeln auf einen Blick mit Tiki-Illustrationen

Kolberg, Anja, Ab 40 reif für den Traumjob
Kösel-Verlag, München 2001, ISBN 3-466-34441-7
Schwerpunkt: Mit Selbstbewusstsein einen neuen Lebensabschnitt beginnen

v. Kunhardt, Gert und Marlen, Minutentraining
R. Brockhaus Verlag, Wuppertal 2003, ISBN 3-417-24145-6
Schwerpunkt: Fitness für den ganzen Menschen durch regelmäßige Bewegung

Küstenmacher, Werner Tiki/Seiwert, Lothar J., Simplify your life
Campus-Verlag, Frankfurt 2001, ISBN 3-593-36818-8
Schwerpunkt: Weniger ist mehr! Bestseller mit Tiki-Illustrationen

Lehky, Maren, Kind und Beruf – so funktioniert es
Eichborn-Verlag, Frankfurt 2000, ISBN 3-8218-1683-4
Schwerpunkt: Strategisch geplante Karriere mit/trotz Kindern

Northrup, Christiane: Frauen Körper, Frauen Weisheit
Zabert Sandmann Verlag, München 1998, ISBN 3-932023-22-6
Schwerpunkt: Frauengesundheit

Pickin, Kim; Singer, Nicky, Das kleine Buch der Zeit
Heyne, München 1999, ISBN 3-453-17296-5
Schwerpunkt: Kurze Merksätze zu den Themen Haushalt, Familie und Entspannung

Pohle, Rita, Weg damit! Entrümpeln befreit
Hugendubel, München 2001, ISBN 3-7205-2244-X
Schwerpunkt: Ein animierendes Buch zum Thema „Ausmisten"

Schmidt, Hildegard, Sicherheit und Gesundheitsschutz bei der Arbeit an Bildschirmgeräten

Selbstverlag Diekholzen 2002, ISBN 1430-3507

Schwerpunkt: Computerarbeitsplatz Praxis-Ratgeber

Schechter, Harriet, Entrümpeln Sie Ihr Leben!

mvg-Verlag, Landsberg 2002, ISBN 3-478-08328-1

Schwerpunkt: Radikales Aufräumen befreit und gibt neue Chancen.

Seiwert, Lothar J., Life-Leadership

Campus-Verlag, Frankfurt 2001, ISBN 3-593-36707-6

Schwerpunkt: Lebensbalance bewusst geplant

Seiwert, Lothar, Das Bumerang-Prinzip – Mehr Zeit fürs Glück

Gräfe und Unzer, München 2003, ISBN 3-7742-5561-X

Schwerpunkt: Gesünder, erfolgreicher und zufriedener leben

Seiwert, Lothar J./Friedbert Gay, Das 1x1 der Persönlichkeit

Gabal-Verlag, Offenbach 2001, ISBN 3-930799-32-4

Schwerpunkt: Persönlichkeit ganzheitlich erkennen und entwickeln

Seiwert, Lothar J./Doro Kammerer, Endlich Zeit für mich

mvg-Verlag, Landsberg am Lech

Schwerpunkt: Zeitmanagement für Frauen

v. Schnurbein, Barbara, Lernen mit Freude und Erfolg

Oncken Verlag, Wuppertal 2002, ISBN 3-7893-7459-8

Schwerpunkt: Schulerfolg planen durch begabungsgerechte Persönlichkeitsentwicklung

Spitzer, Manfred, Lernen – Gehirnforschung und die Schule des Lebens

Spektrum Akad. Verlag, Heidelberg-Berlin 2003, ISBN 3-8274-1396-6

Schwerpunkt: Mit vielen Beispielen und Illustrationen werden die Funktionen des Gehirns auch für Laien gut lesbar und motivierend beschrieben.

Sprenger, Reinhard K., Das Prinzip der Selbstverantwortung

Campus Verlag, Frankfurt 2000, ISBN 3-593-36431-X

Schwerpunkt: Wege zur Motivation,

Stollreiter, Marc, Aufschieberitis dauerhaft kurieren

mvg-Verlag, Landsberg am Lech, 2003, ISBN 3-478-08330-3

Schwerpunkt: Kurze klare Tipps, wie durch Selbstführung Zeit gewonnen wird

Wilson, Paul, Das kleine Buch der Freude

Heyne, München 2001, ISBN 3-453-19741-0

Schwerpunkt: Kurze Merksätze zum Thema Erholung und Freude

Worm, Nicolai, Syndrom X oder Ein Mammut auf dem Teller
Hallwag Verlag, Bern/München 2000, ISBN 3-7742-5283-1
Schwerpunkt: Fundiertes, Amüsantes und Spannendes zu Fleisch, Zucker und Diabetes

NÜTZLICHE ADRESSEN FÜR POST UND INTERNET

AUFRÄUMEN

Consequence,
Sonja Welzel,
Tel.: 089-680 99 947, Fax: 089-680 99 948
s.welzel@consequence-concept.de
www.consequence-concept.de

Pressel Versand GmbH
Schlimpfhofer Straße 17, 07723 Oberthulba
Tel.: 06736-811 10, Fax: 06736-811 161
Lagersicht-Box-Set aus stabiler Pappe in Naturfarben
60 Stück, je 20 Stück in 3 Größen Best.-Nr. V1-921
Kosten ca. 60.- €, auch in Farbe erhältlich

Mappei-Organisationsmittel GmbH & Co. KG
Postfach 11 04 64, 42304 Wuppertal
Tel.: 0202-748 490
www.mappei.de

BERATUNG UND SEMINARE

Bewegung ist Leben
Gert und Marlen v. Kunhardt
Lindenweg 24, 23714 Bad Malente
Tel.: 04523-990 996, Fax: 04523-988 933
kunhardts@aol.com oder gert@kunhardt.de
www.bewegung.com
Seminare zu Gesundheit und Bewegung; K-Methode

Seiwert-Institut
Prof. Dr. Lothar J. Seiwert
Seminare zu Zeitmanagement und Lebensbalance
Newsletter
www.seiwert.de

Simplify your life
Werner Tiki Küstenmacher
Theodor-Heuss-Str. 2-4, 53095 Bonn
Seminare zum Thema: Einfacher und glücklicher leben
Newsletter, telefonische Leserberatung

info@simplify.de
www.simplify.de

tempus.Zeitplansysteme
Riedstraße 19, 89537 Giengen
Tel.: 07322-950 200, Fax: 07322-950 219
Seminare: Tel.: 07322-950 243, Fax: 07322-950 217
Newsletter
info@tempus.de
www.tempus.de

VNR Verlag für die deutsche Wirtschaft
www.vnr.de

BERUF UND STELLENVERMITTLUNG

www.info-zeitarbeit.de
www.jobrobot.de
www.stellenanzeige.de
www.webgrrls.de
Speziell für Frauen in Medienberufen
www.worldwidejobs.de
Größte Stellenvermittlung für Deutsche, die ins Ausland wollen

BÜCHER

www.zvab.com
Zentrales Verzeichnis antiquarischer Bücher. Zusammenschluss von 1200 Antiquariaten aus 18 Ländern, 7,5 Millionen Bücher
www.amazon.de

GERÄTE UND SPIELZEUG

JAKO-O
96475 Bad Rodach
Tel.: 01805-246810
www.jako-o.de
Kletterturm (dreieckig zum Aufhängen) Best.-Nr. 191-109, €49.90
Die Firma liefert in guter Qualität eine große Auswahl an Spielgeräten und Spielzeug.
Kleidungsstücke in den Grundfarben (rot, grün, blau, gelb), so dass auch nacheinander gekaufte Stücke immer zusammenpassen.

VTM – wir bringen Sie in Bewegung!
Frankfurter Straße 243, 51147 Köln-Wahn
Tel.: 02203-688 00, Fax: 02203-680 89
vtm@bewegung.com
www.bewegung.com
Stabile, wirkungsvolle Geräte zur Rückenprophylaxe und Therapie, z.B. ein kleines Trampolin und der Swopper zum Sitzen.

PRÄSENTSERVICE
Silke-Anne Rieger
Madronstraße 28, 83026 Rosenheim
Tel.: 08031-663 51
Individuelle Geschenke zu besonderen Anlässen, die auf Wunsch auch dem Empfänger zugeschickt werden. Geheimtipp für Bayerinnen, die es nicht so weit nach Rosenheim haben!

DIE AUTORINNEN

BARBARA V. SCHNURBEIN M.A.

Barbara v. Schnurbein wurde 1949 in Marburg/L. geboren. Nach dem Abitur studierte sie Slawistik und Anglistik in Köln und Freiburg. 1971 Abschluss mit Magister Artium. 1972 folgte der Umzug nach Regen/Bayerischer Wald, wo ihr Mann einen privaten Forstbetrieb übernahm, den sie durch eine Ferienanlage ergänzten. Von 1973 bis 1985 kamen die fünf Kinder zur Welt. So wurde sie 1980 Elternbeirätin und war von 1997 bis 2001 Vorsitzende der Landeselternvereinigung der Gymnasien in Bayern. Sie erkannte die Wichtigkeit von Arbeitsorganisation, Lernmethodik und der Zusammenarbeit von Eltern, Schülern und Schule für ein erfolgreiches Bildungssystem. Deshalb gründete sie 1999 mit anderen die private Initiative „FORUM Partnerschaft Elternhaus und Schule", deren Anliegen es ist, die Kommunikation und Zusammenarbeit von Eltern, Schule, Wirtschaft und Öffentlichkeit zu verbessern.

Neben der Tätigkeit als Volkshochschuldozentin arbeitet sie seit 2001 auch als Trainerin, speziell für Frauen, die durch klare Zielorientierung und Arbeitsorganisation die doppelte Herausforderung von Familie und Beruf besser bewältigen wollen.

Sie ist Mitglied im Lenkungsausschuss des „Kongresses christlicher Führungskräfte" und unterstützt ihren Mann als Präsidenten von „Christen im Beruf e.V." durch ihre Arbeit im Redaktionsteam der Zeitschrift VOICE.

Ein besonderes Anliegen sind ihr Erziehung und Bildung, der Schutz der ungeborenen Kinder und eine wertorientierte, familienfreundliche Gesellschaft. Deshalb engagiert sie sich ehrenamtlich in verschiedenen Organisationen und Gremien mit kultureller Ausrichtung und als Referentin bei Elternabenden und Frauenfrühstückstreffen.

Publikationen:

Abenteuer Schwangerschaft (Hrsg.), 2002

Lernen mit Freude und Erfolg, 2002

„Mitmachen, einmischen, verändern – Schule braucht Eltern" in: Claudia Filker (Hrsg.), Mit dem Wind im Rücken – Mutmachgeschichten für Frauen, 2003

DR. RENATE SPRAUL

Renate Spraul wurde 1962 in Freiburg im Breisgau geboren. Sie wuchs mit ihrem Bruder in der elterlichen Gärtnerei auf. Nach dem Abitur schloss sie eine Lehre als Gärtnerin ab und erfüllte sich dann ihren Jugendwunsch und studierte Gartenbau. 1992 promovierte sie zum Doktor der Agrarwissenschaften, parallel schloss sie eine Ausbildung zum Refa-Sachbearbeiter der Industrie ab.

Die folgenden zehn Jahre arbeitete sie als arbeitswirtschaftliche Beraterin für Gärtnereien und hielt nebenbei Vorträge zur rationellen und gesundheitsfreundlichen Arbeitsgestaltung im Gartenbau. Bis zur Geburt des zweiten Kindes erfüllte sie diese Arbeit in Vollzeittätigkeit, später in Teilzeit. Die Kinder Lea und Sophie Zoe kamen 1994 und 1996 zur Welt. Im Jahre 2002 machte sie sich als Betriebsberaterin selbstständig.

Schon während der Abiturzeit traten die ersten schweren Rückenprobleme auf, und so hat sie sich in den letzten 20 Jahren ausführlich mit diesem Thema beschäftigt, sich weitergebildet und praxisnahe Lösungen für das eigene Leben gefunden.

Selbst seit 15 jahren aktive Karatesportlerin, betreut sie zusammen mit einem Sporttherapeuten ehrenamtlich das Kindertraining. In gemischen Gruppen werden leicht körperlich oder geistig behinderte Kinder mit „normalen" Kameraden an faire Partnerschaft und Selbstvertrauen herangeführt.

Seit über 20 Jahren begleitet ihr Mann Martin sie durchs Leben und ermöglicht durch sein Einfühlungsvermögen und seine tatkräftige Unterstützung ihren aktiven Lebenswandel.

STICHWORTVERZEICHNIS